全国高等卫生职业教育创新型人才培养"十三五"规划教材

供医学美容技术等专业使用

美容企业经营与管理

主　编　杨家林　黄丽娃　钱俊轩

副主编　周先云　魏永鸽　王朝君

编　者　（以姓氏笔画为序）

王　波　沧州医学高等专科学校

王朝君　盐城卫生职业技术学院

杨家林　鄂州职业大学

周先云　鄂州职业大学

钱俊轩　鄂州职业大学

黄丽娃　长春医学高等专科学校

魏永鸽　郑州铁路职业技术学院

华中科技大学出版社
http://press.hust.edu.cn
中国·武汉

内容简介

本书是全国高等卫生职业教育创新型人才培养"十三五"规划教材。

本书共有十三个任务,主要内容包括美容企业概述、美容企业的定位及发展状况、企业可行性分析、美容企业创立、美容企业战略规划、美容产品开发与设计、产品分销、产品的终端门店销售、产品导购与促销、美容机构人力资源管理、美容企业财务管理、企业机构类型与质量管理、美容企业形象与文化设计等方面。全书概念清晰、内容简练、重点突出、浅显易懂。

本书可供高职高专医学美容技术等专业使用,也可作为医学美容医师的参考书。

图书在版编目(CIP)数据

美容企业经营与管理/杨家林,黄丽娃,钱俊轩主编. —武汉:华中科技大学出版社,2018.1(2025.1重印)
全国高等卫生职业教育创新型人才培养"十三五"规划教材. 医学美容技术专业
ISBN 978-7-5680-3696-2

Ⅰ.①美… Ⅱ.①杨… ②黄… ③钱… Ⅲ.①美容-服务业-商业企业管理-高等职业教育-教材 Ⅳ.①F719.9

中国版本图书馆 CIP 数据核字(2018)第 019218 号

美容企业经营与管理　　　　　　　　　　　　　杨家林　黄丽娃　钱俊轩　主编
Meirong Qiye Jingying yu Guanli

策划编辑:居　颖
责任编辑:张　琳
封面设计:原色设计
责任校对:李　琴
责任监印:周治超
出版发行:华中科技大学出版社(中国·武汉)　　电话:(027)81321913
　　　　　武汉市东湖新技术开发区华工科技园　　邮编:430223
录　排:华中科技大学惠友文印中心
印　刷:广东虎彩云印刷有限公司
开　本:787mm×1092mm　1/16
印　张:12
字　数:305 千字
版　次:2025 年 1 月第 1 版第 8 次印刷
定　价:42.00 元

本书若有印装质量问题,请向出版社营销中心调换
全国免费服务热线:400-6679-118　　竭诚为您服务
版权所有　侵权必究

全国高等卫生职业教育创新型
人才培养"十三五"规划教材
（医学美容技术专业）

委　员（按姓氏笔画排序）

申芳芳	山东中医药高等专科学校	周　围	宜春职业技术学院
付　莉	郑州铁路职业技术学院	周丽艳	江西医学高等专科学校
孙　晶	白城医学高等专科学校	周建军	重庆三峡医药高等专科学校
杨加峰	宁波卫生职业技术学院	赵　丽	辽宁医药职业学院
杨家林	鄂州职业大学	赵自然	吉林大学白求恩第一医院
邱子津	重庆医药高等专科学校	晏志勇	江西卫生职业学院
何　伦	东南大学	徐毓华	江苏卫生健康职业学院
陈丽君	皖北卫生职业学院	黄丽娃	长春医学高等专科学校
陈丽超	铁岭卫生职业学院	韩银淑	厦门医学院
陈景华	黑龙江中医药大学佳木斯学院	蔡成功	沧州医学高等专科学校
武　燕	安徽中医药高等专科学校	谭　工	重庆三峡医药高等专科学校
周　羽	盐城卫生职业技术学院	熊　蕊	湖北职业技术学院

前言

本书是全国高等卫生职业教育创新型人才培养"十三五"规划教材。为了贯彻落实教育部《关于全面提高高等职业教育教学质量的若干意见》和卫生部(现更名为中华人民共和国国家卫生和计划生育委员会)《医药卫生中长期人才发展规划(2011—2020年)》文件精神,进一步提高医学美容技术专业人才培养质量,依据中华人民共和国国内贸易行业标准《美容美发行业经营管理技术规范》,从内容、结构、形式等方面进行了优化,使本书具有生动性、实用性和可读性。本书可供高等职业院校和医学高等专科学校医学美容技术专业及相关专业的师生使用。

本书根据"需用为准、够用为度、实用为先"的原则,力求概念清晰、内容简练、重点突出、浅显易懂。在内容上以服务和服从于美容岗位工作需要为最高宗旨,从美容企业创建、美容企业营销、美容企业运营等三个递进的工作流程出发,进行了十三个教学任务的组织编写,计划教学64学时,不同学校可根据实际情况调整。

为了增强学生的学习主动性、自觉性、目的性,提高学生分析问题和解决问题的能力,本书在每个教学任务之前加入了"学习目标""能力目标""知识目标""素质目标"及"案例引导",用问题引入教学内容,引起学生的兴趣;在任务的后面编写了"能力检测"和"实训项目",及时检测教学和学习效果。希望本书对老师的教学及学生的学习有所裨益。

本书由杨家林教授统稿,对参与编写的院校和老师在此表示衷心的感谢!

由于编者的水平有限,书中可能存在不足之处,敬请广大师生、同行和读者批评指正,提出宝贵意见。

编 者

目录

MULU

任务一	美容企业概述	/ 1
任务二	美容企业的定位及发展状况	/ 11
任务三	企业可行性分析	/ 21
任务四	美容企业创立	/ 43
任务五	美容企业战略规划	/ 52
任务六	美容产品开发与设计	/ 62
任务七	产品分销	/ 75
任务八	产品的终端门店销售	/ 89
任务九	产品导购与促销	/ 99
任务十	美容机构人力资源管理	/ 122
任务十一	美容企业财务管理	/ 131
任务十二	企业机构类型与质量管理	/ 139
任务十三	美容企业形象与文化设计	/ 157
附录	中华人民共和国国内贸易行业标准	/ 181
主要参考文献		/ 186

任务一　美容企业概述

学习目标

通过本任务的学习,使学生了解我国美容行业及企业的发展过程、环境分析,以及未来的发展趋势。

能力目标

能够结合学习内容分析未来美容行业及美容企业发展的趋势。

知识目标

掌握:我国美容行业的发展状况和特征。

熟悉:美容企业的类型。

素质目标

作为美容行业的从业人员,能清晰明辨美容行业的发展趋势,能将自己的个人发展规划和整个企业、行业的发展相结合。

案例引导

芳香美容企业简介

某芳香美容 SPA 会所自 1998 年成立以来,以皮肤修复和保养、经络保健养生、美体减肥、纹绣于一体的专业技术,赢得了社会各界人士的好评。

至今该会所旗下拥有 8 家专业化国际一流的美容 SPA 机构,会员 10000 余人。该会所正带领着 100 人的专业技术团队,创造着美丽事业的奇迹。

简单来讲,"美容"一词中,"容"包括脸、仪态和修饰三层意思。"美"则表明就是一种改变原有不良的行为和疾病(面部),使其成为文明的、高素质的、具有可以被人接受的外观形象的活动和过程。从大的方面来说,美容是一门艺术和哲学,它能完善人的形体、容貌,改善人的心态和情绪,是与人类自然衰老抗争的过程,让生命充满青春活力。从 20 世纪 80 年代初期起步,中国美容及化妆品行业几乎与改革开放同时诞生和发展,中国美容及化妆品行业至今走过了风风雨雨的几十年,伴随着思想解放和经济市场化的社会进程,社会大环境对第三产业给予了无限广阔的发展机会,美容及化妆品行业就是其中发展出来的一个经济新生地带。如今,从化妆到皮肤护理、美甲美体,从纹绣到整形、形象设计,美容行业的服务领域达到了空前的水平。美容产业俨然已经成为中国经济的重要支柱之一,成为第五大消费产业。中国美容化妆品行业从简单的"一把剪刀闹革命"与"雪花膏润肤、凡士林护肤"发展到现在集美容、美发、足浴、医疗美容、保健美容、造型设计、美容教育及专业美容产品研发、生产、销售于一体的生产与服务并行的一个庞大产业链。

一、我国美容产业特点

根据记载,美容在古代各个国家都早已兴起。在我国殷商时期,人们已用燕地红蓝花叶捣汁凝脂来饰面;春秋时期,周郑之女用白粉敷面,用青黑颜料画眉;汉代以后,开始出现"妆点、妆饰"等词;到了唐代出现了面膜美容。而在古埃及,公元前5000年就出现使用黑锑粉末来描眉和染眉,铅被用来画眼线,绿孔雀石被用来画眼影。19世纪80年代,西方就开始出现了近代美容院。

美容美发产业的发展水平,在一定程度上反映了一个地区和国家人民的生活水平,也是一个国家和民族的物质文明与精神文明发展程度的标志之一。美容美发行业古已有之,而美容美发产业是随着第一次现代工业文明的建立、完善而产生和发展壮大起来的。今天的美容美发产业是悠久的传统工艺和现代产品技术、技艺的完美结合,用最新的产品和最周到的服务来满足人们爱美、求新的需求,美容美发产业是国民经济中的第三产业,是不可忽略的重要组成部分。美容产业是欣赏美和创造美的产业,产业链终端是美容及美容服务业。经过几十年的发展壮大,我国美容产业已经粗具规模,并且显示出强劲的发展势头和美好的发展前景。

概括起来我国的美容产业主要有以下特点。

(一)民营资本占主体

我国的美容产业整体属于小投资、大市场型服务,民营资本占主体,依赖市场化运作,主体经济为民营属性,按照市场机制自发自觉地配置资源,整个行业处于完全市场竞争状态。目前,我国的美容机构94.78%为民营资本,4.11%为外资或混合资本,注册资本在30万元以下的占72.31%。我国的美容机构营业场所主要以租赁方式为主,占88.27%,设备投资以小型为主。

(二)产业发展稳定

近年来,我国美容产业的发展步入了快速发展期,已经形成包括美容、美发、化妆品、美容器械、教育培训、专业媒体、专业展会等多个领域的综合性服务,产业发展明晰,带动性强,经济运行稳定。

有调查显示,我国的美容美发机构主要集中在城市(包括乡镇),截至目前,约50%是近5年内新开业,以生活美容服务为主的占75.91%,以美发服务为主的占24.08%,管理模式以家族式的占主导地位,经营方式正由单一走向综合,形式也日趋多样化。据统计结果表明,截至目前全国约有30余家美容美发专业媒体,行业每年有110余场美容美发专业展会,化妆品营销已经形成日化线、专业线、专卖店、药店、超市、电视销售、网上销售和直销等多种销售形式和渠道。

(三)自主创业

我国美容产业是一个以女性就业为优势的行业,具有自主择业、自我发展的创业特色,大量吸纳城镇转移劳动力和待业者,是就业和创业发展的良好通道。美容产业根据服务方式可分为一对一、多对一,故在吸纳员工方面具有延展性,行业进入门槛低、创业成本低、收入稳定、发展前景好,因此具有很强的创业发展优势。

(四) 教育培训支撑行业发展

目前我国美容美发机构中,从业人员高中及中专学历占50%,大专及以上学历占15%,经过系统的专业培训者占53%,从业人员中近一半人员无专业教育经历,有医学背景者仅占8%,从业者受教育程度偏低,与美容行业的技术要求及人体卫生相关的服务性质要求有所差距。教育培训体制与行业发展要求不相适应,与国外美容专业教育、后续培训,特别是学历教育有很大的差距。

我国的美容产业是通过引入韩国、日本等国家及中国香港、台湾等地区的理念、教育、技术、产品及服务方式迅速发展起来的。目前,民间资本推动行业发展了各类培训和服务机构,劳动部门也设立了美容美发类国家职业资格认证,各类教育培训机构为美容行业培养出大批具有专业理论和技能的美容师,成为中国美容产业的主体。

(五) 美容服务成为消费热点

据调查,80%消费者对普通美容美发服务价格持接受态度。办卡消费成为美容服务主要消费方式之一,办月卡消费者占19.28%,办年卡消费者占23.08%。消费者年龄段主要集中在20~50岁,占81.04%,大专以上学历占45.86%,社会地位较高和职业相对稳定人员是主要消费群体,占93.12%,农民及农民工约占6.88%。目前,随着农民生活水平的提高,广大农村居民的美容消费也开始呈现一定的发展势头。

(六) 行业发展环境逐步改善

美容产业是完全市场竞争的成长型产业,产业延伸广阔,内涵丰富,供应弹性较大,发展前景光明。多年来,我国的美容产业从过去的自发状态到现在的成长期自觉状态,从无到有、从有到飞速发展,已经成为我国居民继房地产、汽车、旅游之后的又一消费热点,行业发展环境也逐步得到改善,在创造社会精神文明、解决全国就业问题、增加新的经济增长点发挥了重要的作用。

二、我国美容企业

(一) 企业的基本类型

企业一般是指以盈利为目的,运用各种生产要素(土地、劳动力、资本、技术和企业家才能等),向市场提供商品或服务,实行自主经营、自负盈亏、独立核算的法人或其他社会经济组织。企业作为一个生态有机体,有着多种属性与复杂形态,因此,可以按照不同的标准,将企业划分为多种类型。

1. 根据企业的财产组织形式划分

根据企业的财产组织形式可分为个体独资企业、合伙企业和公司制企业,公司制企业是现代企业中最主要、最典型的组织形式。

(1) 个人独资企业。个人独资企业是指个人出资兴办、完全归个人所有和控制的企业。其优点如下:设立、转让、关闭容易,出资人拥有绝对决策权,管理灵活。其缺点如下:负无限责任,风险大,受资金和个人管理能力的限制,规模有限。

(2) 合伙企业。合伙企业是指由两个或两个以上合伙人共同出资、共同经营、共享收益和共担风险的企业。其优点如下：由于由众多合伙人共同筹资，因而可以扩大资本规模；也由于合伙人共负偿债责任的无限责任，减少了贷款者的风险；比较容易成长和扩展。其缺点如下：合伙企业属无限责任企业，合伙人对经营有连带责任，风险大；合伙人皆能代表公司，权力分散，多头领导，意见易产生分歧，决策缓慢。

（3）公司制企业。公司制企业是由两个或两个以上自然人或法人投资设立的，具有独立法人资格和法人财产的企业。其优点如下：容易筹资；公司具有独立寿命，不受出资人寿命影响；容易扩大规模。其缺点如下：手续复杂，透明度较高，而且容易受"内部人"控制。

2. 根据企业组合方式划分

根据企业组合方式可分为单一企业、多元企业、经济联合体、企业集团、连锁企业。

3. 根据所有制形式划分

根据所有制形式可分为全民所有制企业、集体企业、私营企业、混合所有制企业、外商投资企业（包括中外合资经营企业、中外合作经营企业和外商独资企业）。

4. 根据企业行业性质划分

根据企业行业性质可分为工业生产企业、商品经营企业、服务企业。

5. 根据企业生产经营领域划分

根据企业生产经营领域可分为工业企业、商业企业、生产型企业、流通型企业、服务型企业和金融型企业。

6. 根据企业规模划分

根据企业规模可分为大型企业、中型企业、小型企业。

例如，对于工业企业，大型企业需满足从业人员在2000人及以上，销售额在30000万元及以上，资产总额在40000万元及以上；中型企业从业人员应为300~2000人，销售额应为3000万~30000万元，资产总额应为4000万~40000万元；小型企业从业人员在300人以下，销售额在3000万元以下，资产总额在4000万元以下。

7. 按照企业组织形式划分

按照企业组织形式可分为公司企业和非公司企业。公司企业又分为有限责任公司和股份有限公司，有限责任公司包括独资公司，股份有限公司又分为上市公司和非上市公司。

（二）企业具备的基本条件

企业为满足社会需求进行自主经营、独立核算获取利润，是具有法人资格的经济单位，应同时具备五个基本条件。

1. 法人地位

国家在法律上承认企业在经营上的独立性，保护企业的正当权利和经济利益，同时也要求企业对自身经济活动的正当性和后果负责。法人地位是社会主义市场经济条件下参与市场竞争的基本条件，对于调动经营积极性、扩大自主权、建立现代企业制度有着非常重要的作用。

企业应向行政管理机构申请等级。经该机构及其卫生防疫、消防、税务等部门审查批准，才能取得行业经营执照，成为合法的经济组织。

2. 独立经营

只有具备独立经营和自主经营权，企业才能根据市场变化情况选择灵活多样的经营方式，并进行自我改造和自我发展，在国家政策允许范围内确定经营范围和服务价格，发挥经济实体的作用，增强市场竞争能力，更好地为消费者服务。

3. 物质保证

拥有一定的生产资料、资金和劳动力，并享受其支配权和使用权，是企业作为独立经营活动的必要条件，也是实现企业独立经营的物质保证。

4. 独立核算、自负盈亏

企业在经营过程中，要对耗费的人力劳动和物力劳动进行合理计算和严格控制，分析研究投入和生产的效果，对自己的经营成果负责任，以收入抵补支出，取得最佳的经济效益。盈利是企业和非企业的重要区别之一。

5. 完整组织

企业的建立和存在，应有一个符合本企业的完整有效的组织机构，经过科学合理的分工及密切协作，以保证美容企业经营活动协调、连续、正常地进行，创造出新的更大的经营能力。

（三）我国美容企业的特点

初期，我国美容企业只是一些零星的美容院，有几张美容床、几位美容师，学着国外流传来的简单美容手法，用一些单调甚至粗糙的美容产品，项目简单，格调普通。作为直接和消费者接触并提供美容服务的经济实体，美容企业有着本行业独特的表现。

1. 技术性和艺术性

在为消费者提供高超技术和优良服务的过程中，美容行业除需要一定的工具设备外，主要依靠手工操作来完成，如化妆美容，用化妆品的不同色彩来修饰面部，突出面部优点，掩饰不足；护肤美容，以按摩等手法护理皮肤，促进皮肤弹性，减少皱纹等。

美容技术操作追求和塑造"美"，不断地将"美"渗透到人们的日常生活、学习、工作和娱乐当中，成为生活中不可分割的一部分。随着社会进步和生活水平的提高，人们的审美观念也在不断地发生着变化，这就要求美容企业在技艺精益求精的同时，更要不断推陈出新，增加新的服务项目。

2. 服务直接性

美容企业不同于其他商品生产企业，商品生产企业产品的生产和销售不在同一时间、同一地点进行，生产者和消费者不直接接触，而是经过流通过程将商品提供给消费者。美容企业直接为消费者提供产品和服务，而且在同一时间和同一地点完成服务过程，与消费者面对面。因此，美容企业对服务人员的形象、言谈、举止、服务态度、技术水平和人员素质等方面有着更高的要求。

3. 网点分散性

美容企业面向整个社会，以方便群众、满足消费需要为目的，具有网点分散性的特点。美容业直接关系到人们的生活，无论在城市还是农村，在闹市还是新开小区，都需要有不同层次的美容企业网点分布，以便更好地为广大人民群众服务，满足人们生理和心理的各种需求。

4. 知识的综合性

随着时代的发展，美容学与皮肤科学、化妆品学、色彩学、美学、营养学结合，集发型设计、脸部化妆、服饰设计于一体，逐步形成了整体造型、美化生活、促性健康服务的新美容体系。

（四）美容企业分类

1. 按经营范围和服务项目分类

（1）专业经营美容企业。专业经营是指有经营某一类特定需要的美容服务项目。此类美容企业服务项目专一，多配置较强的技术力量进行"精耕细作"，以提高美容服务质量，如专营美容、专营瘦身及专营造型艺术等。

(2) 综合美容经营企业。综合美容经营企业品种齐全、规模较大、技术力量雄厚,在社会上享有一定的声誉,大多兼营其他特色服务,能满足消费者多方面的需求。如美容、美发、瘦身、塑身等。

2. 按规模大小分类

(1) 小型美容企业。此类美容企业多提供一般性的美容服务项目,在职工作人员为3~10人,座位和床位多在3个以上。

(2) 中型美容企业。此类美容企业多提供中等层次的美容服务项目。在职工作人员约20人,座位和床位多在10个以上,美容服务项目比较齐全,美容设施也比较先进。

(3) 大型美容企业。此类美容企业多提供高等层次的美容服务项目。在职人员至少为40人,座位和床位在30个以上,美容服务项目齐全,美容设施先进。

三、美容业的作用

美容业担负着引导消费、促进生产、繁荣经济、活跃市场的重任,能满足广大消费者对自身形象不断完善的需求,与其他服务业共同在国民经济中起着举足轻重的作用。

(一) 提升居民消费层次

随着国家对外开放和国民收入的增加,人们的生活观念、生活方式也在不断发生变化,人们的思想境界、文化修养、交际能力也进一步提高。广大消费者不仅意识到外表形象的重要性,也认识到外表的整洁美是自身交际礼仪的需要。美容企业能够提高人们的生活质量,满足消费者丰富多样的心理需求,在提供优质技艺和优良服务的基础上,不断地满足社会上越来越复杂的个性化消费层次。

(二) 创造就业机会

美容企业一般属于小型企业,小型企业的繁荣兴旺是发达国家的共同特征。目前日本约有380多万在册登记企业,其中微小企业320多万家、大企业1万多家,中小企业虽然只有55万家,但却雇用了2200多万名员工,接近就业人口的一半。而美国的中小企业吸纳的就业人数也在就业人口一半以上。当前我国美容企业正纷纷崛起,提供了大量的就业岗位,可见美容行业在我国市场经济需求中占有举足轻重的地位。近年来,为满足经济转型时期扩大就业的需求,小型企业的数量及规模还将进一步扩大。可见,美容业有着光明的发展前景。

(三) 促进第三产业发展

美容企业的生产大多不被机器异化,不为环境控制,不受资源限制,既环保又可持续发展。同时,美容企业吸纳了大量的农村剩余劳动力,为农村产业结构升级奠定了基础。美容产品和相关配套资源和设施的消耗,也促进了第二产业的发展,而美容企业本身创造的财富还增加了第三产业产值的比重,有助于优化我国的国民经济产业结构,更是我国实现可持续发展的重要内容和保证。

(四) 促进国际间的交流

目前亚太地区,如日本、新加坡等国家多次举行美容大赛,大赛不仅增进了各国选手的友谊,也交流了美容技艺。在比赛过程中,我国选手屡获嘉奖,说明我国美容业正在向国际标准水平靠拢。

四、美容院及美容机构的特点

美容院主要向人们提供皮肤保健、美容护理等服务项目,属于专业化妆品销售的终端服务机构。从心理学角度来看,"美容院是出售美丽和梦想的场所。"它不仅改善人的外在形象,同时也满足人的心理需求,给人带来一种享受服务后的愉悦感受。

(一) 美容院专业性服务特点

以美容机构为销售终端的专业美容院,市场容量和发展潜力巨大。为顾客提供产品和技术是美容院最基本的要素,而顾客对无形的店面形象和服务管理感觉最敏锐,美容机构应根据顾客的各种需求,全面细致地提供专业化服务。

1. 创造安全、舒适的环境

美容院是为顾客提供皮肤美化的场所,为使顾客有一个美好的心境,因此环境十分重要。顾客选择美容院时,关注的是院内的环境和气氛,优美舒适的环境更能让顾客感受体验价值。

2. 提供美容知识咨询

多数顾客不了解或不精通美容知识,美容师适时提供相关美容专业知识咨询服务,树立良好的专业形象,使顾客放心体验美容机构的产品和服务。

3. 创造动感气氛

气氛是作用于人心理的最大诱因,环境吸引了顾客,而气氛也感染了顾客。美容机构具有的动感与活力,使顾客不由自主地与之融为一体,产生享受的渴望;新鲜感不仅让顾客惊喜,还会令其不由自主地想要体会别具一格的服务。动感、新鲜感会让顾客流连忘返。

4. 提供生活资讯

大多数顾客不仅关注美容后的容颜还关注美的生活。美容院可透过所从事的专业,连带提供相关的同类生活资讯,如服饰搭配、快速化妆、家庭理财、家具布置、身体调养等,使顾客在享受美容服务的同时,还可以获得更多的有益资讯,产生超值的感受。

5. 缓解情绪

现代人生活节奏加快,生活、工作压力增加,女性尤其如此。美容机构应在环境、气氛和服务等环节多花心思,尽量给顾客提供一个缓解情绪、放松身心的休闲场所。

6. 重塑气质和信心

许多顾客是出于工作、业务或某种特定的需求而来,甚至有些顾客还带有自卑心理。美容机构不应仅停留在表面的"面子"服务,而应更深入到顾客内心,通过提供相应的美容美体服务,使其重树自信心,并进一步展现出内在的气质。

7. 提供产品和技术

产品和技术是美容机构的最基本要素,故在产品选择上,不应只注重价格和经济效益,而应首先考虑产品的安全性和有效性。

8. 体现服务品质

美容院优秀服务不仅体现在接待技巧及好产品、好效果、好技术上,还体现在其内外卫生、设备仪器、促销活动、从业人员着装,以及专业礼仪、专业知识等方面。

(二) 美容院的经营优势

1. 专业性高

美容师用专业用品、专业技术给顾客提供专业服务,并运用专业知识,在提供服务的同时给予顾客咨询指导,得到顾客的信赖与支持。

2. 服务项目丰富

美容院针对顾客的需求设置了多种护理服务项目,顾客的选择更多,可以在美容院选择享受各种服务项目。

3. 灵活性强

美容院的服务定价没有特定的标准,经营者可根据服务项目灵活定价,自我控制利润空间。灵活的定价方式让经营者可以掌握顾客情况,大量的利润积累可以更好地服务于顾客。

4. 成本投入低

美容院的投入成本主要包括店铺租金及人力资源成本,以技术服务为主,不需要大量的产品成本投入,利润空间较大。

5. 顾客忠诚度高

感性顾客是美容院的主要消费人群,美容师主要以技术服务为主,与顾客沟通时间较长,客情关系较浓,顾客忠诚度高。

(三)面临的问题

随着市场的发展,顾客消费理念的更新,美容院原有的经营特点难以适应顾客及市场的需求,经营优势逐渐淡化,所面临的问题已经显现,主要表现在如下几个方面。

1. 顾客消费理念改变

随着顾客消费意识的提升,自身对美容知识与产品的熟悉,不少消费者已习惯购买产品在家中进行护理,到美容院只会做一些无法自我完成的项目。

2. 化妆品市场分割互补

近年来,美容市场逐渐被商场、超市、日化专营店占据,造成顾客分流严重。商场通过增强服务、会员管理等模式争夺美容院的高端消费群体;日化专营店在产品线上给了顾客更全面的选择,日化专营店的兴起将成为美容院较强的竞争对象。

3. 利润提升阻力大

利润来源的固化,难以提升美容院的利润空间。一般情况下,美容院收取较为低廉的护理服务费,在护理过程中,向顾客推销产品,以获得利润。护理服务项目由服务时间、美容床位所限制,每天服务的客户数量受限,利润产生突破性小;产品销售中由于产品品牌宣传推广方式的不同,产品缺乏高知名度,消费者的认可度低,产品数量少,选择面窄,美容院在产品陈列上难以产生视觉刺激效果,顾客购买率低。

4. 同行间恶性竞争

同行间恶性竞争造成美容机构销售或促销效果不佳,导致顾客对美容机构产品信任度逐渐降低,口碑越来越差。

5. 经营成本增加

美容市场越来越透明化,顾客消费越来越理性,利润空间越来越小,但项目服务时间还是保持不变,员工工资成本不断上涨,导致成本增加,经营压力也增大。

(四)未来发展的趋势

1. 品牌化趋势

品牌代表着实力、口碑、知名度、管理和服务等。顾客更喜欢到有实力的企业消费,品牌知名度越高,它的安全性、可靠性、责任感、技术实力等也会更好,将来的美容机构将会更具规模化。不注重管理、服务态度的,技术质量不过关的美容机构一定会被市场淘汰。

2. 专业化

规范行业并使其标准化、专业化是将来的发展趋势。美容行业是服务性与技术性、技术性与艺术性相结合的行业。在这个特殊的行业中,美容从业者将统一经过国家劳动部的职业考核认定,领取上岗合格证与技术等级证,使其具备专业化的知识、理论和技能。

3. 连锁化

连锁化要求经营者具备经济实力、管理实力,连锁店的经营要求所有店面专修风格、员工服饰、服务态度、提供的产品和技术全都统一。这就要求连锁机构要有自己的风格特色与企业文化氛围,连锁店的形成,能让投资者快速组建客源网络,客户持卡即可方便去各连锁店享受服务。

4. 休闲化

将来大型美容机构会更注重提高服务质量,满足顾客休闲的需要,在美容机构内会设有茶艺、网吧、餐厅、运动健身中心等,提供多元化的服务,其经营项目除了美容还会扩展到保健、瘦身、桑拿、美甲、美发等。

能力检测

一、选择题(每题的备选项中,只有一个最佳答案)

1. 美容院的专业性服务特点是什么?(　　)
   A. 创造安全、舒适的环境　　B. 重塑气质和信心　　C. 缓解情绪
   D. 提供美容知识咨询　　E. 以上均是
2. 下列美容院的经营优势中,哪个是错误的?(　　)
   A. 体现服务品质　　B. 专业性高　　C. 顾客忠诚度高
   D. 服务项目丰富　　E. 灵活性强
3. 美容业的作用有哪些?(　　)
   A. 促进第三产业发展　　B. 创造就业机会　　C. 提升居民消费层次
   D. 促进国际间的交流　　E. 以上都正确
4. 我国美容企业的特点有哪些?(　　)
   A. 技术性和艺术性　　B. 服务直接性　　C. 知识的综合性
   D. 网点分散性　　E. 以上均是

二、案例分析

上海家化是一家有着百年历史的日化企业,一直执民族化妆品之牛耳,中国市场上第一瓶二合一香波、第一罐定型摩丝、第一瓶混合型香水、第一支护手霜等都出自上海家化。1999年,其主要品种销售额超过10个亿;2002年,其花露水、护手霜、夏季沐浴露等产品的品牌市场占有率全国第一,销售额增长高达22%以上,其中"六神""美加净""佰草集""清妃"等品牌尤为突出。

请根据案例回答问题:
1. 分析该企业的优势是什么?
2. 根据当前美容化妆品行业现状判断该企业是否会遇到危机?

实训项目

我国美容行业现状调查

【实训目的】

通过调查收集资料,调研我国美容行业的市场容量、发展趋势及美容企业的经营模式和发展状况。

【实训方式】

撰写美容行业调查报告。

【实训内容】

分小组通过网络、书籍、期刊、统计数据等不同方式对我国美容行业进行调查分析。

【实训步骤】

(1) 根据班级人数分组,选出一人担任小组长。

(2) 选定具体美容行业或美容行业中某个分支进行深入了解和调查。

(3) 撰写调查报告。

【实训要求】

撰写调查报告的要求:

(1) 数据收集必须真实。

(2) 除了进行现状分析外要进行因果分析。

(3) 通过收集资料对行业发展得出预测性结论。

(4) 报告完成后,每个小组选一位代表将计划书辅以 PPT 的形式进行现场陈述。

(钱俊轩)

任务二　美容企业的定位及发展状况

学习目标
通过本任务的学习,使学生了解我国美容企业的发展过程及未来的发展趋势。

能力目标
能够结合学习内容分析未来美容企业发展的趋势;能辨析不同美容服务的优劣。

知识目标
掌握:医学美容、生活美容的相关概念和区别。
熟悉:美容企业目前的发展状况。

素质目标
作为美容行业的从业人员,应树立责任意识,培养自己适应环境的能力和敬业精神。

案例引导

花了钱却换来受伤的结局

某市工商部门接到一位女士的投诉:该女士8月在某生活馆购买一张价值3180元的美容消费卡。此生活馆经营项目繁多,包括美容、美体及颈椎、肝、肾护理等。该女士进行了面部生活美容后做了颈椎按摩,在美容师的鼓动下又做了芳香护理颈椎。但在芳香护理过程中颈背部被烫伤,美容师在烫伤处贴了三个"颈椎贴"。当天晚上,该女士感觉到持续剧痛,第二天早上起床后,她立即去了生活馆,美容师将"颈椎贴"取下,并自作主张在伤口溃烂处涂上香灰以消炎。后来,自知后果严重的生活馆老板将该女士送到医院治疗,花去医疗费1500余元。

三个月后,该女士受伤处留下凸凹不平的瘢痕,痛苦不堪的她多次找生活馆老板理论,但屡次协商未果。后经有关部门取证调查,确认生活馆应承担全部责任,最终由生活馆承担医疗费并退还该女士消费卡上的3180元,并一次性赔偿各种费用及精神损失等共计10000元。

试分析：1.该女士受伤的主要原因是什么？
2.美容院应如何提高美容质量和信誉？

长期以来，许多美容企业将生活美容和医学美容混为一谈，以达到招揽顾客、谋取利润的目的，枉顾消费者利益。我国管理部门在《关于加强美容服务管理的通知》中明确指出：生活美容和医学美容是两类性质完全不同的美容技术，未经有关部门的同意，任何美容院都不得擅自进行医学美容服务项目。

一、生活美容

生活美容是指运用化妆品、保健品和非医疗器械等非医疗性手段，对人体进行皮肤护理、按摩等带有保养或者保健性的非侵入性的美容护理。生活美容主要针对面部及皮肤保养，预防皮肤老化，在个人原有基础上进行美容修饰，包括美容知识咨询与指导、皮肤护理、化妆修饰、形象设计和美体等美容服务项目，如面部保养、美颈、化妆等。

生活美容对美容师的要求不是很高，只要掌握了基本的美容专业知识，在获得有关部门认可的资格证书后便可上岗。在我国美容业发展前期，生活美容主导着美容市场，美容院开展的服务项目包括美容产品的研究几乎都是围绕生活美容而进行的，在现有的难以数计的美容项目中，生活美容占据主导地位。

二、医学美容

医学美容是指运用手术、药物、医疗器械，以及其他具有创伤性或者侵入性的医学技术方法，对人的容貌和人体各部位形态进行修复或再塑，以应用为特征的医学新科学。医学美容是医学、美学与美容技艺三者相结合的产物，由多种临床与非临床知识相互交织而成，主要包括重睑成形术、假体植入术、药物及手术减肥术等项目。

医学美容对美容师的要求比较高，一个美容师在短期内掌握医学美容的医学理论和操作技能是根本不可能的，这也是众多从事医学美容服务机构面临的难题。医学美容是现代医学的组成部分，必须遵循《中华人民共和国执业医师法》和《医疗机构管理条例》，执行《医疗机构基本标准》，在经过卫生行政部门执业登记、领取医疗机构执业许可证后方可开展，并要接受卫生行政部门的监督管理。

近几年，国内的医学美容显示出强劲的发展势头。随着中医学的推陈出新和现代科学的发展应用，标本兼治的医学美容经过科学化、系统化和标准化改进后，为更多的人认可，并且成为美容界的另一种时尚。但是，医学固有的局限性也注定医学美容短期内难以在美容领域中形成完整理念，而且医学美容手段尚未完善，美容效果难以明确和量化，美容产品的生产规模与工艺相对滞后，从业人员素质参差不齐，这些原因也决定了医学美容发展的长期性。

三、生活美容与医学美容的区别

界定与规范生活美容与医学美容的管理，是美容行业发展的需求，是国家对美容行业保护和社会对美容认可的需要，也是制定市场准入制度和遵循规则的需要。规范生活美容和医学美容是教育培训和专业技术科学发展的必然结果（表2-1）。

表 2-1　生活美容与医学美容的区别

内　　容	生 活 美 容	医 学 美 容
管理部门	工商、劳动、卫生、公安等部门	卫生行政部门
从业人员职称	无特殊要求	医学技术职称
经营场所	美容、理发、洗浴、休闲等	医疗机构
美容后果	生理环境的改善	病理、生理结构的改善
美容手段	表皮以上按摩、涂擦、洗泡	真皮以下手术整形、组织改变
从业人员教育程度	培训或带教	正规高等教育
营业许可	工商营业执照	营利性医疗机构许可证
准入制度	宽泛就业培训	严格执业考试

随着社会的进步、人们生活水平的提高，消费者对美容服务需求的增长，医学美容发展迅速，但是，医学美容质量良莠不齐，许多美容院缺乏严格消毒灭菌制度和无菌环境，从业人员也大多未经过正规医学教育，且没有相关的医疗设备，医学美容质量难以保证。消费者由于缺乏医学常识，看见美容院的广告宣传就信以为真，结果医学美容服务纠纷频频发生，针对医学美容的投诉逐年上升，社会反响强烈。

早在 1994 年卫生部在《关于下发〈医疗机构诊疗科目名录〉的通知》的文件中就将医疗美容科列为综合性医院的一级临床科室。在《医疗机构基本标准》中，对综合性医院医疗美容科、美容医院、医疗美容门诊部、医疗美容诊所等医疗美容机构的基本标准也进行了明确规定。针对美容市场混乱无序的情况，卫生部在 20 世纪 90 年代初就组织有关专家着手开展医疗美容管理立法的调研和论证，并提交了《关于美容立法情况的报告》，随后组织中华医学会的专家开始了《医疗美容服务管理办法》及相关配套情况文件的起草。为了遏制美容毁容案件的发生，2000 年卫生部发布了《关于加强美容服务管理的通知》，进一步明确了生活美容和医学美容的界限，强调医学美容服务必须遵循《中华人民共和国执业医师法》和《医疗机构管理条例》，执行《医疗机构基本标准》，在经过卫生行政部门执业登记、领取医疗机构执业许可证后方可开展，并接受卫生行政部门的监督管理。重申任何单位和个人，未经许可且未获得医疗机构执业许可证，不得开展诸如重睑成形术、假体植入术等医疗美容项目。2002 年初，卫生部发布了《医疗美容服务管理办法》，并于 2002 年 5 月 1 日起施行。随着该办法的发布，与其配套的《医疗美容机构、医疗美容科（室）基本标准（试行）》《医疗美容项目标准》和《医疗美容技术操作规范》等也陆续出台。

四、我国美容业的发展环境

1. 国家相关政策的支持

在世界经济低迷的背景下，我国经济发展的支撑更加集中在内需上。随着国家相关政策的不断完善，分配制度的改革进一步提高人民群众的收入水平和生活水平。国家城镇化建设的稳步快速推进，使更多的城乡居民将分享改革带来的益处，因此，居民消费水平的提升将呈现快速发展的势头，这将对释放和升级城乡居民消费都带来更大的推动作用。随着人们收入尤其是乡村居民收入的快速增加，美容化妆品的市场潜力巨大。"美丽中国"成为社会各界关注的新名词，反映了人们对生活环境和生活品质的追求。"美丽中国"的概念延伸折射出的信息不仅停留在生态文明建设上，在生活及精神文明建设中同样需要，作为美化人们生活和健康的美容行业将越来越趋于规范化,树立行业美好形象,以信誉提升消费力,将成为美容化妆品行业发展的必然趋势。

2. 经济发展与消费环境

受国际和国内经济环境影响,中国的社会消费结构正处于调整过程,服务业成为未来投资的焦点,更多新消费群体开始注重精神、文化、娱乐的升级趋势,美容化妆品行业也将出现消费结构的进一步调整,非理性高端消费将受到一定程度的抑制。健康元素深入美容保健消费领域,美容化妆品行业将进一步促进健康行业实现转型发展。

3. 网购消费者全方位增长

新的商业消费模式将影响美容化妆品行业的品牌竞争和发展,电子商务的爆发式增长改变了人们传统的消费习惯。数据显示,与传统渠道化妆品的消费者相比,网购化妆品的消费者消费能力更强,2016年"双11"淘宝天猫购物节当天总销售额超过1200亿元,而当天美容化妆品全网销售额约为212亿。目前,国家经济发展大环境总体趋于稳定并在逐步走出调整期,2016年全国GDP增长为6.7%,而电子商务的增长为23%,电子商务的发展也给美容化妆品行业的快速发展带了机遇。

五、我国美容市场存在的问题

如果我们按照消费者与服务企业接触及互动的程度这个标准来区分,服务可以分为高度接触和低度接触,显而易见美容服务就是典型的高度接触服务类型。美容服务人员与消费者是直面的互动式服务,在美容师传递服务的过程中消费者可直接感受到服务质量。但由于美容业的起步较晚,所以目前还普遍存在着各种各样的问题,具体表现在以下几个方面。

1. 美容市场管理较为无序、混乱

我国的美容院没有明确的监管部门,出现多头管理的现象。管理美容院的部门包括卫生部、食品药品监督管理局、技术监督总局、商务部、劳动部等,但却没有任何一个监管部门能够做到真正的全程跟踪监测。在美容市场上,有一些美容院经营者虽然只有从事生活美容的营业资质,但为了更高的利润空间,超出营业范围给消费者提供医疗整形服务。这些机构的美容服务人员根本不具备医疗整形的专业技术,很容易就对消费者造成不可预知的伤害,我们经常会从媒体上看到一些类似的令人痛心又让人痛恨的消息。此外,国家对美白、脱毛等特殊化妆品监管的许多规定也不是很严谨,如国家规定美白的产品必须经卫生部门审批合格才可以使用,但如果用"嫩白""水白"等名称就可以直接使用。

由于在我国美容业还没有服务技术的统一鉴定准入标准,在服务项目方面也没有统一的规范,所以服务质量得不到有效保障,资质名称、技术名称也比较混淆,有的用一些扑朔迷离的"专业术语"来欺瞒消费者,消费者也无法维护自己的合法权益,整个美容市场也存在很多三无、伪劣假冒产品。所以,我们知道的关于美容业的消息多数都不是正面的,而这些负面消息都制约着美容业的发展。

2. 从业人员素质低下

从业人员的素质不仅包括科学文化知识还包括专业技术水平。美容师是美容院的重要资源之一,其素质好坏对美容院的发展起着至关重要的作用。从全国的美容院来看,从业人员的素质普遍都不高,根据国家相关部门提供的统计数据表明,目前从事美容业的人员中,具有大专及以上文化水平的大约占15%,高中及高中以下文化水平的大约占80%,甚至还有一部分文盲。

在美容从业人员中，20～30岁美容师占90%以上，每年新增从业人数将近100万人，其中，来自农村的占到50%以上。文化知识的匮乏直接影响其职业道德和专业技术水平。这些从业人员进入美容行业主要通过两种形式：一是传统的熟人之间相互介绍和招收学徒；二是从劳务市场直接招聘。在第一种上岗的从业人员中，有经过美容美发学校短期培训的，也有店内自己培训的，培训时间最长也就半年，少的可能一个月就上岗了。所以美容行业虽然在高速发展，但职业教育水平远远跟不上发展的步伐，从业人员素质明显良莠不齐，职业培训时间也远远不够，培训标准更是无法达到统一。

3. 行业诚信度非常低

目前美容业诚信度普遍较低，媒体对美容行业的负面报道也在很大程度上影响了美容业的社会信誉。根据最近的一份民意调查显示，大约50%的被调查者对美容行业的服务水准及化妆品消费市场的现状都持怀疑态度，仅有很少一部分人认为美容行业是有一定可信度的；还有就是几乎所有的消费者对美容师诱购产品的方式相当不满。美容业的诚信度低一方面是因为缺少社会和行业标准的约束，另一方面是由于美容院的夸大宣传。这样做很大程度上损害了消费者的消费热情，同时也使行业信誉受到了负面的影响。

4. 经营管理体制不健全

大多数的美容院由于门店较小不可能设置很多职能部门导致财务制度不规范，无法构建服务营销系统，更谈不上设计培训计划和企业发展规划了。在用人方面多数也是采取家族式管理，进入美容行业的一条途径就是通过熟人介绍。所以在美容院中任人唯亲的现象会带来诸多的问题，这样就很容易造成管理效率不高，从而阻碍美容院的稳定快速发展。

5. 市场价格混乱

美容院的价格，可分为产品价格和服务价格。传统美容院的收入大部分来自卖美容产品所获得的利润，然后用相对较低的手工费去吸引消费者。现代美容机构出现以后，化妆品销售就分化成日化线和专业线两种，日化线是进入零售市场进行销售化妆品，专业线的化妆品则多数由生产厂家通过各级代理商，将产品直接销售到美容院。行业内的普遍做法是，代理商以三成左右的价格从厂家拿货，最后到达美容院以几倍甚至几十倍的价格卖给消费者，相当暴利。这种混乱的价格运作和流通方式，同样会影响美容院的正常发展。

6. 高科技美容仪器使用率较低

在任何时代"科学技术是第一生产力"都是一个永恒不变的真理，各行各业都必须依赖现代化的科技手段，美容行业也不例外。简单的护肤过程未免太单调，高科技仪器的介入会使整个护肤过程增添乐趣，还会取得更好的护理效果，如眼部护理仪、丰胸美容仪、光子嫩肤仪、太空舱、远红外光波浴房、活肤仪、超声波按摩美容仪、汗蒸房等。但据调查很多美容院，由于店面规模、资金的限制一般只有少数几种美容仪器，而且大多已经过时或破损，这同样也会使美容院在市场中失去竞争力。

7. 行业宣传推广渠道少，广告片面夸大美容效果

美容行业宣传推广渠道单一，包括传统纸质媒介，如报纸、杂志等；依靠朋友介绍，业务员推销等。有些美容机构为了吸引消费者，不惜采用虚假广告，片面夸大美容效果或者美容手术效果，使很多消费者上当受骗，还有某些美容机构在高科技、新技术上做文章，误导消费者。很多消费者看见广告的虚假宣传就信以为真，结果使医学美容服务纠纷投诉频频发生。

8. 国家相关政策规范

国家先后制定并实施了《美容美发业管理暂行办法》《美发美容业开业的专业条件和技术

要求》等。从2007年开始,相关部门已经加大力度继续整顿规范美容市场,同时加强美容业的监督管理,力争使我国美容业上一个新的台阶。中国已加入WTO,根据关贸总协定,从2007年12月11日起,中国美容市场已全面对外开放,国内的美容市场与国际美容市场应出现更多的融合,这也就意味着国际美容品牌会越来越多地参与中国市场的竞争,这种情况下消费者也必然对产品和服务提出更高的要求。

六、我国美容业发展趋势

随着中国经济的快速发展,人们生活水平的提高和消费观念的不断更新,在满足了基本生存需求后,富裕起来的中国人更多地开始关注生活的品质,追求健康、年轻、美丽的时尚生活。而几千万的美容业从业群体和可观的消费额度,也昭示着美容业会成为急速拉动就业内需的行业之一。尤其是近10年,随着美容市场逐步规范,专业技术日趋成熟,人们对美容的需求持续呈高速上升趋势,市场前景相当广阔。

截至2014年中国美容业市场每年现金流动约3000亿元,美容经济每年以15%的速度递增,每年有难以计数的美容新产品、高科技设备问世。中国美容业正在成为继房地产、汽车、电子通信、旅游之后中国居民的"第五大消费热点"。全国美容业就业人员总数约为1300万人,全国城镇美容机构总数约为154.2万家,年产值1680亿元。而在行业结构方面,美容业已形成了医学美容、美容会所、美容教育、美容产品销售等为主体的综合性产业、新兴医疗产业。

1. 在传统医学的基础上,医疗科技日益发展

在传统医学的基础上,医疗科技日益发展不仅带来了医疗美容的新技术与新术式,美容师的操作技术与医学美容在未来将会得到更广泛、更深入的发展,这将对整个美容业的发展产生深远的影响。

2. 大美容、大升级、大整合时代来临

新时代需要的大美容,已不再局限于某个特定领域,而是作为一个大有发展的服务产业在为国民经济的增长做着越来越大的贡献。大美容,是对美容产业内涵的丰富和深化,既包含着医学美容与生活美容的融合、日化美容与专业美容的融合,更包含着美容与健康、养生等边缘化产业的融合。因此,大美容是未来不可阻挡的发展趋势。市场变化需要大升级,在市场竞争升级、民众消费升级、渠道变革升级、商业模式升级的行业大背景下,美容产业结构也在不断升级变化。兼并和收购,也不再是上游生产厂商大品牌的专利,已蔓延到终端,成为终端的主要动作,这一变化将直接影响未来行业发展格局。

行业发展需要大整合,由于美容市场过度饱和及成本日益升高,企业经营愈加艰难,经济效益也因而降低。无论是上游厂家,还是下游的代理商和终端美容院,面临的不再是单一的行业或个体经营风险,而是更加复杂的产业和系统性经营风险。因此,资源优化整合,走高大上路线成为一种趋势。美容行业发展会不断地整合优势资源,无论是代理商,还是连锁加盟商,都离不开整合二字,以弥补各自不足之处,合并资源,优势互补,联手打造品牌,形成影响力。

3. 传统渠道增速下滑,网销渠道发展迅猛

据调查,近几年同期相比,各美容品类在传统渠道的销售份额增速下滑较为显著。这主要因为快速发展的网购对销售的贡献日益增加。中国电子商务占整体零售额的比例从2005年的0.2%增长到2013年的6.5%,而2014年增速已至8%,已经超过了美国。化妆品在不少城市网购渗透率已达70%以上。越来越多的品牌开始走向网络销售渠道,以抢占市场份额。化妆品渠道(化妆品专营店)是品类增长重要驱动因素,渠道在下线城市发展尤为突出,化妆品渠道店铺数量及销量占比高达70%以上。同时上门美容服务成为新热点,移动互联网的发展,已经把各行各业都拉到了互联网上,包括几乎完全线下的美容行业。团购已经成为过去式,美容会所自主的O2O平台则做得更彻底,上门服务也已经成为移动互联网创业的新趋势。打着"解放手艺人"的招牌,有些美甲服务App也迅速聚集千余名美甲师,打造针对美容业的互联网平台。这些美甲服务App还推出了化妆造型业务,据介绍,签约的上门化妆造型师,主要由明星御用化妆师和从业多年的资深化妆师组成。未来针对用户对"美"的需求,会衍生出越来越多的服务。

4. "出国整形热"将进入冰冻期

2014年是出国整形的是非年,尤其是赴韩整形,韩国整形医生大多无资质等负面消息层出不穷,但出国整形的人还是有增无减。他们追求的是国外的整形技术,其实,国外的整形美容医疗水平不一定更高,国内的一些医生的操作技术也相对成熟。而且到国外整形失败的病例屡屡发生,因此引起的医疗纠纷基本上都无法解决。现在,大多数求美者都变得更加理智,风靡一时的"出国整形热"已经大势已去。

5. 男士医学美容需求增多

尽管男性市场所占份额较小,但男性也开始大规模地加入美容行列,除了整形,越来越多的男性也开始走进SPA。过去六年中,全球针对男士美容和个人护理的产品已增长70%。在中国虽然增长稍缓,但未来的潜力不可限量。男性越来越希望通过医学整形美容使自己变得更年轻、更具竞争力,未来这一趋势将更为明显。受到男士欢迎的整形美容项目包括光子嫩肤、祛斑、祛痘、除皱、祛眼袋、隆鼻、割双眼皮、植发、减肥甚至通过假体填充来人造肌肉线条等。

6. 导入心理美容

美容院已不仅是提供专业的美容护理,还要为消费者提供更多的综合附加值服务,更要注重消费者深层次的需求,甚至全方位照顾到其家庭的每个成员。如今的美容师在消费者的生活中扮演了不可或缺的"引导者",甚至是"心灵导师"的角色,为消费者进行美容护理的同时,针对消费者的服饰或化妆也要提出专业的建议或提供最新的资讯,如新潮的服饰、流行的妆容、热卖的化妆品等,甚至是心理辅导;还要定期举办沙龙,探讨有关化妆、礼仪、健身、音乐、绘画、婚姻等话题;有些美容机构还贴心地考虑到会员的家庭成员,将一些男士美容、亲子活动、老年人养生讲座都搬到了美容院,市场的专业化细分越来越明显。在行业竞争日趋激烈的今天,企业要想在竞争中赢得一席之地,只有将专业细分进行到底,才可能发现市场存在的市场需求,行业竞争加剧了美容产业的细分,市场的特色化细分将成为行业发展的主要路径之一。

7. 美容会所利润率更趋于合理

近五年来,美容行业的增速有所减缓,这其中有大经济环境变化的因素,有法律法规完善的因素,更有美容市场不断趋于理性的因素。如果一个行业的利润率明显高于其他行业,则会有大量的进入者,不断拉近行业利润率至合理水平——即基本等同于其他行业的利润率。目前来看,美容行业的利润率已趋于合理,已经不是随随便便进入就能赚钱的时代,行业里的优胜劣汰会进一步加强。定位不清晰、资本不雄厚、服务没有比较优势的店面会被市场淘汰。追根究底,只有不断加强产品质量,规范服务流程,提高按摩手法、高科技仪器的实际效果等,才能留住消费者。年龄已不再是美容消费的阻碍，16岁的小女生能够做光子永久脱毛、祛痘印等项目，70岁的老妇人可以选择微创祛皱或注射祛皱，年龄已不再是追求美的阻碍。不仅是年龄，价格也早已不再成为美容消费的主要问题，如今整形项目价格亲民，几百、几千的不等，基本上是工薪阶层能够接受的。美容机构也更注重保护消费者利益。随着行业的进一步规范，整形医生不再极力游说消费者接受更多的整形美容项目，而是有意识地在术前与消费者进行面对面沟通，纠正不正确的、不恰当的审美要求，修正过高的预期，量身设计符合个人气质和职业特点的手术计划。

8. 会所定位精准度提升，消费者更信赖疗效型美容服务

随着市场竞争的加强，一大批没有特色、没有亮点的店面会被淘汰，而找准了自己位置、不断强化自己独特优势、具有核心竞争力的店面会越发壮大，这将让各美容会所的定位更加清晰：无论是专做最高端的会所、专做最先进仪器的会所、专做祛斑的会所还是专做养生按摩的会所，只要在专业上精益求精，就会得到消费者的认可。曾经的美容会所服务有很多华而不实的项目，这样的服务已经逐渐被消费者所抛弃，转向青睐快捷、疗效好的服务项目。所以，提供快捷、疗效好并且能给予消费者舒适感和愉悦感的项目将成为美容会所未来的工作重点。

9. 从业人员综合素质更加全面

美容属于高端的服务行业，除了具有一定的医学知识外，还包含专业知识、科普知识、营销知识、管理知识、财务知识等综合知识。中国美容行业的教育与培训将突破这些独特的个性和难点，未来几年，美容教育培训业将以岗位培训、继续教育为重点，以规范和提升美容行业的人员素质水平。不难预见，美容行业越规范，门槛就会越高，更加有利于行业的整体发展。随着经济全球化的发展，中国美容业也迎来了更多的发展机遇。

10. 个性化的青年群体将成为美容市场的消费主体

美容机构将更加注重与消费者的共赢关系，从而达成健康、良性的发展。在提倡个性化的今天，人们整形美容的观念趋于理性，美丽同样也可量身订制。因此，打造个性美将逐渐成为主流趋势。追求个性化的青年群体，将成为美容市场的消费主体。

11. 生物医学美容

健康长寿是人类的美好愿望，是生命科学和生物医学研究的永恒主题，也是现代生物医学美容的发展方向。尽管生物医学美容的发展时间不长，但已崭露头角。我们有理由相信，现代生物医学美容研究开发的新趋势将为生物医学美容的发展开拓新的应用前景。尽管有机产品与天然产品已不是新概念，但它们正变得更合法。现在几乎所有的个护产品都标榜自己的产品具有有机成分，但却没有任何认证。随着人们的健康安全意识不断提高，绿色环保意识和消费者认知的增加，有机、天然的化妆品将会越来越受欢迎。绿色环保是化妆品市场未来发展不变的重要主题。享受健康、环保的低碳生活已成为全世界人们追求的生活理念，也成为国内消费者的共识。顺应这种环保潮流，力求自然、绿色，已成为化妆品行业的必然发展趋势。

首先，化妆品要对人体无害。近几年来，纯天然产品、有机产品备受追捧，是未来化妆品市场的一个发展热点，也是各日化企业加强研发的重点领域。

其次，产品要对自然环境无害，包括产品包装、生产过程都要实现低碳环保，一个对环境不负责任的日化企业，其品牌形象必然大幅下挫进而被市场所摒弃。

12. 行业发展趋势是科技和智能美容继续引领时代

在未来相当长的时期内，随着科学技术创新力的推动，全球美容发展的趋势必将是科学美容、科技美容、智能美容。很多美容院斥巨资引进了多台世界尖端的仪器设备,结合顶级抗衰技术,将为爱美人士打造最具国际标准的美容抗衰方案。美容机构开始理性思考如何为消费者带来真正的实惠,这体现在服务上的个性化和多元化,生活美容和医学美容紧密融合。目前整形美容行业用爆炸性发展来说一点不为过,尽管生活美容和医学美容的融合饱受争议,但是,两者联系紧密,相互交叉发展,共同为消费者的美丽服务。

13. 政策影响迎来发展新机遇

随着二胎政策的开放,近几年将会出现一个大规模的婴儿出生高峰。所以,婴幼儿产业将会迎来一个较快的发展期。另外,随着环境的污染,人们对于皮肤护理的需求加强,而婴幼儿的皮肤尤其需要呵护,这就使得市场存在对于婴幼儿护肤品稳定增长的需求。与成人护肤品不同的是,婴幼儿护肤品消费更看重品牌和口碑,天然、环保、无刺激是消费者购买时最关注的因素。

14. 企业的中高端人才缺乏

美容行业人才未来的需求形势依然严峻,尤其体现在中高端人才的缺乏,一线城市美容企业对于人才的需求非常迫切,越来越多的企业开始录用和吸引高学历人才的加盟。管理美容师要抓人心,美容师作为美容行业的重要角色,其作用不言而喻。但美容师的流动性很大,使得管理者既担心花费精力、物力、财力培养的美容师随时走人,又担心没有给予足够的专业培训和教育会影响到服务,总有进退两难的尴尬。管理重在抓人心,给予美容师足够的信任和尊重,营造一个良好和谐的工作环境,让美容师看到自身的成长,感受到成长的喜悦,一定能收获他们对美容院的忠诚度。专业型美导(美容导师)人才被渴求,更专业、优秀、全能的美容导师越来越受欢迎。连锁店在不断发展扩张,对美导的数量和质量都提出了要求。未来的美导,要把皮肤护理、色彩诊断、美体等多门技术全部掌握,才能在美容行业获得更多青睐。

能力检测

一、名词解释
1. 生活美容
2. 医学美容

二、论述题
1. 论述我国美容企业的发展趋势。
2. 论述我国美容企业面临的问题。

实训项目

职业发展规划的制订

【实训目的】

通过制订职业发展规划,让学生深刻理解所学知识,挖掘自身特质,发挥个人专长,走出职业生涯发展的困境,明确自身学习目的及能力培养目标。

【实训方式】

编制个人职业发展计划书。

【实训内容】

制订在校期间的学习计划,以及毕业后3~5年的职业发展计划。

【实训步骤】

(1) 根据所学知识和资料收集了解未来美容企业发展和岗位的发展。

(2) 结合自身的特质进行职业倾向分析。

(3) 编制职业生涯发展规划书。

【实训要求】

职业发展规划计划书要求:

(1) 对自身的性格、爱好、职业兴趣等进行深刻分析。

(2) 对美容行业的发展及岗位进行前瞻式预测。

(3) 制订在校期间的详细学习计划,以及毕业后3~5年的职业发展计划。

(4) 编制职业生涯发展规划书。

(钱俊轩)

任务三 企业可行性分析

学习目标

通过本任务的学习,使学生理解企业正常运行的必备条件,了解企业经济稳定的基本经济指标,学会分析企业可持续增长的管理指标。

能力目标

培养学生对企业成立及运行的可行性方面做最基本的分析,并且能够拿出自己的分析报告和解决问题的方案。

知识目标

熟悉:企业可行性分析的框架和基本范式。

了解:企业可行性分析的内容、方法。

素质目标

让学生从宏观层面理解企业综合性评价的难度及重要性,引导学生平时学习注意积累和培养综合性的知识结构及解决问题的综合能力。

案例引导

开美容院的真实故事

张燕本来是一个公司的白领,工作比较轻松,经常下班之后就去美容院做护理。可是,一次偶然的谈话,催生了她自己开一家美容院的想法。每个月都有好几千块钱是在美容院消费的,与其这样,还不如自己开一家美容院,不仅可以给自己做美容护理,还可以赚点钱。

可是,张燕没有任何开美容院的经验,权衡再三,她决定把自己的美容院交给以前的美容师晨晨打理。可是店里的生意一直是不温不火的。一次她来店里办事,偶然听见晨晨和一个员工聊天:

"为什么我们店装修很好,产品也不错,可是生意就是没有对面的那家好呢?"

晨晨说道:"这还不简单,对面是老板自己在管理,而我们,说白了还是打工的。我们工作为的就是混口饭吃,而对面的老板,一旦做不好自己都没饭吃啊。"

张燕听后不动声色地走开了。

没过几天,张燕就高薪聘请了一个经理,和晨晨一起打理美容院,并给二人制定了任务标准,谁的业绩做得好就有奖励。新来的经理和晨晨二人彼此都不服气,都想用出色的业绩打败对方,店里的生意渐渐好了起来。

可是,这种状况没过多久,张燕发现很多以前经常光顾的顾客都不来店里了。经过一番走访调查发现,原来问题还是出在经理和晨晨身上,无论是什么人,她们都进行推销,导致顾客连正常的护理都没办法做,这样的销售伤害了顾客。

张燕跟两个人开会,她们都觉得现在开发新的顾客很难,与其这样,还不如把目光瞄准一些老顾客。面对这种情况,张燕决定将提成的方法改变一下,就是将新顾客和老顾客的提成比例分开,免得出现伤害老顾客、不重视新顾客的现象。

可是状况并没有太大的好转,店里的业绩还是没有什么起色。张燕通过了解,发现原来经理和晨晨都面临着结婚生子的问题。她们在美容行业也属于大龄青年了,两人都在为以后的生活做打算,心思根本没有放在店里的经营上。张燕通过慎重思考后决定,给她们二人每个人10%的股份,这样,这个店的经营好坏就跟她们息息相关了,他们也不得不用心做。两个人都很高兴,店里的业绩也渐渐好了起来。

可是,一年之后,二人还是先后离开了张燕,她们觉得自己给美容院创造的利润只拿到了很少的一部分,与其这样,还不如自己出去开一家店。

通过以上案例我们不难看出美容院管理的五个阶段。

一是个人英雄主义,就是一个人管理美容院,美容院缺乏科学的管理制度。

二是竞争机制,美容院的竞争和激励措施的出台,让员工有了危机意识,也开始用心去做销售,但是弊端也还是有。

三是绩效考核阶段,有了一定的目标和标准,美容院逐渐走上健康发展的道路。

四是美容院开始注意怎么样留住人才,通过给人才股份等措施,让他们没有后顾之忧,对美容院也有了主人翁意识。

而最后一个阶段,就是员工认识到了自己的价值,这个时候就要看管理者能否真的留住员工的心,能不能为他们打造一个实现自身价值的平台,发挥员工的工作热情。上面案例中的张燕明显没有做到,但我们相信,她也会有所感悟的。

企业的成立可行性分析需要做到前面,否则一开始就是失败的。

一、企业成立的经济可行性分析

企业成立的经济可行性是指企业成立时可以使用的资金、团队人力资源、地理位置、人居环境及商业环境、行业规范及地方政策等。其内容从宏观方面来说主要包括两大部分:一是企业某一备选方案占有和使用经济资源的可能性,进而实现企业目标的可能性;二是企业实施某一营销方案所需花费的成本和取得的收益。企业所使用的资源是有限的,任何营销方案占有和使用的经济资源也是有限的。同时,任何一个企业都存在争取公共经济资源的问题,比如国家的产业政策支持、国家对某一个行业的支持力度以及优惠条件等,因此,企业成立的经济可行性除了考虑资金、人力资源、环境,还要考虑国家及行业的政策。

对初成立的企业,评估其经济可行性主要有两个基本方法:一是成本效益分析;二是成本效能分析。

（一）成本效益分析方法

成本效益分析方法是通过比较项目的全部成本和效益来评估项目价值的一种方法，成本效益分析作为一种经济决策方法，将成本费用分析法运用于政府部门的计划决策之中，以寻求在投资决策上如何以最小的成本获得最大的收益。常用于评估需要量化社会效益的公共事业项目的价值。非公共行业的管理者也可采用这种方法对某一大型项目的无形收益进行分析。在该方法中，某一项目或决策的所有成本和收益都将被一一列出，并进行量化。

在激烈竞争的经济环境下，成本控制成为每个企业关注的焦点问题。那么，如何科学分析企业的各项成本构成及影响利润的关键要素，找到成本控制的核心思路和关键环节，使企业更好地应对竞争压力下的成本控制问题？

成本控制绝对不仅仅是单纯的压缩成本费用，它需要与宏观经济环境、企业的整体战略目标、经营方向、经营模式等有效结合，需要建立起科学合理的成本分析与系统控制，让企业的管理者全面、清晰地掌握影响企业业绩的核心环节，全面了解企业的成本构架、盈利情况，从而把握正确的决策方向，从根本上改善企业成本状况，真正实现有效的成本控制。

在开始进行成本效益分析前了解成本现状十分重要，需要权衡每一项投资的利弊。如果可能的话，再权衡一下不投资会有什么影响，不要以为如果不投资成本就会变高。许多情况下，虽然新投资可获得巨额利润，但是不投资的成本相对更小，其分析的步骤如下。

第一步：确定购买新产品或一个商业机会中的成本。

第二步：确定额外收入的效益。

第三步：确定可节省的费用。

第四步：制定预期成本和预期收入的时间表。

第五步：评估难以量化的效益和成本。

前三个步骤十分简单明了。首先确定与商业风险相关的一切成本——本年度主要的成本以及下一年度的预计成本。额外收入也许是由于顾客数量的增加或现有顾客购买量的扩大。为了解这些收入的效益，一定要将与收入相关的新成本考虑在内，最后就可以考虑利润了。

成本效益分析举例如下。

某美容公司为了改善经营，打算购买一套高端进口美容仪器，该公司用成本效益分析来判断此举是否正确。

（1）成本。

① 该美容仪器的价格成本。

② 雇用技术维护人员保管及技术方面的咨询服务成本。

③ 培训仪器操作员工的成本及岗位调整成本。

（2）效益。

① 该仪器的使用使得原有的项目提高了多少经济效益？

② 该仪器的使用开发了哪些更有成效的服务项目，利润如何？

③ 该仪器的使用为公司以后的发展以及管理、决策方面带来哪些好的导向？

④ 由于高端仪器的使用，员工的士气是否得到提升？

（二）成本效能分析方法

成本效能是指企业通过成本耗费所形成的价值与所付出成本的比值来表达的单位成本

效益,它是衡量成本使用效果的基本指标。成本效能是一个相对指标,是通过单位产品成本产生的产品价值大小来衡量成本支出的效果。成本效能也是成本的一种状态,它通过对企业的成本剖析,将成本划分为基本成本和效能成本。基本成本是企业为生产一种产品或提供某种服务通常所需的成本,具有普遍性和通用性。而效能成本虽然使单位产品成本在基础上有所增加,但它却能通过增加少量成本支出形成更大的价值,且具有新颖性和独特性,往往能体现出个性化的产品或服务。成本效能更应注重成本支出与其创造价值的比较分析,从另一角度讲,效能成本是一种外延扩大化了的质量成本,成本效能的提高也是市场竞争力的重要体现。

成本效能分析方法易于应用,善于处理集体或准集体物品,适用于分析外部性和无形成本,不易与社会总体福利问题挂钩。它对成本和效能的衡量局限于特定的项目、区域或目标群体,也不能用来衡量社会成员感受的总体满意度以计算净收入收益。例如:对于潜在客户潜的美容需求开发,需要投入一定的人力、物力,甚至时间成本,但是其收益无法当时兑现,甚至没有具体的现金收入,无法以企业效益作为衡量标准,这种情况只能用于成本效能分析,评价企业该行为的效果和对未来的价值预期。

1. 成本效能分析的特征

(1) 避开用货币形式计量收益的问题。

(2) 集中体现了技术理性。

(3) 很少依靠市场价格,很少依赖私营部门利润最大化的逻辑。

(4) 适用于分析外部性和无形的成本与收益。

(5) 解决固定成本与固定收益问题。

2. 成本效能分析的步骤

(1) 确定决策目标。

(2) 以货币为统一尺度,分别计算各备选方案收益问题费用并予以加总。

(3) 按费用的高低顺序排序,供决策者选择。

3. 影响企业成本效能的因素

(1) 市场调查的费用。成本效能理论要求企业在市场调查的基础上,针对市场需求和自身的资源状况,对产品和服务的质量、功能、品种及新产品、新项目开发等提出要求,并对销量、价格、收入等进行预测,对成本进行估算,研究成本增减与收益增减的关系,确定有利于提高成本效果的最佳方案。在理念上,企业要以人为本,把消费者的吸收点作为工作的重心,然后根据消费者的意见和建议设计产品,使自己的产品超过竞争对手的同质产品,在与竞争对手同质的情况下,更要做好市场调查,掌握市场的主动权,开拓新的市场。

(2) 提高售后服务质量的费用。现在消费者购买的不仅是产品本身,还有售后服务。目前市场上的产品同质化现象非常严重,所以,只有从消费者的利益考虑,提高服务,消除其顾虑,才能掌握市场的主动权。众所周知,海尔以完善的售后服务来赢取市场份额,获得巨大成功,走向国际市场。

(3) 开创新产品的费用。销售手段的创新是有限的,而且模仿很快,要想不易被他人模仿,最保险也是最有效的做法,就是在产品功能方面不断进行创新。现在消费者购买产品不仅讲究基本功能,还要有更多的新功能。例如,洗衣机不仅能洗衣服,还应有全自动、小体积、大波轮等功能需求。因此,企业在开创新产品上应加大投资力度。

(4) 提高员工业务素质的费用。定期派人到外地考察和学习,虽然增加了企业成本费用,但会大大提高企业的利润,这就是成本效能的作用。

(5) 提高产品质量，创建品牌的费用。质量项目分为预防成本、鉴定成本、内部故障成本、外部故障成本、外部质量保证成本。企业要做到质量过硬，就会增加部分成本，好像有悖于低成本战略，但实际上它所产生的经济效益比单纯追求低成本战略的经济效益高出许多。企业有了好的经济效益，就具备更多的实力去投入，去竞争，推动其发展壮大，"海尔""蒙牛"等品牌就是有力的证明。但是根据质量成本特性曲线基本模型可以知道，随着预防成本、鉴定成本的增加，损失成本会随之下降，从而存在一个总质量成本最低的最佳区域，理论上损失成本和预防、鉴定成本曲线的交叉点上总质量成本最低。所以说，我们在实际中追求的是在质量总成本达到最低时的质量水平。

(6) 销售网络的开发、维护和营建的费用。企业要想盈利，就必须不断营建新市场，维护老市场，所以，要增加销售网络的开发维护费用，将生产的产品销售出去，以实现最后的利润。

二、技术可行性分析

美容企业的技术主要是在医学美学尤其是医学人体审美理论的指导下，应用医学美学技术、仪器、用品来维护、改善人体容貌和形体达到美的效果的一个应用性技术群，其主要内容包括如下几种：皮肤及毛发的医学美容技术，包含皮肤、毛发、养护、文身美容等；物理化学美容技术，包含激光、冷冻、电疗、磨削（磨皮）、化学剥脱（含中药）等美容技术；非手术塑形美容技术，包括不切开重睑、注射填充、吸脂塑形和其他美体技术；美容保健技术，包括按摩保健、药物瘦身、食物美容等美容保健技术等。其中部分技术存在很大的风险，需要在美容医生的指导和监督下完成，同时美容医疗应用技术要科学地借鉴相关学科的知识和技术手段，如美容外科、美容皮肤科、美容护理与保健、医学生物工程、艺术造型等相关学科的知识和技能，不断丰富、发展和完善医学美容应用技术。

最近几年虽然我国医学美容应用技术发展迅速，但其理论基础和技术水平还不够完善和成熟，与国际先进水平相比，其技术的科技含量和实践精度还有一定的差距。因此，美容企业的技术可行性分析，主要是分析所开展项目的成熟度、临床经验、国内外成功先例、美容师的资质审核、美容仪器操作人员的技术成熟度等。

以美容师的资质审核为例，不是简单审查，而是认真审核每一位美容师的执业资格证书的颁发单位和级别，坚决杜绝无证行医，保证美容师的技术质量，分析美容师是否具有良好的社会口碑，只有通过企业内部审核以后才可以接诊顾客，每一位美容师必须拥有个人"精"与"专"的美容项目领域，并且在自己的专业领域拥有自己的见解和成就，整个企业内部美容师的技术应该互相补充，专长具有差异性，以应付风险，同时每一位美容师都应该具有自己个性化的审美经验，上岗前都要接受美学和审美培训。

三、组织管理的可行性分析

企业组织管理，具体地说就是为了有效地配置企业内部的有限资源，为了实现共同目标而按照一定的规则和程序构成的一种责权结构安排和人事安排，其目的在于确保以最高的效率实现组织目标。企业组织管理包括企业管理中建立健全管理机构、合理配备人员、制订各项规章制度等工作方面，企业的组织管理具体内容就是从管理组织的设计、建立、运作调整等层面论证其科学性、合理性及实施效果。

一般来说，任何企业的组织都具有三个共同特征：第一，每一个组织都有一个明确的目的，这个目的一般是以一个或一组目标来表示的；第二，每一个组织都是由人组成的；第三，一个组织都通过一种系统性的结构来规范和限制成员的行为。如：建立规则和规章制度；选拔管理人员并赋予他们职权；编写职务说明书，使组织成员知道他们在组织中的职能。

（一）关于对企业组织管理的认知

1. 企业组织管理的性质

企业组织管理属于上层建筑的范畴，是一定社会经济发展的产物，并随社会经济发展水平而逐渐发展变化。一方面它是社会生产力发展水平的反映，或者说，一定的组织管理水平反映了一定的社会生产力，体现在组织管理手段、工具和方法的发展；另一方面它又是一定生产关系的反映，体现的是人与人的关系，是管理者意志的反映。

2. 企业组织管理的成败

任何组织管理都是一定时期、一定条件下为实现预期目标的一种手段，而且是十分重要的手段。因为，对于任何一个组织，管理的成败主要取决于两个方面的因素：一是领导人的能力；二是组织管理的有效性。这两个因素是相互依存、相互补充的。在一定时期、一定条件下，即使组织不先进，由于领导人能力很强，也可以暂时凭借领导人的才能来弥补组织管理中的不足，但一旦领导人更换和调整，管理工作就很可能受到挫折和失败，因此任何管理工作的成败，一个健全的组织是必不可少的手段，而且管理人员的能力与有效的组织相比，一个良好的组织管理更具长期性和稳定性。

3. 企业组织结构的动态性

企业组织结构应该是一个变量，组织结构中各部分之间的关系是一种相对稳定的动态模式，组织结构不存在一成不变和所谓最好的模式。因为企业发展的目标、环境、内部条件是不断变化的，昨天较好的组织结构也许拿到现在就不适用了，所以组织结构需要不断地调整、改革和完善。任何组织结构不可能也达不到最优，因为它只是实现目标的一种方案。任何方案有利必有弊，十全十美的方案是不存在的。因此，评价任何组织结构应根据一定的目标、环境和原则，从中挑选一个较好的方案——满意方案。或者说随着时间、条件的变化，任何组织都要不断地改善。

（二）企业组织管理的确立

任何个体的组织管理职能，如果从比较抽象的概念来看，就是把总任务分解成一个个的具体任务，然后再将它们合并成单位和部门，同时将权力分别授予每个单位或部门的管理人员，或者说，我们可以从划分任务、使任务部门化和授权三方面来论述，从这个视角分析企业的组织管理职能主要表现在以下三个方面。

1. 确定领导体制，设立组织管理机构

什么是体制呢？体制是一种机构设置、职责权限和领导关系、管理方式的结构体系。确定领导体制，设立组织管理机构，其实就是要解决领导权的权力结构问题，它包括权力划分、职责分工及其它们之间的相互关系。当然，在确定领导体制时，形式可以多种多样。

2. 对组织中的全体人员指定职位、明确职责及相互划分

使组织中的每一个人明白自己在组织中所处的位置、需要做的工作。

3. 设计有效的工作程序，包括工作流程及要求

一个企业的任何事情都应该按照某种程序来进行。这就要求有明确的责任制和良好的操作规程。一个混乱无序的企业组织是无法保证完成企业的总目标、总任务的。

（三）现代企业组织结构扁平化措施

现代企业组织结构变革中，主要的趋势之一是扁平化。企业组织结构扁平化从而赋予下

属部门和人员更大的自主权,更有利于调动企业内部的积极性。

1. 企业组织结构扁平化的特点

企业组织结构扁平化是与传统的金字塔结构相比的,扁平化组织结构最显著的优点是外形扁平、组织层次少、管理幅度大等,主要表现在以下几个方面。

第一,扁平化组织提倡宽管理幅度,管理幅度的增大带来管理层级减少,从而有利于信息的传递和快速地响应市场变化。

第二,扁平化组织把组织看成由各个业务流程部门组成的系统,并基于业务流程来重组组织结构。它更强调业务的连续性和组织的系统性,试图将划分为各部门的零散业务重新整合起来。因此,一定程度上,扁平化组织淡化了职能部门的分割,更强调系统,更注重团队合作。

第三,在扁平化组织中,管理者负责的员工增多,不再具有足够的时间和精力进行全权管理,宽管理幅度使管理者不得不放权,对权力进行再分配,在整个工作流程中,中下管理级人员在一定程度上参与决策,所以扁平化组织较宽管理幅度和团队合作很大程度上决定了企业权力的分散化。

第四,扁平化组织更注重知识的学习,包括组织内部成员之间的学习及与外部利益相关者之间的学习。团队成员相互学习,形成知识共享、转化和创新。并使得管理人员能够及时与供应商、客户、竞争者和其他外部组织保持密切联系,从而促使组织对外部知识进行选择、吸收,并通过对知识的转化、创新,形成自己的核心竞争力。

(四)企业实施扁平化组织结构的基础条件

1. 以组织文化为先导

组织要实行扁平化必须要对传统的组织结构进行变革,这就需要企业有一种创新的组织文化,而组织变革与创新只有得到员工的广泛认同才能获得成功。

2. 将信息化基础工作完善

计算机和信息技术的应用对组织扁平化起到重要的支撑作用。如果企业没有一个系统的信息化管理平台,实施扁平化结构管理就存在障碍。

信息化是当今组织发展的基石,更是扁平化组织的基础。全球最大的零售业巨头沃尔玛与其他竞争对手的差别之一就在于其高度完备的信息化系统。它能够在全球调配资源,并对各个商品的销售及销售相关性进行系统分析,甚至精确到商品摆放对销售额的影响这些精确的数据,这一切都归功于沃尔玛强大的信息化系统。一个组织如果想要建立扁平化的组织,那么其信息化是不可缺少的。

当今流行的 ERP 系统(比如 SAP 等),以其强大的功能,能够对运营中的每一个过程进行实时的监控,极大地促进了管理的有序与高效。在对信息流速及准确性要求极高的扁平化组织体系中,强大的信息化手段,极大地提高了管理者与下级及员工的沟通速率,并且对干扰性的信息进行了有效过滤。如果缺乏信息化的手段,强行推行扁平化,管理者将会陷入信息的洪流当中,反而会影响管理的有效进行及信息的有效流通。没有信息化基础的扁平化,将会成为组织发展的绊脚石。

3. 较高的管理者及员工的素质

扁平化对管理者及员工的素质提出了较高的要求。每一个管理者都有一定的管理幅度,也就是说,管理者所管辖的下属人员或部门的数目是有一定限度的,有效的管理幅度要取决于各种影响因素。当管理幅度以算术级数增加时,管理者和下属之间可能存在的关系却是以几何级数增加的。在扁平化的组织结构中,由于层级的减少,管理者的管理幅度必然会大幅增加。如果增加的幅度超过了管理者的管理能力,则此扁平化组织非但不会提高组织效率,反而会降低组织的运营效率。由于帕金森原理的影响,传统的官僚式组织结构会显得过于臃肿,但是其给管理者带来的压力却相对较小。反之,扁平化的组织由于精简了层级,减少了管理人员,就对管理者提出了较高的要求。

首先,管理幅度的增大,例如,以前某中层领导需要管理2~3个部门,现在突然增加到6~7个,自然加大了管理者的压力。

其次,其下属的减少,也直接加重了管理者的压力。这对管理者来说是一个极大的挑战,意味着管理者需要具备更高的素质与能力,才能够良好运行扁平化组织。

再次,扁平化的组织对员工的素质也提出了较高的要求。员工需要有较强的自主管理能力及信息接收、领悟能力。在很多情形下,员工获得了更大的授权以便于完成工作。

因此,扁平化组织对员工的能力素质也提出了较高的要求。

综上所述,企业实行扁平化是需要现实的基础与实际的,并不是每一个企业都能够实行扁平化而且带来效益。一个企业只有在制度、信息化、人员素质都齐备的时候,才能够进行扁平化的组织架构改变。在扁平化组织的探索上,切莫跟风而为之,需要脚踏实地,一步一个脚印地去做。过于超前的组织结构设计,很有可能给组织、公司带来灾难性的后果。

四、美容企业的社会可行性分析

美容企业的社会可行性主要是美容企业的创办一定要符合国家政策及社会的经济发展需求。因此,美容企业的社会可行性主要是从以下几个方面分析。

(一)美容企业的经营战略步骤

在市场经济中,企业经营成败的主要因素是对未来市场的需求预测,那么企业经营分析首先是对产品的市场需求预测,在竞争日趋激烈的市场中,企业经营必须紧跟时代需求,随时观察市场的变化,盲目的经营活动必然导致经营决策的失误而最终影响企业发展。

第一步:分析市场调查。

分析市场调查主要是分析市场调查的经济价值,分析企业的竞争力、行业内企业经营的优劣势对比,分析企业对实施市场调查的落实和实施效果、调研的价值及数据的分析结果。

第二步:分析市场预测。

美容市场的需求预测非常重要,随着社会生产力的发展,预测早就产生于人类的实践活动,可以减少人们对未来事物认识上的不确定性。美容市场的预测不同于感知,而是要在相当大的程度上根据积累的经验和大量的顾客资料来客观推断未来,是以现实存在的客观数据为基础,用数学模型演算未来可能的发展趋势。

第三步:分析企业的经营决策。

决策是人类社会的一项重要活动,如军事决策、管理决策、企业经营决策等,不管决策的对象差异性如何,但是决策的本质几乎相同。所谓决策就是指为了达到一定特定目标,从两个以上的可行方案中选择一个最优方案并付诸实施的过程。美容企业的经营决策是决策原理在美容企业经营活动中的具体应用,是指美容企业为了达到某一特定的经营目标,从两个以上的可行方案中选择一个最优方案并付诸实施的过程。

(二)分析企业市场调研的实施情况

企业的市场调研是为企业市场预测和经营决策服务的,因此,企业市场调研主要是从分析市场调研的内容,分析市场调研程序的合理性,分析市场调研的方法三个方面分析其实施的效果。

1. 分析市场调研的内容

市场调研的内容主要包括消费者调查、竞争者调查、地理条件调查三个方面。

(1) 消费者调查分析:主要是调查消费者的范围及消费者在一定时间内对某些美容商品及美容服务的需求情况、需求结构和需求时间。调查消费者对美容商品及服务的需求是了解一定时间和一定范围内消费者的货币支付能力、购买力状况及其投向,同时还要兼顾常年流动人口状况。

调查消费者需求结构的方向是了解消费者对各种美容商品购买的比例及各种美容商品品种的消费比例,这样才能使企业较好地掌握消费者购买力投向的动态。调研的方法一般以美容院为中心,根据女性人口、住宅经济层次,分别以 200 m、400 m、800 m、1000 m 为半径来确定消费者的范围和可能的消费水平。

(2) 竞争者调查分析:主要是通过调查分析竞争对手的经营规模、经营能力、经营方式及消费者对竞争对手的评价。例如分析竞争对手的店铺数目、竞争对手店铺的规模和服务状况,分析竞争对手的技术能力,调查分析竞争对手的美容费用和促销手段,从美容档次、美容资金、当地的条件、店铺形象来分析竞争对手顾客的消费层次等。

(3) 地理条件调查分析:地理条件是指美容企业所在区域的自然环境和社会经济条件,如气候、经济、居民消费生活习惯、文化背景及饮食习惯偏好等。地理条件对美容企业的经营有着重要的影响。地理条件的变化常常不是很明显,必须尽早认清楚其变化对企业业绩的影响,如果平时不加以关注,一旦察觉到地理条件发生变化,在制定对策时可能需要更大的成本和更长的循环周期。

2. 分析市场调研程序的合理性

美容市场调研是一项复杂而细致的工作,涉及面广,对象不稳定。调查工作要保持高效率地进行,合理安排调查程序,使市场调查工作有步骤地进行是关键,一般要遵循调查目的、调查计划、调查表格设计、调研资料收集、分析调研资料等程序。

3. 分析市场调研的方法

不同的市场其调研方法有所区别,一般市场调研方法有问询法、观察法、实验法等,但这几个方法不是每个行业的调研都可以使用,美容消费者行为跟普通产品消费者行为不太一样,需要与消费者多次交流及为消费者提供体验式消费,引导消费者消费比较重要。简单的问卷调查或者问询很难达到实质性的效果。

(三) 分析美容市场预测

美容市场预测是制订正确经营决策的前提。成功的市场预测不仅能反映影响企业经营的各种市场因素的变化趋势,而且还可以预告企业在今后经营中可以成功的机会和可能出现的风险,从而使企业能早做准备,不失时机地抓住经营机遇,及时调整经营目标和经营方针,以消除环境变化带来的威胁。因此,分析美容市场预测在企业管理中的有效性,分析市场预测的内容包括顾客购买力预测、市场需求预测、市场可能的占有率预测、技术发展预测等。美容市场预测分析需要遵循一定的程序和方法,这个一般看其是否按照市场营销的科学性实施。

(四) 分析经营决策

管理的重心在于经营,经营的重心在决策。随着市场经济的进一步发展,经营决策对企业越来越起到举足轻重的作用。当前美容行业的竞争愈演愈烈,美容企业必须清醒地认识和估计形势的发展,制订科学、正确的经营决策,保证企业的繁荣和发展。

管理决策主要是分析美容企业的计划、指挥、组织、协调、控制等管理职能的实施是否盲目,特别是计划职能,是否指导正确经营决策,没有正确的经营决策,各管理职能不能发挥正常的功能,只能导致企业经营活动的无序甚至失败。

五、可行性综合评估

企业的综合性分析主要是从企业的经营能力和市场优势两个方面进行评价,如何科学、系统、客观地评价企业,一直是理论上的难题,过去传统的评价企业的方法和指标,主要是运用一系列财务指标来对企业运行状况进行分析和评价。但是,单一的运用财务指标分析和评价企业,也存在一些问题。例如:企业是一个复杂的大系统,具有很多要素和因素,单一的财务指标很难全面、综合地分析和评价企业;企业的能力是多方面的,单一的财务指标只分析和评价企业的获利能力,没有考虑其他方面的能力,如企业的创新能力、销售能力等。

要建立新的综合评价企业的理论方法和指标体系,科学、系统、客观地分析和评价企业,关键是要分析和评价企业能力,新的综合评价企业的理论方法和指标体系,主要从分析和评价企业能力开始,企业能力分析主要包括以下几个方面:①企业的创新能力;②企业的销售能力;③企业的创利能力;④企业的资产增值能力。

(一) 企业的创新能力分析

目前中国有各类企业3700万家,中国企业的平均"寿命"约为3.5岁,每一分钟有9家企业"死亡",每天有1.2万家企业在工商注册户头上消失,每年约有438万家企业倒闭破产,其主要原因是管理水平低下,创新能力严重不足。考察企业是否能持续经营,延长企业寿命,关键要看企业的创新能力,要提高企业的创新能力,就要加大对创新和新产品开发的投入,逐步增加投入,逐步提高企业创新能力。世界一流的企业,从销售收入中提取的新产品开发费用,都达到了或超过了5%,美国通用电气公司的新产品储备已达到20年。

企业创新能力的分析主要从以下方面入手。

1. 产品创新能力

产品创新能力指的是创造某种新产品或对某一新的或老产品的功能进行创新的水平。

(1) 产品创新能力的分类。创新作为一种基本的企业行为,其具体的表现形式是多种多样的,涉及企业活动的所有方面。根据场合的不同,可分为产品创新、工艺创新、市场创新和管理创新。

① 产品创新:改善或创造产品,进一步满足顾客需求或开辟新的市场。

② 工艺创新:改善或变革产品的生产技术及流程,包括新工艺和新设备的变革。

③ 市场创新:改善或创造与顾客交流和沟通的方式,把握顾客的需求,销售产品。

④ 管理创新:改善或创造更好的组织环境和制度,使企业的各项活动更有效。

(2) 产品创新的动力机制。产品创新可分为全新产品创新和改进产品创新。全新产品创新是指产品用途及其原理有显著的变化。改进产品创新是指在技术原理没有重大变化的情况下,基于市场需要对现有产品进行的功能上的扩展和技术上的改进。全新产品创新的动力机制既有技术推进型,也有需求拉引型(市场需求—构思—研究开发—生产—投入市场)。改进产品创新的动力机制一般是需求拉引型。

产品创新源于市场需求,源于市场对企业的产品技术需求,也就是技术创新活动以市场需求为出发点，明确产品技术的研究方向，通过技术创新活动，创造出适合这一需求的适销产品，使市场需求得以满足。在现实的企业中，产品创新总是在技术、需求两维之中，根据本行业、本企业的特点，将市场需求和本企业的技术能力相匹配，寻求风险收益的最佳结合点。产品创新的动力从根本上说是技术推进和需求拉引共同作用的结果。

企业发展有一个长期的战略，产品创新在该战略中起着关键的作用。而产品创新也是一个系统工程，对这个系统工程的全方位战略部署是产品创新的战略，包括选择创新产品、确定创新模式和方式，以及与技术创新其他方面协调等。

（3）产品创新的选择。以市场竞争为基本出发点的产品创新是市场经济的企业行为，是从市场到市场的全过程。企业究竟生产什么是市场需求与企业优势的交集，并以能否取得最大的预期投资回报率为最终选择标准。其关键在于正确确定目标市场的需求和欲望，并且比竞争者更有利、更有效地传递目标市场所期望满足的东西。当然，目标市场的需求和欲望并不只是当下的需求，也包括消费者将来可能产生的需求，甚至包括营销者创造的需求。产品创新以现实或潜在的市场需求为出发点，以技术应用为支撑，开发出差异性的产品或全新的产品，满足现实的市场需求，或将潜在的市场激活为一个现实的市场，实现产品的价值，获得利润。

（4）产品创新的模式分析。根据创新产品进入市场时间的先后，产品创新的模式有率先创新、模仿创新。率先创新是指依靠自身的努力和探索，产生核心概念或核心技术的突破，并在此基础上完成创新的后续环节，率先实现技术的商品化和市场开拓，向市场推出全新产品。模仿创新是指企业通过学习、模仿率先创新者的创新思路和创新行为，吸取率先创新者的成功经验和失败教训，引进和购买率先创新者的核心技术和核心秘密，并在此基础上改进完善，进一步开发。对于一个企业来说，产品的创新模式包括以下几种。

① 全新产品：这类新产品是其同类产品的第一款，并创造了全新的市场，此类产品占新产品的10%。

② 新产品线：这些产品对市场来说并不新鲜，但对于有些厂家来说是新的，约有20%的新产品归于此类。

③ 已有产品品种的补充：这些新产品属于工厂已有的产品系列的一部分。对市场来说，它们也许是新产品。此类产品是新产品类型中较多的一类，约占所推出的新产品的26%。

④ 老产品的改进型：这些不怎么新的产品从本质上说是工厂老产品品种的替代。它们比老产品在性能上有所改进，提供更多的内在价值，该类新改进的产品占新产品的26%。

⑤ 重新定位的产品：适于老产品在新领域的应用，包括重新定位一个新市场，或应用一个不同的领域，此类产品占新产品的7%。

⑥ 降低成本的产品：将这些产品称为新产品有点勉强。它们被设计出来替代老产品，在性能和效用上没有改变，只是成本降低了，此类产品占新产品的11%。

（5）产品创新的途径分析。任何企业产品的创新途径无非是内部创新和外部创新，具体内容包括以下几种。

① 内部研发：企业主要通过自己的力量来研制新技术，开发新产品。内部研发绝对不是闭门造车，实际上，企业的科技能力是通过与相关方合作而长期积累的结果。

② 自主创新：由企业自己的研究与开发部门发明新产品或对老产品进行改良。不少大企业都有自己的科研部门，从事有关产品的基础研究和应用开发，能够积极参与市场的新潮流。在全世界各类日用品生产企业中，宝洁公司在产品研究与开发方面投入首屈一指。公司每年投入资金17亿美元，有8300多名科学家，其中有2000名具备博士学位的研究员，在全

球范围内18个大型研究中心专门从事基础研究、产品开发、工艺设计、工程与设备研制等工作,平均每年申请专利达20000余项。宝洁进入中国后,与清华大学合作,于1998年4月在北京成立了大型的技术研究中心,专门研究适合中国市场的产品。

美容企业的主要发力点在于自我研发和不断更新新的服务产品,需要市场工作人员与科研人员的紧密结合。

③ 逆向研制:也属于内部创新的一种形式,也称为技术破解,是指企业对其他公司的产品就性能、构造等内容进行研究,从中破解其制造工艺和技术配方,以期仿制和改进。之所以称为逆向研制,是因为正常的产品创新是将新的配方和工艺转化为新产品,而技术破解是反其道而行之——从现有的产品中探索其内含的技术成分。技术破解涉及商业伦理和法律问题,但是它仍然被作为企业间在市场之外进行竞争的方式。

④ 委托创新:企业把开发新产品的工作通过契约的形式交由企业外部的人员或机构去完成。"产学研"相结合,是国家大力提倡的科技创新方式。许多企业将某一新产品项目或课题委托给高校或专门的科研机构进行研究开发。黑龙江省近年来涌现了大批富有实力的中医药企业,这与该省企业积极委托高校和科研机构创新有直接关系。肝脾康、排石饮液等就是中龙医药集团、地王药业等企业委托黑龙江中医药大学研制成功的新药品。对于那些内部科研人员不足、研究基础薄弱或资源能力较差的中小企业,委托创新是最佳的新产品开发途径。

⑤ 联合创新:企业之间将资金、技术力量等资源联合起来,共同攻克技术难关,共同分享研发成果。对于大型的研发项目,联合创新可以解决单一企业无法实现的技术突破。这样可以避免各厂商单枪匹马地在市场上竞争的局面,做到"产、学、研"优势互补。

⑥ 外部获取:企业不通过自己的研究和开发,而直接从企业外部获取某种新技术、新工艺的使用权或某种新产品的生产权和销售权,其形式有以下三种。

a. 创新引进。企业直接购买新技术或者购买新产品的生产权和销售权。我国在引进技术方面提倡"一学、二用、三改、四创"的原则,即在学习和运用的基础上,对引进的技术进行改造,使其更适应本国的生产和市场条件,在积累了足够的技术经验之后,实现技术和产品创新,创造独立自主的知识产权。

b. 企业购并。企业收购或兼并其他公司的股权,这样就可以顺理成章地取得对该公司的新技术和新产品的占有权、使用权或控制权。宝洁公司进入其他国家市场时,除在少数国家采取新建企业外,大部分采取收购与兼并的方法。

c. 授权许可。企业从其他企业那里获得生产和销售某种产品的许可,这种方式不涉及技术所有权的易手。授权协议通常规定授权的范围和期限,在此之外,授权方仍然有权利对其他企业发放同样的授权许可。外部获取策略的好处在于:首先,企业不必花费巨大资金开发新产品,省去了研制开发资金,并争取了时间,迅速参与新的市场。其次,新产品开发的失败率极高,许多新产品的概念在实验室阶段就被否定了,此策略可以避免新产品开发的风险。最后,企业通过购并目标市场的同类企业,可以将竞争对手转换成自身的力量,从而维护了企业的市场份额。但企业必须时刻关注科技发展动态,以便了解国际最新的科技发展水平。

2. 市场创新能力

人们一般将开辟一个新的市场和控制原材料的新供应来源归纳为市场创新。事实上,企业市场创新是指企业从微观的角度促进市场构成的变动和市场机制的创造,以及伴随新产品的开发对新市场的开拓、占领,从而满足新需求的行为。

市场创新不同于工艺创新和产品创新,属于较为广义的创新范畴。在现实生活中,创新一词常被人们理解为某项技术上的发明创造,这种把创新仅限于技术范畴的狭隘理解,妨碍了人们运用创新这一锐利武器。因此,我们应该拓宽创新的视野,将创新理解为一个远远超出技术范畴的、综合性的经济概念。例如,在销售过程中的一种创新——分期付款方式的发明,就是经济意义的创新。分期付款,也就是用未来的收入购买现在的商品。这种购买方式,使目前暂无购买力的人有了购买力,使看似没有购买力的商品有了巨大的购买力,它加速了商品购买的实现过程,促进了商品经济的发展,并实现了经济类型由供给导向型向需求导向型的重大变革,极大地改变了社会的整个经济面貌。

市场创新包含以下两个方面的内容。

(1) 开拓新市场。开拓新市场包括以下三层意思。

① 地域意义上的新市场:企业产品以前不曾进入过的市场。它包括老产品进入新市场(如由国内向海外拓展,由城市向农村拓展),也包括新产品进入新市场。

② 需求意义上的新市场:现有的产品和服务都不能很好地满足潜在需求时,企业以新产品满足市场消费者已有的需求欲望,如向农户推销廉价的、功能较少的彩电,向工薪阶层推销低价位汽车等。

③ 产品意义上的新市场:将市场上原有的产品,通过创新变为在价格、质量、性能等方面具有不同档次、不同特色的产品,满足或创造不同消费层次、不同消费群体需求。如福特汽车公司变换汽车式样,向顾客供应不同档次的汽车。

(2) 创造市场新组合。市场创新又是市场各要素之间的新组合,它既包括产品创新和市场领域的创新,也包括营销手段的创新和营销观念的创新。

市场营销组合是哈佛大学的学者敦凯提出的一个概念,它指综合运用企业可控制的因素,实行最优化组合,以达到企业经营的目标。市场营销组合观念是市场营销观念的重要组成部分。营销组合为实现销售目标提供了最优手段,即最佳综合性营销活动,也称整体市场营销。市场营销组合观念认为,企业可以控制的产品、定价、分销与促销诸因素,都是不断发展变化的变数。在营销过程中,任一因素的变化都会出现新的市场营销组合。

市场创新与市场营销反映了两种不同的思路:市场营销以"大路"货为基础,以总体成本取胜,以市场分享为目标,着重广告、推销和价格战等手段。因此,资金最为充足的企业在"战"中取胜的可能性较大。而市场创新则靠产品和服务的差别性取胜,致力于市场创造,即提出新的产品概念,建立新的标准和市场秩序。因而,最具有创造精神的企业取胜的可能性最大。正如托马斯·彼得斯所言,不要老是分享市场,而要考虑创造市场,不是取得一份较大馅饼,而是要设法烙出一块较大的馅饼,最好是烘烤出一块新的馅饼。

可见,市场新组合是从微观角度促进已有市场的重新组合和调整,建立一种更合理的市场结构,赋予企业新的竞争优势和增值能力,这就是市场创新的宗旨所在。

3. 管理创新能力分析

管理创新能力不是一蹴而就的,任何创新都是一个量变到质变的过程,前期没有累积的基础,不可能突发灵感就有创新的。

管理的创新在于是否能认真做好基础管理、数据分析、工具应用等,在此基础上,学习他人或者已有的先进经验(通过看书或者经常与同行交流),前期慢慢模仿,后期自然可以有创新的思路了。

企业管理创新的分析主要从以下几个方面评估其可行性。

(1) 管理观念创新分析。管理观念又称为管理理念,指管理者或管理组织在一定的哲学思想支配下,由现实条件决定的经营管理的感性知识和理性知识构成的综合体。一定的管理观念必定受到一定社会的政治、经济、文化的影响,是企业战略目标的导向、价值原则,同时管理的观念又必定折射在管理的各项活动中。从20世纪80年代开始,发达国家的许多优秀的企业、专家提出了许多新的管理思想和观念,如知识增值观念、知识管理观念、全球经济一体化观念、战略管理观念、持续学习观念等。我国企业的经营管理理念存在经营目标不明确、经营观念不当和缺乏时代创新精神的问题,应该尽快适应现代社会的需要,结合自身条件,构建自己独特的经营管理理念。

(2)组织创新分析。企业系统的正常运行,既要求具有符合企业及其环境特点的运行制度,又要求具有与其相适应的运行载体,即合理的组织形式。因此,企业制度创新必然要求组织形式的变革和发展。从组织理论的角度来考虑,企业系统是由不同成员担任的不同职务和岗位的结合体。这个结合体可以从结构和机构这两个不同层次去考察。所谓机构是指企业在构建组织时,根据一定的标准,将那些类似的或实现统一目标有密切关系的职务或岗位归并到一起,形成不同的管理部门。它主要涉及管理劳动的横向分工的问题,即把对企业生产经营业务的管理活动分成不同部门的任务。而结构则与各管理部门之间,特别是与不同层次的管理部门之间的关系有关,它主要涉及管理劳动的纵向分工问题,即所谓的集权和分权问题。不同的机构设置,要求不同的结构形式,组织机构完全相同,但机构之间的关系不一样,也会形成不同的结构形式。由于机构设置和结构的形成受到企业活动的内容、特点、规模和环境等因素的影响,因此,不同的企业有不同的组织形式,同一企业在不同的时期,随着经营活动的变化,也要求组织的机构和结构不断调整。组织创新的目的在于更合理地通过组织管理人员的努力,来提高管理劳动的效率。

4. 制度创新分析

制度创新需要从社会经济角度来分析企业系统中各成员间的正式关系的调整和变革。制度是企业运行的主要原则。企业制度主要包括产权制度、经营制度和管理制度三方面的内容。产权制度是决定企业其他制度的根本性制度,它规定着企业最重要的生产要素的所有者对企业的权利、利益和责任。不同的时期,企业各种生产要素的相对重要性是不一样的。在主流经济学的分析中,生产资料是企业生产的首要因素,因此,产权制度主要是指企业生产资料的所有制。目前存在的相互独立的两大生产资料所有制——私有制和公有制(或更准确的是社会成员共同所有制),在实践中都是不纯粹的。私有制正越来越多地渗入共有的成分,被效率问题所困扰的公有制则正或多或少地添进个人所有的因素(如我国目前施行中的各种形式的股份制)。

企业产权制度的创新也许应该朝着寻求生产资料的社会成员个人所有与共同所有的最适度组合的方向发展。经营制度是有关经营权的归宿及其行驶条件、范围、限制等方面的原则规定。它表明企业的经营方式,确定谁是经营者,谁来组织企业生产资料的占有权、使用权和处置权的行使,谁来确定企业的生产方向、生产内容、生产形式,谁来保证企业生产资料的完整性及增值,由谁来向企业生产资料的所有者负责及负什么责任。经营制度的创新方向应该是不断地寻求企业生产资料的最有效利用的方式。管理制度是行使经营权、企业日常运作的各种规则的总称。制度创新就是企业根据内外环境需求的变化和自身发展壮大的需要,对企业自身运行方式、原则规定的调整和变革。制度创新要以反映经济运行的客观规律、体现企业运作的客观要求、充分调动组织成员的劳动积极性为出发点和归宿。企业制度创新的方向是不断调整和优化企业所有者、经营者、劳动者三者之间的关系,使各个方面的权利和利益得到充分的体现,使组织的各种成员的作用得到充分发挥。

5. 技术创新分析

技术创新是管理创新的主要内容,企业中出现的大量创新活动是有关技术方面的,因此,技术创新甚至被视为企业管理创新的同义词。现代企业的一个主要特点是在生产过程中广泛运用先进的科学技术,技术水平是反映企业经营实力的一个重要标志,企业要在激烈的市场竞争中处于主动地位,就必须不断进行技术创新。由于一定的技术都是通过一定的物质载体和利用这些载体的方法来体现的,因此,技术创新主要表现在要素创新、要素组合方法的创新及产品创新三个方面。

6. 环境创新分析

环境是企业经营的土壤,同时也制约着企业的经营。环境创新不是指企业为适应外界变化而调整内部结构或活动,而是指通过企业积极的创新活动去改造环境,去引导环境向有利于企业经营的方向变化。如:通过企业的公关活动,影响社区、政府政策的制定;通过企业的技术创新,影响社会技术进步的方向等。

7. 文化创新分析

现代管理发展到文化管理阶段,可以说已经到达顶峰。企业文化通过员工价值观与企业价值观的高度统一,通过企业独特的管理制度体系和行为规范的建立,使得管理效率有了较大提高。创新不仅是现代企业文化的一个重要支柱,而且还是社会文化中的一个重要部分。如果文化创新已成为企业文化的根本特征,那么,创新价值观就能得到企业全体员工的认同,行为规范就会得以建立和完善,企业的创新动力机制就会高效运转。

8. 创新投入分析

企业创新的费用投入主要分为以下几类。

① 前期调查研究费用。
② 科研开发费用。
③ 小批量生产费用(检测、包装)。
④ 大批量生产费用(厂房、设备、模具、夹具、工具)。

创新能力指数评价方法如表 3-1 所示。

表 3-1 创新能力指数评价方法

评价项目 \ 评价标准	地区水平以下	地区先进水平	行业先进水平	全国先进水平	国际先进水平
1. 产品创新能力					
2. 市场创新能力					
3. 管理创新能力					
4. 观念创新能力					
5. 创新投入	1%	2%	3%	5%	10%

能力指数　　　评价标准
(1) 55 分　　　差
(2) 65 分　　　及格
(3) 75 分　　　中等
(4) 85 分　　　良好
(5) 95 分　　　优秀

(二)企业的销售能力分析

企业将产品加工制造出来,精心策划,把产品销售出去,实现价值,获得收入,以保证企业的再生产连续不断地持续下去。马克思将销售称为"惊险的一跃",没有销售就没有企业,销售能力是企业核心竞争力之一,也是企业主要能力之一,销售直接关系到企业的生存和发展,关系到企业战略目标的实现。销售能力是企业综合能力的外在表现,企业的生存、企业的利润、企业的战略目标都要通过销售来实现。

销售能力指数评价如表3-2所示。

表3-2 销售能力指数评价

评价项目 \ 能力程度	地市	省区市	大区	全国	国际
1. 产品销售范围					
2. 产品销售量	1~10	1~10	1~100	1~500	1~500
3. 市场占有率	1~10	1~10	1~100	1~500	1~500
4. 市场开发能力					
5. 销售量增长率	10%	15%	20%	25%	30%

能力指数　　　评价标准
(1) 55分　　　差
(2) 65分　　　及格
(3) 75分　　　中等
(4) 85分　　　良好
(5) 95分　　　优秀

(三)企业的创利能力分析

企业的目标之一,就是要获得一定的利润,经营企业的目的,就是追求最大利润。没有利润,企业就无法生存和发展,利润是企业发展的前提,利润是企业发展的重要物质条件,企业创利能力直接关系到企业的生存、竞争力和企业发展。一定的创利能力,能提高企业的竞争力,保证企业一定的发展速度,实现企业的战略目标。

1. 资本利润率分析

资本利润率又称资本收益率,是指企业净利润(即税后利润)与平均资本(即资本性投入及其资本溢价)的比率,用以反映企业运用资本获得收益的能力,也是财政部对企业经济效益的一项评价指标。资本收益率越高,说明企业自有投资的经济效益越好,投资者的风险就越小,值得继续投资,对股份有限公司来说,就意味着股票升值。因此,它是投资者和潜在投资者进行投资决策的重要依据。对企业经营者来说,如果资本收益率高于债务资金成本率,则适度负债经营对投资者来说是有利的;反之,如果资本收益率低于债务资金成本率,则过高的负债经营就将损害投资者的利益。

资本收益率是公司一定时期的税后利润与实收资本(股本)的比率,其计算公式:资本收益率=净利润/实收资本×100%。

投资者投资企业最终目的是为了获取利润,资本收益率的高低直接关系到投资者的权益,是投资者最关心的问题。当企业以资本金为基础,吸收一部分负债资金进行生产经营活动时,资本收益率就会因财务杠杆原理的应用而得到提高,提高的利润部分,虽然不是资本金直接带来的,但也可视为资本金有效利用的结果。它还表明企业管理者善于利用借入资本,为本企业增加盈利,可见,投资者进行资本收益率分析可达到以下目的。

第一,检查、判定投资效益。资本收益率分析是投资者检查判定投资效益好坏的基本指标,是进行投资决策的基本依据。

第二,检查、评价企业管理者经营管理工作。资本收益率的高低,是企业管理者经营管理工作好坏、效率高低的集中反映,通过资本收益率分析,投资者可以检查评价企业管理者经营管理工作的情况。

第三,资本收益率是投资者考核、检查其资本保值增值的主要指标。

对于投资者来说,资本收益率越高,投资者投入资本的获利能力越强。

例如,某公司 2005 年中期净利润为 3131065 万元,股本为 15434156 万元,则资本收益率 $=3131065 \div 15434156 \times 100\% \approx 20.29\%$。

公司净利润可由利润表获得,实收资本可从资产负债表获得,从该公司资本收益率来看,说明公司投资者所投资本的获利能力很强。

2. 资产利润率分析

资产利润率又称投资盈利率、资产所得率、资产报酬率、企业资金利润率,是反映企业资产盈利能力的指标,是企业在一定时间内实现的利润与同期资产平均占用额的比率。企业资产利润率这项指标能促进企业全面改善生产经营管理,不断提高企业的经济效益。

资产利润率的计算公式:资产利润率=利润总额/资产平均占有额×100%。

银行资产利润率计算公式:银行资产利润率=净利润/资产平均余额×100%。

资产平均占用额就是期初期末资产总额的平均数。

这一指标可进一步扩展:资产利润率=销售利润率×总资产周转率。

该比率越高,表明企业的资产利用效益越好,整个企业盈利能力越强,经营管理水平越高。

3. 销售收入利润率分析

销售收入利润率是指企业实现的总利润对同期的销售收入的比率,用以反映企业销售收入与利润之间的关系。销售收入利润率是反映企业获利能力的重要指标,这项指标越高,说明企业销售收入获取利润的能力越强。

销售收入是指企业销售产品或者提供劳务等取得的收入,包括产品销售收入和其他销售收入。销售收入增加,实现的利润总额也会增加,当降低成本、费用时,企业的销售收入利润率也会增加。

4. 净利润增长率分析

净利润是指利润总额减去所得税后的余额,是当年实现的可供出资人(股东)分配的净收益,也称为税后利润。它是一个企业经营的最终成果,净利润多的企业经营效益就好,净利润少的企业经营效益就差,它是衡量一个企业经营效益的重要指标。

净利润的多少取决于两个因素:一是利润总额;二是所得税。企业所得税等于当期应纳税所得额乘以企业所得税税率。我国现行的企业所得税税率为 25%,对符合国家政策规定条件的企业,可享受企业所得税优惠政策,如高科技企业所得税税率为 15%。

净利润增长率代表企业当期净利润比上期净利润的增长幅度,指标值越大代表企业盈利能力越强。

5. 资本周转速度

资本周转速度是指资本在一定时期内的周转次数。资本的周转速度可以用周转时间或周转次数来表示。资本周转时间的长短,标志着资本周转速度的快慢。周转时间越短,表明周转速度越快;周转时间越长,表明周转速度越慢。

(四)企业的资产增值能力分析

企业在经营过程中,不断地提高利润,扩大再生产规模,使企业的资产不断增值,企业经营的目的,就是使企业资产不断增值。资产增值能力是企业核心能力之一,是企业的综合竞争力。增值能力的高低,反映了企业综合竞争能力的高低,综合反映了企业管理水平的高低,要提高企业资产增值能力,在现代市场经济条件下,市场竞争就是人才的竞争,人才是第一资本、第一资源、第一资产,人才结构决定着企业的产品结构,人才的数量和素质决定着企业的能力,但中国的现状就是人才不够用,企业只有使人才快速增值,才会有希望。

1. 有形资产增值分析

有形资产是指那些具有实物形态的资产,包括固定资产和流动资产。有形资产主要包括房屋、机器、设备等具有形态的资产。狭义的有形资产通常是指企业的固定资产和流动资金,广义的有形资产则包括企业的资金、资源、产品、设备、装置、厂房、人才、信息等一切生产要素。总的来说,有形资产就是有一定实物形态的资产。以具体物质产品形态存在的资产,包括生产有形资产和非生产有形资产。生产有形资产是指生产活动创造的资产,非生产有形资产是自然提供未经生产而取得的资产。

衡量企业有形资产的持续增长,企业财务指标的管理至关重要。任何战略如果不能转化成具体的会计数字,都是不现实的。对企业的经营控制,四个财务指标最为重要,即营运现金、销售额、利润、股利。

结合哈佛商学院罗伯特·西蒙斯提出的"利润计划轮盘"说明三个指标本身的关联性与利润绩效管理过程。

(1)保障企业利润获得的利润轮盘。首先需要根据企业的战略规划,制订出各部门、利润中心的战略推进方案,预测方案实施后的年度、季度、月度销售水平,估计期间产生的投资与运营费用,计算出预期利润,并确定预期利润的考核标准与激励机制。制订出相应的时间计划。将战略计划的推进与经济目标的实现结合起来,以时间纬度来控制。

(2)维持企业正常运营的现金轮盘。为保证正常业务运转,需要结合企业日常的现金流动状况,估计必要的营运现金量,具体的标准一方面取决于所处行业的性质,另一方面取决于企业的战略决策。存货水平较高的企业需要更多的营运现金,而较高应收账款的企业也需要较高的营运现金,解决办法是增加现金储备、负债或者改变信用条件。

(3)保证企业增值的资产收益率(ROE)循环。利润只能保障企业的盈利,但对于资本市场来说,需要衡量资产的使用效率,资产收益率是个很好的衡量指标。

ROE的计算公式:ROE=净收益/股东权益。

可以进一步分解:ROE=(净利润/销售收入)×(销售收入/资产)×(资产/股东权益)。

例如,总部设在美国德州的RFID技术供应商AXCESS公司宣布推出其有形资产管理解决方案——资产激活器(Asset Activator),这种解决方案同时利用了有源和半有源射频识别(RFID)技术,为各种类型的企业资产提供自动定位、存货计数和保护功能。

2. 无形资产增值分析

广义的无形资产包括金融资产、长期股权投资、专利权、商标权等,因为它们没有物质实体，而是表现为某种法定权利或技术。但是，会计上通常将无形资产作狭义的理解，即将专利权、商标权等称为无形资产。

（1）无形资产的初始计量。无形资产通常是按实际成本计量，即以取得无形资产并使之达到预定用途而发生的全部支出，作为无形资产的成本。对于不同来源取得的无形资产，其初始成本构成也不尽相同。

自行开发的无形资产，其成本包括自满足无形资产确认条件后至达到预定用途前所发生的支出总额，但是对于以前期间已经费用化的支出不再调整。

（2）无形资产后续计量。无形资产的使用寿命是有限的，应当估计该使用寿命的年限或者构成使用寿命的产量等类似计量单位数量；无法预见无形资产为企业带来经济利益期限的，应当视为使用寿命不确定的无形资产。

来源于合同性权利或其他法定权利的无形资产，其使用寿命不应超过合同性权利或其他法定权利的期限。合同性权利或其他法定权利能够在到期时因续约等延续，且有证据表明企业续约不需要付出大额成本的，续约期应当计入使用寿命。

合同或法律没有规定使用寿命的，企业应当综合各方面因素判断，以确定无形资产能为企业带来经济利益的期限。

经过上述方法仍无法合理确定无形资产为企业带来经济利益的期限的，才能将其作为使用寿命不确定的无形资产。

3. 人力资源增值分析

人力资源增值即人力资本增值，所谓人力资本就是体现在劳动者身上的可用于生产产品或提供各种服务的智力、技能以及知识的总和。人力资本增值就是通过对人力资本的积累、投资和扩充，促使人力资本的价值得以提升。当代西方经济学认为，资本采取两种形式，即物力资本和人力资本。体现在物质形式方面的资本，即投入生产过程的厂房、机器、设备、资金等各种物质生产要素的数量和质量为物力资本。

（1）建立有效的激励制度。与激发人力资本增值相适应，企业必须进行制度的建立和健全，尤其是有效激励制度的建立和健全。在博弈模型中已分析出，只有企业明确选择了人力资本增值，作为劳动者才会选择人力资本增值。若企业制定了相应的有效的人力资本增值奖励制度，则显示出了企业选择人力资本增值的明确性。故而劳动者才会选择人力资本增值，以期获得奖励，得到较高的收益。作为企业来讲，对人力资本增值激励需采用"现期激励力＋预期激励力"的激励模式。

现期激励力是指企业现在能够为人力资本增值的劳动者所提供的各项激励总和。一般来说，现期激励力的建立有两种。其一是物质奖励，包括高薪与重奖。高薪就是善于人力资本增值的劳动者的工资高于其他一般劳动者的工资。重奖就是对于那些已将人力资本增值的那部分应用于实际工作中并起到了一定成效的劳动者给予各方面的丰厚奖励。其二是精神奖励。例如授予荣誉称号，举行隆重的表彰仪式等。

预期激励力是指企业能够为人力资本增值的劳动者乃至家庭的进一步发展所提供的激励。预期激励力有两种重要形式。其一为职位或职称的晋升。其二为人力资本入股，即按照劳动者的学识水平和能力，给予一定的股份，作为工资以外的收入。如果劳动者的人力资本得以增值，则所持的股份也需扩大。

无论是应用现期激励力，还是应用预期激励力，有一点最为值得注意，即激励的程度要与人力资本的增值成正比，否则，在重复博弈中，劳动者有可能放弃人力资本的增值。

（2）企业是否把握好人力资本增值的方向。与劳动者的人力资本增值程度相比，人力资本增值的方向显得更为重要。众所周知，在当今时代，技术、知识并不等于市场，各类企业都应以市场为导向，实现由传统的对市场需求的被动适应向现代的对市场需求的主动创造转变。这一转变要求每个企业都制订自己独特的企业战略，而企业的各活动都必须以企业战略为指导。劳动者的人力资本增值也不例外，劳动者的人力资本增值方向必须以企业战略为基准，不能也绝不准偏离企业战略所规定的大方向，否则人力资本的增值是无效的。另外，各个劳动者在以企业战略为基准进行人力资本增值时，也不能忽视市场导向的功能。因为，人力资本的增值一味地遵循"企业研究市场，再确定企业战略，劳动者再确定增值方向"这个模式的话，那么企业内劳动者的人力资本增值永远落后于市场的需求。因此，劳动者的人力资本增值方向有必要采用如下模式，即"以市场为导向，以企业战略为基准"。

（3）形成良好的人力资本增值氛围。对于提升企业经济效益来说，仅仅一个劳动者进行人力资本增值的作用是微不足道的。只有企业里全体员工或大部分员工都进行人力资本增值，才能够达到人力资本增值的规模效应，进而大幅度地提升企业经济效益。一个企业要形成良好的人力资本增值的氛围，最好的方式是将企业构建成学习型组织。

资产增值能力指数评价如表3-3所示。

表3-3 资产增值能力指数评价

评价项目	增值程度				
1. 有形资产增值	5%	10%	15%	20%	25%
2. 无形资产增值	10%	20%	30%	40%	50%
3. 人力资源增值	5%	10%	15%	20%	25%

能力指数　　　　评价标准
（1）55分　　　　差
（2）65分　　　　及格
（3）75分　　　　中等
（4）85分　　　　良好
（5）95分　　　　优秀

能力检测

一、写作题

每个美容院都有自己独特的经营方式和管理制度，结合美容院的实际情况，比如各种规章制度、企业经营现状及人力资源、产品服务等方面做一份综合性的分析报告。（字数1万字左右）

二、案例分析

美容院经营管理可行性分析范例

一、美容院的设计

1. 室外环境

关键是交通方便，容易寻找，居民聚集点或办公写字楼集中的地点。

(1) 门前卫生由专人负责,若门前脏乱不堪,使人望而却步。
(2) 每天擦拭橱窗、玻璃,可透过玻璃看到美容院的陈设。
(3) 门前鲜花摆放整齐,并定期更换。
(4) 大门应宽敞明亮,招牌醒目,以利于宣传推广。

2. 室内环境

美容室和美发室分隔开。美容室应是独立的。

(1) 全功能装修:美容,美发,桑拿,因功能较多,故要求面积为100 m² 以上,独立单间面积为 3 m×2 m。

(2) 单功能装修:只适用于单一的保健美容,要求面积最小为 30 m²,若少于这个面积,只能算是附属的美容设备(某综合场所附属)。

(3) 室内装修。

二、卫生规则

1. 美容院卫生规则

(1) 经常保持墙壁、天花板、地板、窗帘等干净。
(2) 室内一切家具、摆设及用物每天用清水擦拭一次。
(3) 室内禁止吸烟,保持空气清新。
(4) 每天工作前,用紫外线灯消毒室内空气一次(每次 30 min)。
(5) 每天工作前,把一切用具消毒好,存于柜内备用。

2. 美容师的卫生要求

为避免一切美容操作过程中的交叉感染,美容师必须严格执行卫生操作要求。

美容用品用具的消毒。美容院常用的毛巾、围巾、客人穿的美容衣、床上用的毛巾被等棉织物,使用一次后,必须更换,清洗消毒,消毒方法可采用蒸汽消毒,这种方法是最普通的消毒方法,把洗干净、晾干的棉织物放入蒸洗箱内,加热至水沸后 20 min,可达到消毒的目的。

三、员工管理

美容院面临的竞争越来越大,美容师的流动性大是非常现实的问题,我们只能从实践中不断地积累经验,将别人成功经验中适合自己的吸取过来,作为一些参考。

四、适应企业的管理模式

管理模式是在管理理念指导下建构起来,由管理方法、管理模型、管理制度、管理工具、管理程序组成的管理行为体系结构,管理模式应具有极强的适应性,才能真正成为企业持续发展的保障。

管理没有最好的,只有最适应的。作为一个企业的管理者,只有寻找最适应这个企业的管理方法和手段,才能把企业管理好。

在以往的人力资源管理中,绩效管理在主要位置,从而忽视了品绩管理。而现在,越来越多的企业开始意识到了品绩管理的重要性,并纳入了人力资源管理体系。品绩管理在整个人力资源管理中占多大的比重,才能更好地支持企业的发展?需要用辩证的眼光来对待这个问题,每个企业都有各自不同的特点,管理模式也不尽相同,只有适合本企业发展的管理模式才是最好的管理模式。

品绩管理以企业文化指导员工的品绩,品绩的管理强化企业文化的作用,品绩考核促使员工的人生观、价值取向、行为准则统一,给企业带来强大的凝聚力、战斗力和品绩力。重视"品"、考核"品",其实就是从原有绩效考核中的只关注事情的结果,转为既关心结果也关心过程,如此一来考核的全面性便可想而知了。

品绩考核是社会发展的必然结果,通过在考核中加入"品"的要素,对建立一个团结向上的企业文化起到积极的推动作用。不过,要想考核人的行为、态度甚至心态等与品绩相关的因素,通常是不容易操作和管理的。我们认为有必要对"品"相关的行为、态度等一系列的细节加以标识和管理,一份员工的日常行为记录是很必要的,与此同时还必须确保日常记录的准确性、及时性和客观性,绩效考核的结果往往只需要考核仅有的几个要素即可,而品绩考核更侧重于在日常的工作过程中认真的关注每个员工的行为、态度,洞悉员工的心境,而这点将成为品绩管理中品行考核难点,针对不同的部门设计与其工作特性相关的品绩考核行为点也是至关重要的。

除了企业领导要注重品绩训练外,组织内要全员投入品绩管理,相互体验,相互影响。人力资源部是绩效管理实施监督和结果运用的部门,对考核制度、考核技术的科学性、实用性负责,为提高管理队伍的绩效管理能力负责。

请根据案例完成下列要求:

1. 试设计某一美容院的经营管理机制报告。
2. 根据所学的理论知识,对设计好的美容院经营管理机制报告做可行性评价,并计算出各个部分的分值,最终算出设计方法的总分值。

(王朝君)

任务四　美容企业创立

学习目标

通过本任务的学习,为学生以后具备创业条件时,奠定知识基础。

能力目标

根据美容企业的法律类型和美容企业的自身条件,能够初步申办美容企业,创立属于自己的企业。

知识目标

掌握:美容企业申办的一般流程。
熟悉:美容企业的法律选择类型。

素质目标

作为初入美容行业的从业人员,要具备必要的美容企业创立的基本法律知识和申办企业的工作流程的知识。同时,要有坚强的毅力和不怕失败的心态。

案例引导

如何注册美容企业?

黄女士在美容企业工作了多年,有了一定的客户资源,也积累了资金,现在想拥有属于自己的美容店。她为此准备了很长时间,但对市场分析没有把握,更不知应该成立什么类型的美容企业,是注册成个体户还是注册成企业?如果注册成企业的话,是个人独资、合伙企业还是注册成为公司呢?另外,对如何办理企业注册手续也不太了解。

思考:1. 请为黄女士申办美容企业的流程提出参考意见。

2. 请为黄女士及其准备成立的企业提供设计帮助。

企业法定的基本形态主要是个人独资企业、合伙企业和公司。法律对这三种企业划分的内涵基本作了概括,即企业的资本构成、企业的责任形式和企业在法律上的地位。我国已颁布了《中华人民共和国公司法》《中华人民共和国合伙企业法》和《中华人民共和国个人独资企业法》等行政法规。

一、小型美容企业

(一) 个人独资企业

个人独资企业是指由一个自然人投资,财产为投资者个人所有,并以其个人财产对企业债务承担无限责任的经营实体。

个人独资企业的法律地位集中表现为其不具有独立的法律人格,不具有法人地位,是典型的非法人企业。

按照法律人格理论,民事主体人格分为自然人和法人人格。

个人独资企业本身不是独立的法律主体,不具有法人人格,其从事民事或商事活动是以单独企业主的个人人格或主体身份进行的,实质上是自然人从事商业经营的一种组织形式。

个人独资企业与个体工商户通常容易混为一谈,但实际上,这两者既有相同点,也有较大差别。

1. 个人独资企业与个体工商户的相同之处

(1) 两者的投资主体基本相同,都是自然人,而不能是法人或其他组织。

(2) 个人独资企业与个体工商户对投入的资产都实行申报制,不需要经过法定的验资机构验资。由于两者都承担无限责任,因此也不强调对作为出资的实物、工业产权、非专利技术和土地的实际缴付。

(3) 两者承担法律责任的形式相同,都必须以个人或家庭财产承担无限责任。如果以出资方式划分,个体工商户可分为个人经营和家庭经营两种形式,而个人独资企业也可以分为以个人财产出资的个人独资企业和以家庭财产出资的个人独资企业。在承担责任上,以个人财产出资的个人独资企业或个体工商户都以个人财产承担无限责任,以家庭财产出资的个人独资企业或个体工商户都以家庭财产承担无限责任。

(4) 作为一种经济组织,个人独资企业与个体工商户均需有必要的资金、场所、从业人员及生产经营条件。这也是个人独资企业与个体工商户作为市场主体进入市场的必要条件。

个人独资企业与个体工商户在商标使用主体及广告宣传策略等方面也具有许多的相似之处。

2. 个人独资企业与个体工商户的差异

(1) 个人独资企业必须要有固定的生产经营场所和合法的企业名称,而个体工商户可以没有企业名称,也可以没有固定的生产经营场所而流动经营。换句话说,合法的企业名称和固定的生产经营场所是个人独资企业成立的必要条件,但不是个体工商户成立的必要条件。

(2) 个体工商户的投资者与经营者是同一个人,都必须是投资设立个体工商户的自然人,而个人独资企业的投资者与经营者可以是不同的人,投资人可以委托或聘用他人管理个人独资企业事务。也可以这样理解,个人独资企业的所有权与经营权是可以分离的,这就决定了个人独资企业更符合现代企业制度发展的特征,而个体工商户的所有权与经营权是属于投资者的,已不能适应现代企业制度发展的要求,所以它只能适用于小规模的经营主体。

(3) 个人独资企业可以设立分支机构,也可以委派他人作为个人独资企业分支机构负责人。这一规定,说明了个人独资企业不但可以在登记管理机关辖区内设立分支机构,也可以在异地设立分支机构,由设立该分支机构的个人独资企业承担责任。而个体工商户根据规定不能设立分支机构。另外,个体工商户虽然可以流动经营,但随着各地近几年相继简化了外来人员的登记手续,从而使个体工商户的异地经营这一规定逐渐淡化。所以,个人独资企业的总体规模一般大于个体工商户。

(4) 个人独资企业与个体工商户的法律地位不同。在民事、行政、经济、法律制度中个人独资企业是其他组织或其他经济组织的一种形式,能以企业自身的名义进行法律活动。而个体工商户是否能够作为其他组织或其他经济组织的一种形式,一直是国内民法学家争论的对象。在日常法律活动中,个体工商户的法律行为能力往往受到一定的限制,更多的时候,个体工商户是以公民个人名义进行法律活动的。事实上,国内就有许多法律专家提出个体工商户不是法律意义上的企业。

另外,个人独资企业与个体工商户作为市场主体,参与市场其他经济活动的能力不同,如个人独资企业可以成为公司的股东,从而以企业名义享有公司股东的权利与义务,而个体工商户一般不能以企业名义作为公司股东,只能以个人投资者身份成为公司股东。

(5) 个人独资企业与个体工商户在财务制度和税收政策上的要求也不同,事实上,这也是投资者较为关心的问题。

根据《中华人民共和国个人独资企业法》的规定,个人独资企业必须建立账务制度,进行会计核算。财务制度是个人独资企业的必备条件,不因任何部门的要求而改变。而个体工商户由于情况复杂,是否建立会计制度争论较多,在新会计法中也只作为原则规定。按照执法情况看,个体工商户可以按照税务机关的要求建立账簿,如税务部门不作要求的,也可以不进行会计核算。

在税收政策上,由于我国的税收法律制度是一个相对独立的体系,它与市场主体法律制度之间没有统一的联系。税务部门认定一般纳税人和小规模纳税人的标准并不是企业的市场主体地位,一般来说,个体工商户较难认定为一般纳税人,而个人独资企业如符合条件则可以认定为一般纳税人。如何把市场主体立法与税收立法有机地结合起来,是今后完善市场经济法律制度值得研究的问题。

(二) 合伙企业

合伙企业是指自然人、法人和其他组织依照《中华人民共和国合伙企业法》在中国境内外设立的,由两个或两个以上的自然人通过订立合伙协议,共同出资经营、共负盈亏、共担风险的企业组织形式。

我国合伙组织形式仅限于私营企业,合伙企业一般无法人资格,其包括普通合伙企业和有限合伙企业。合伙企业可以由部分合伙人经营,其他合伙人仅出资并共负盈亏,也可以由所有合伙人共同经营。

创业者可采取货币、实物、土地使用权、知识产权或其他财务权利出资,甚至可以采取劳务出资(有限合伙人除外)的形式。从实际操作情况看,合伙企业大多都是由两三名志趣相投者组成的创业小组。

1. 合伙企业的类型

(1) 普通合伙企业。由2人以上(没有上限)普通合伙人组成,合伙人对合伙企业债务承担无限连带责任。《中华人民共和国合伙企业法》第三条规定:国有独资公司、国有企业、上市公司及公益性事业单位、社会团体不得成为普通合伙人。

有限责任公司合伙在合伙企业法里称为特殊的普通合伙企业,它适用于专业服务机构,比较典型的就是注册会计师事务所、律师事务所等。

有限责任公司合伙解决的一个主要问题,是如果某个或几个合伙人,因为故意或重大过失给合伙企业造成债务时,这些责任人要承担无限连带责任,而其他没有责任的合伙人,仅以在合伙企业中的出资为限来承担责任。这样有助于这些采取合伙制的专业服务机构不断地扩大规模。

（2）有限合伙企业。由2人以上50人以下的普通合伙人和有限合伙人组成,其中普通合伙人至少有1人。当有限合伙人只剩下普通合伙人时,应当转为普通合伙企业,如果只剩下有限合伙人时,应当解散。普通合伙人对合伙企业债务承担无限连带责任,有限合伙人以其认缴的出资额为限对合伙企业债务承担责任。

2. 有限合伙人和普通合伙人的区别

（1）普通合伙人不得同本企业进行交易,但是合伙协议另有约定或全体合伙人另有约定的除外;有限合伙人可以同本企业进行交易,但是合伙协议另有约定的除外。

（2）普通合伙人不得自营或同他人合营与本合伙企业相竞争的业务;有限合伙人可以,但是合伙协议另有约定的除外。

（3）普通合伙企业的合伙协议不得约定将全部利润分配给部分合伙人;有限合伙企业不得将全部利润分配给部分合伙人,但是合伙协议另有约定的除外。

（4）普通合伙人以其在合伙企业中的财税份额出资的,需经其他合伙人一致同意,未经其他合伙人一致同意,其行为无效;有限合伙人可以将其在有限合伙企业中的财产份额出资,但是合伙协议另有约定的除外。

（5）有限合伙人不执行合伙事务,不对外代表组织,只按合伙协议比例享受利润分配,以其出资额对合伙的债务承担清偿责任。普通合伙人需要承担无限连带责任,其对企业承担着主要的投资任务,不得采取劳务或信用出资。

（6）相对于普通合伙企业,有限合伙企业允许投资者以承担有限责任的方式参加合伙成为有限合伙人,有利于刺激投资者,增加积极性。并且,可以使资本与智力实现有效的结合,即拥有财力的人作为有限合伙人,拥有专业知识和技能的人作为普通合伙人,这样使资源得到整合,对市场经济的发展起到积极的促进作用。

二、大型美容企业

大型美容企业的法律类型通常以公司为主。

公司一般是指以盈利为目的,从事商业经营活动或某些目的而成立的组织。根据现行《中华人民共和国公司法》的规定,其主要形式为有限责任公司、股份有限公司。两类公司均有法人资格,投资者可受到有限责任保护。

（一）有限责任公司

有限责任公司是出资者以其出资额为限对公司承担责任,公司法人以其全部资产对公司债务承担全部责任的经济组织。

注册公司与合伙企业的不同点主要有以下方面。

（1）公司为法人,有永久延续性;合伙企业不是法人,它随合伙人丧亡而解散。

（2）注册公司与其他成员属不同法律主体,两者权利义务不同;合伙企业与各合伙人利益相依,资产和义务互通。

（3）作为法人,注册公司有独立的财产,能独立承担责任;合伙企业不具有独立的财产,其财产由合伙人共同所有,普通合伙的合伙人互负无限连带责任。

（4）注册公司的行动准则是公司的章程,凡接受该章程的人,可通过持有股份而加入公司,成为公司的成员,但除董事、经理外,公司的成员并无经营权;合伙企业各合伙人之间是通过合伙合约联结起来的,没有合伙人的同意,第三人不能加入合伙,各合伙人都能代表合伙和其他合伙人经营业务。

(5) 注册公司成员的变动一般不会影响公司的存续;合伙企业中普通合伙人的存亡、变动可能会导致合伙企业的解体。

(6) 注册公司的股东并无保守商业秘密和负竞业禁止的义务;合伙人之间则应相互忠诚。

(7) 注册公司所负债务,只可向该公司追讨,其权利也可由公司出面执行;合伙企业的各合伙人,可因合伙的债务被债主直接追讨。

(8) 注册公司的成员或股东,不视为公司的代理人,不可使公司因其行为受束缚;合伙人可随时以合伙企业的名义与外人订约,向外借债。

(9) 注册公司的商誉属该公司,公司成员不得侵占,也不能擅用;合伙企业的商誉属于合伙人共同所有,合伙人在拆伙后,可各自用原合伙企业名称。

(10) 注册公司包括一些并非以盈利为目的的公司;合伙企业则必须以盈利为目的。不以盈利为目的数人之间可以形成另外一种非法人团体的联合,但不能组成合伙企业。

(11) 注册公司的组织形式由法律详细规定;合伙企业的组织形式则相对灵活,只要不违反法律,可由合伙人协议决定。

(二) 股份有限公司

股份有限公司是指将全部资本划分为等额股份,股东以其认购的股份为限对公司承担责任,公司以全部资产对公司债务承担责任。

股份有限公司的设立方式有发起设立和募集设立。发起设立是指由发起人认购公司应发行的全部股份而设立公司。募集设立是指由发起人认购公司应发行股份的一部分,其余股份向社会公开募集或者向特定对象募集而设立公司。但是,法律、行政法规另有规定的,认其规定。

三、美容企业的创立手续及相关事务办理

(一) 申办美容企业的主要流程

(1) 持本人身份证、美容职业技能资格证、房屋产权证或租赁合同,到当地卫生行政部门办理卫生许可证。

(2) 持卫生许可证、身份证等有效证件,到当地工商行政部门办理美容企业营业执照。

(3) 持营业执照正副本、有效印章和其他相关证件,到当地税务部门登记,领取税务发票。

① 企业名称预先登记。办理机关为市、区工商局,办理时限为即时办理。提供名称预先登记申请书、申请人身份证明或委托书、股东身份证明等材料。

② 指定银行入资。

③ 会计师事务所验资。

④ 企业设立登记。办理机关为市、区工商局,办理时限为2个工作日。提供登记申请书、公司章程、法定代表人任职文件和身份证明、名称预先核准通知书、公司住所证明等材料。

⑤ 刻制印章。审批机关为公安局特行科,审批时限为即时即批。提供营业执照、法定代表人身份证明等材料到公安局特行科审批后,刻制印章。

⑥ 办理组织机构代码证书。办理机关为当地市级质量技术监督局,办理时限为1个工作日。提供营业执照、法定代表人身份证明、公章等材料。

⑦ 统计登记。办理机关为当地市、区统计局,办理时限为即时办理。领取工商营业执照起10日内,持营业执照、公章、建设项目批准文件等材料办理。

⑧ 开立银行账户。

⑨ 划转资金。

⑩ 国税登记。办理机关为区国税局,办理时限为2个工作日。填写税务登记表,提供营业执照,有关合同、章程、协议书,银行账号证明,居民身份证明等材料,办理国税登记、一般纳税人认定、发票种类核定。

(二) 美容企业的选址

美容企业是服务性机构,需要特定的地址与商圈内开展商业活动,因此,美容企业成功的关键就在于地址的选择。

企业选择地址(简称选址)时,首先要分析该地所包含的各种商业因素:所处的是住宅区、办公区、闹市区、办公住宅混合区还是郊区;周围人口密度大小,尤其是人口流入区还是流出区;企业目标人群的消费能力及消费者特征;企业所在的商业区的功能是否完善,是否受交通主干道的影响;企业所处的位置服务设施的配套是否完整;交通是否通畅和便利等。

美容企业的选址主要考虑以下因素。

(1) 营业的可能性。设店商圈的人口数,以及这些人对于美容的消费能力和消费层次。

(2) 资金情况。所筹集的资金能决定租赁房屋的面积。

(3) 便利的可能性。美容店的位置是以交通便利、方便顾客来店的地方为最佳。

(4) 成长的可能性。不仅要观察设店地点、当前的情况,更要展望未来此区域是否有更大的发展空间。

(5) 障碍点。选址时应避免的情况还包括顾客来店必须途经市场、商店、街道、河流、铁道等障碍点。

(6) 相乘的效果。

① 找出累积吸引力的形态,以便对比。与同类店相互依存,借与同类店相邻以吸引顾客,提高消费概率。

② 不同种类店面互补的相乘效果。

(7) 连锁的可能性。分店与分店之间,因商圈、消费状况分析应有适当的位置距离界定,才不会造成顾客流失。

(8) 回避竞争的导向。避免竞争,选择竞争少的地段,在提供服务上求新求变。

(9) 经济的位置。设店的具体位置,必须利用费用与销售额之间的对比关系来分析损益,从而找出合适的地点。

(三) 美容企业投资预算

1. 投资收入预算

投资收入预算是对投资资金的来源、渠道和数量的预计,在进行预算时,首先要考虑美容企业的规模和档次的需要,同时兼顾资金的筹集能力。

2. 投资支出预算

投资支出预算是对投资支出的预计,主要的开支如下。

① 建造设计美容企业所需购买的建筑材料、仪器设备、产品和其他用物。

② 支付设计和建造的施工方的费用。

③ 其他开支。美容企业投资还应预算出施工过程中出现意外情况的费用和流动资金等。

(四) 美容企业环境设计要素

1. 环境因素

环境因素是指背景条件,如空气质量、温度、湿度、通风、噪声、气氛及整洁度等。

2. 设计因素

设计因素是顾客最易感觉的,应采用使顾客感觉舒适的,从而更愿意在此逗留的设计,才会有较大的竞争力。设计因素又分为美学因素、功能因素和社会因素。

(1) 美学因素。通过美容企业的门店就可以看出其档次。企业经营者可根据目标顾客的不同,选择不同的装修档次和风格,以方便消费者选择。

(2) 功能因素。

① 前厅接待区:前台和接待区对于各类美容门店都是必不可少的。若面积较小,两者可以合并在一起。接待区桌椅最好选择精致的玻璃桌、藤编椅等。椅子最好准备2~4把。桌子上要有笔和空白档案夹,在与顾客交流过程中了解到的顾客需求,都要记录在档案夹中相应的位置。在接待区应放置一台皮肤检测仪,给顾客测试面部皮肤,使顾客直观地了解自己皮肤的问题,顾客消费的可能性就会增加,还应准备酒精棉球、美容产品介绍单和价格表。

② 顾客等待休息区:这是让顾客在没有接受美容服务时有一个进行等待和休息的空间,也是顾客的陪同者等待和休息的空间,在这个区间里可准备一些茶水、茶点、书籍及杂志等。在潜移默化中给顾客心理暗示,就是美容院能提供优质服务。

在前厅可以设立产品展柜,里面陈列装饰物和美容产品。展柜最好设置在前厅最显眼之处,做工尽量精致美观。

③ 服务区:在服务区美容企业提供一些基本的服务项目,如面部护理与身体护理。面部护理包括基础护理与精华护理;身体护理包括手部、胸部特护及脱毛、全身皮肤保养等。

服务区包括美容服务区、美体服务区等。

a. 美容服务区可分为普通美容服务区和贵宾美容服务区。

在普通美容服务区里,可根据场地面积设置若干张美容床,这是普通美容顾客群体共享之处。

贵宾美容服务区要有单独的区域,面积为每间 $15\sim50\ m^2$,每间各有两张美容床、独立的小型消费箱、美容仪器,还可以放置一些精巧的装饰物。两张床之间设置屏风或用纱隔开。

设立贵宾美容服务区的目的:一是为了刺激普通消费能力的顾客再次消费,并让已经成为贵宾的顾客有一种被美容企业重视的感觉,让其感受更完好的服务;二是方便顾客使用。

b. 美体服务区要根据美容企业自身条件确定大小,可准备一个体重秤以方便顾客需要,体现服务的个性化。

④ 过渡区:从美容企业的前台接待区到服务区一般设有走廊、楼梯、理容区、休闲吧等过渡区。

(3) 社会因素。在美容企业的环境设计中,还要考虑社会因素。社会因素主要包括环境中的人,如顾客和员工。员工的数量、外貌、语言与行为,都会直接影响顾客对美容企业的评价。因此,员工的制服、行为仪表和基本素质的训练就显得非常重要。这些都是在开设美容企业时应该考虑的综合因素。

能力检测

一、选择题（每题的备选项中，只有一个最佳答案）

1. 美容企业的设计因素中不包括（　　）。
   A. 美学因素　　　　B. 社会因素　　　　C. 功能因素技术
   D. 以上均不是　　　E. 以上均是

2. 办理企业组织机构代码所需时限为（　　）。
   A. 2个工作日　　　B. 1个工作日　　　C. 5个工作日
   D. 10个工作日　　 E. 以上均不是

3. 下列哪些不是办理美容企业必备的证件？（　　）
   A. 本人身份证　　　B. 美容师证　　　　C. 房屋产权证
   D. 毕业证　　　　　E. 以上均不是

4. 美容企业门店中皮肤检测仪一般放在（　　）。
   A. 前厅接待区　　　B. 顾客等待休息区　C. 服务区
   D. 贵宾美容服务区　E. 以上均不是

二、案例分析

王总在某市的高档小区旁边开设了一家较高档次的美容会所。

会所一楼设立了前台，主要介绍该会所的服务项目。二楼楼梯处，陈列会所主要产品项目和展示，同时设立一个小休息室，有茶水、红酒等供应。二楼其他地方为各类美容服务区。

多年来，该会所主要接待的都是高档小区的高端人群，还有本市高校的女教师，经营项目不断满足市场和消费者的需要，并随其需求而改变，口碑也在不断地扩大。

请根据案例回答问题：

1. 王总的美容会所设立的场所是否合适？
2. 会所内部布置是否符合美容企业的要求？

实训项目

美容企业创立流程的制订

【实训目的】

通过制订企业创立方案，让学生掌握企业战略制订的流程和方法。

【实训方式】

制订美容企业创立方案草案。

【实训内容】

分小组对周边美容市场和美容机构进行调查，以现实中某一家美容机构为对象进行复制，为自己或他人制订一份新创立的美容企业创立方案。

【实训步骤】

（1）根据班级人数分组，选出一人担任小组长。

(2) 以小组为单位对所在城市美容市场进行资料搜集和分析。
(3) 选定具体某一家美容机构进行深入了解,并进行调查。
(4) 结合美容机构自身特点及市场状况,制订一份美容企业创立方案。

【实训要求】

美容企业创立方案草案制订要求如下。
(1) 符合美容市场发展规律。
(2) 符合美容机构自身特点和优势。
(3) 符合商业逻辑。
(4) 计划书完成后,每个小组选一位代表将计划书辅以PPT的形式进行现场陈述。

(周先云)

任务五　美容企业战略规划

学习目标

通过本任务的学习,使学生对企业战略规划重要性有清晰的认识,掌握相关的概念、原则和方法。

能力目标

能够结合美容企业自身特点、市场趋势考虑竞争因素,制订企业短期及中长期发展规划。

知识目标

掌握:美容企业战略规划的目的、意义和特征。

熟悉:美容企业战略规划的内容和方法。

素质目标

作为美容行业的从业人员,要能清晰明辨美容行业的发展趋势,将自己的个人发展规划和企业及整个行业的发展相结合。

案例引导

欧莱雅的品牌规划

欧莱雅的品牌管理已经有100多年的历史,公司的历史也就是品牌管理的历史。欧莱雅集团一共拥有500多个品牌,其中17个是国际知名的大品牌,占据着欧莱雅集团销售总额的94%。该集团目前在中国一共拥有十多个品牌。按照金字塔理论,欧莱雅在中国的品牌框架包括了高端、中端和低端三个部分。

(1) 高端(塔尖部分)。高端第一品牌是郝莲娜,无论从产品品质和价位都是这十几个品牌中最高的,对应的是年龄也相应偏高并具有很强的消费能力的消费群体;第二品牌是兰蔻,它是全球最著名的高端化妆品品牌之一,消费者年龄比郝莲娜的消费群体年轻一些,也具有相当强的消费能力;第三品牌是碧欧泉,它对应的是具有一定消费能力的年轻时尚消费者,欧莱雅集团希望将其塑造成大众消费者进入高档化妆品的敲门砖,其价格也比郝莲娜和兰蔻低一些。这些产品主要在高档的百货商场销售,当前兰蔻在中国高端化妆品市场占有率排第一,碧欧泉则是第四。郝莲娜2000年10月才进入中国,目前在全国高档百货商场总共只有6个销售点,柜台最少。

（2）中端(塔中部分)。中端品牌分为两大块:一块是美发产品,有卡诗和欧莱雅专业美发等。卡诗在染发领域属于高端品牌,比欧莱雅专业美发高端一些,它们的销售渠道都是专业美发店及发廊。在欧莱雅看来,除了产品本身外,这种销售模式也使消费者有机会得到专业发型服务。另一块是活性健康化妆品,有薇姿和理肤泉两个品牌,它们主要通过药房经销。欧莱雅率先将这种药房销售化妆品的理念引入了中国。

（3）低端(塔基部分)。中国市场不同于欧美及日本市场,主要在于中国市场很大而且非常多元化,消费梯度很多,尤其是塔基部分的比例大,欧莱雅目前在中国大众市场的品牌中,欧莱雅的定位是属于高端的,包括护肤、彩妆、染发等产品,在全国500多个百货商场设有专柜,还在家乐福、沃尔玛等大型连锁超市销售。欧莱雅的高档染发产品是目前中国相关产品的第一品牌。第二品牌是羽西,羽西秉承"专为亚洲人的皮肤设计"的理念,是一个主流品牌,在全国240多个城市的800家百货商场有售。第三品牌是美宝莲,它是来自美国的大众彩妆品牌,在全球很多国家彩妆领域排名前列,在中国也毫不例外,目前已经进入了600多个城市,有1.2万个柜台。第四品牌是卡尼尔,当前在中国主要引进了染发产品,它比欧莱雅更大众化一些,年轻时尚,在中国5000多个销售点有售。第五品牌是小护士,它对应的是追求自然美的年轻消费者,市场认知度90%以上,当前在全国有28万个销售点,网点遍布国内二三级县市。

思考:1. 欧莱雅的品牌策略是怎样的？
2. 欧莱雅如何根据中国的市场的特点制订品牌策略？

战略管理就是确立企业使命,根据企业外部环境和内部经营要素设定企业组织目标,保证目标的正确落实并使企业使命最终得以实现的一个动态过程。如果站在企业全局的角度来分析战略管理,视角会开阔很多。在企业管理的整体流程中,哪些是与战略息息相关的环节,这些环节的内在联系如何,这才是战略管理的核心内容。

企业的经营者在创业初期首先要思考的是:我们的顾客是谁？我们可以给顾客提供怎样价值的产品或服务,开展什么样的业务？可以获得什么样的利益？继而思考企业未来的发展方向,将成为一个什么样企业？以什么方式去实现目标？实现目标又需要整合哪些资源？思考和回答这些问题的本质是基于企业自身、市场及竞争三个环节。美容企业战略经营是运用战略经营管埋的思维和埋念,从美容企业创建到发展规划及战略制订实施的过程,使目标得以实现。完善的战略规划可以使美容企业获得以下好处。

1. 激发美容师的动力

美容师的稳定性一直是美容企业管理者头疼的问题,美容师不仅是为了报酬工作,更看重的是自己的归属和职业生涯发展。美容企业应通过对未来蓝图的勾勒,让员工明确:美容企业的发展会直接给美容师带来很多福利,只要努力,普通美容师的职业生涯可走专业化路线,成为高级美容师或者开展尖端美容技术,甚至晋升为店长等高级管理岗位等,以激发美容师将自己的职业发展和美容企业的发展相结合。

2. 稳定节奏和发展方向

促进美容发展时间和空间的统一,避免迅速扩张带来的经营风险,或盲目投资和多元化造成的经营隐患,最大限度控制美容企业战略上的随意性,增加美容企业的整体自觉性,认清自身的优劣、机遇和挑战,进一步明确在当前的发展阶段,哪些事该做哪些事不该做,保持高度自觉性,稳健守业,开创进取,稳定节奏和发展方向以促进可持续发展。

3. 需找新的利润增长点

通过战略规划,有利于美容企业认清内外环境及周围市场情况,在条件成熟的基础上,利用自身优势进行产业前后一体化发展。例如,某美容院在发展到一定规模后,积累了大量资本和资源,经营者想拓展业务,经过周密的规划,选择了美容产品制造,最终成为产品制造销售一体化的美容企业,并在此基础上又依托过去积累的美容院终端市场,进一步拓展了企业的产品市场,这种前店后厂模式取得巨大的成功。

4. 整合资源

通过资源整合,促进连锁美容企业内部合作,各分店统一步伐,使资源利用最大化并提升竞争力。例如,某知名美容院,通过战略规划,5年时间从最初5家联营店发展成为涵盖美容培训、品牌推广、化妆品销售、美容杂志等综合型美容企业,盈利模式和利润构成由最初单靠美容院经营收入,发展到品牌连锁加盟利润、美容培训利润、日化线和产品销售利润、门店经营利润、杂志广告利润等,最终实现了跨越式的发展。

一、美容企业经营项目的选择

经营项目的选择,关系着美容企业的声望。好的项目可能会给美容企业带来一个质的飞跃,产生良好的社会效益和经济效益;差的项目可能会使美容企业滑入低谷,被市场淘汰。因此在选择经营项目时应慎重,要注意以下几个方面。

1. 项目的安全性

在选择经营项目时,一般以技术安全性和产品质量作为衡量的标准。美容行业具有一定的特殊性,很少有人愿意拿自己的"脸面"去冒险,项目的安全性直接影响美容院的存亡。有隐患的美容项目不仅可能给顾客造成伤害,影响美容企业声誉,而且还有可能使美容企业官司缠身或者关门结业。

2. 项目的实效性

效果往往是顾客最关心的问题,只有效果才最有说服力,项目的实效性是美容机构的生命。美容企业选择的项目要有确定的效果,这种效果最好能让顾客看到或是感觉到。良好的效果会带来庞大的客户网络,创造出经济效益和社会效益。

3. 广泛的客户群

客户群的广泛与否大多取决于收费标准及经营项目所适应的消费群体。经营项目如果适应大多数顾客消费,则预示着它有广阔的发展前景;价格若因某些原因被迫提高到当地居民难以接受的程度,则会出现门可罗雀的境况。据调查显示,国内美容企业,顾客群年龄大多为25~55岁,选择经营项目时,多以此年龄段为主。

4. 完善的服务体系

要把项目开展好,首先要知道这个项目到底有什么样的功效,要怎样操作才规范,不同的顾客该如何设计疗程等,如果这些问题都搞不清楚,又如何去引导和说服顾客认同。因此,在选择经营项目时,要确认厂商或者销售商能否提供完善的售前培训、售中答疑、售后指导等一系列服务,以帮助美容企业少走弯路,直接掌握操作精髓,发挥经营项目的最大效力。可见,完善的服务体系是非常必要的。

5. 品牌效应

选择知名品牌产品和设备是美容企业的明智之选。在选择知名品牌的同时,也会带来品牌本身的良好效应。名牌产品在工艺和技术上大多都非常成熟,性能比较稳定,很少出现事故,而且厂商和销售商还会从各方面给消费者提供更加完善的服务,保持品牌效应,从而使美容企业和顾客成为最终的受益方。同时,在品牌效应影响下还可形成一个潜在、庞大的消费网络,使顾客更容易接受知名品牌的产品,甚至还会带动周围的人认同。

6. 适当的价格

关于价格,人们多有两种极端态度。

(1) 贪图便宜型:这种类型的人很少考虑因工艺问题而产生的产品质量、效果和经济效益的差异,不知道产品本身还有使用价值的问题,只是一味讲究低廉。

(2) 崇洋媚外型:这种类型的人片面认为进口产品就是最佳的,却不知道许多国内精品也可以与进口产品媲美,无论功效和技术上都不逊色,而且价位却大大低于进口产品。

上述两种态度都不可取,美容企业采用什么档次的设备和项目,一定要根据顾客的需求,并且也要考虑自身的经济实力。

二、美容企业的战略定位

我国的美容事业完全发展起来不过几十年,美容企业的开设是由消费者的需求不断引导出来的,消费者根据自己的需求选择美容,而从业人员就可以根据自己的能力和市场需求开设不同的美容院和提供不同的服务项目。随着国内美容事业的发展,逐步出现的美容机构主要有五大类型:发廊型、治疗型、沙龙型、休闲型和享受型。

第一种是发廊型美容院,主要出现在我国美容业的初级阶段,一般设有两三张理发椅、一两张美容床,主要服务项目有理发、洗脸和局部按摩等,称为"美容美发",现在主要存在于二三类市场和城市周边的小镇。

第二种是治疗型美容院,主要是中型美容机构,这类美容院比较普遍,主要针对消费者的皮肤问题提供解决方案,如治疗瘢痕或者其他问题的皮肤美容院或者是医院开设的美容项目(包括整形)机构。

第三种美容院为大中型美容机构,有较高档的内部环境设施,如宽敞的空间、整洁的装潢、良好的卫生、优雅的环境,同时,美容师受过专业的美容知识培训,具有精湛的美容护理技术。整个环境、氛围、经营方式都比较好,并设立会员制服务。消费者在这里不仅得到皮肤护理或其他服务,还可以把这里当成舒缓紧张神经的场所,这类美容院一般称为沙龙型美容院,这是现今最多的美容院,也是最受消费者和厂家喜爱的主流美容院之一。这类美容院一般开设比较流行的服务项目和吸收会员而成为最热门的美容机构。

第四种是休闲型美容院,设在一些保健和娱乐机构的内部,通常是该机构的附属服务项目。这类美容院虽然装潢精致,并提供配套的放松服务,但一般因为服务项目比较单一、项目设置较简单和收费偏高而只有较少的消费者光顾。

第五种是享受型的美容院,这类美容院场地较大,装潢豪华,收费昂贵,不但设有女宾部,也同时提供男士美容服务。此类美容院服务项目齐全,并设有咖啡厅和酒吧等休闲场所,主要吸引高端消费者。目前在我国一线城市才设有这种美容院。

三、美容企业的发展方向

随着社会环境的改变,美容企业无论从规模层次,还是经营理念方面都有所提升,但消费者的需求是永无止境的,美容企业的经营者应该敏锐地把握住这些不同的需求,站在消费者的角度,主动出击,依靠准确的经营特色满足细分市场的需求。未来美容企业发展的主流类型包括以下几种。

(一) 复合型美容院

复合型美容院通常为超大型机构,投资额高,强调经营业态的衍生利益,为顾客提供各种服务,它基于准确的客户定位和需求分析,满足客户与美满相关联的需求,形成区别于同类美容院的经营形态。经营者应采用不同的经营形态,帮助顾客创造来店的理由,即美容的同时常有额外或意想不到的收获,强化并提升顾客的流量。设立复合型美容院可考虑将美容院与女性时装店、首饰店、布艺店、干洗店、茶艺店等结合。

(二) 会员制美容院

会员制美容院多为大型机构,走高端消费路线。随着收入丰厚的白领女性和拥有个人事业的成功女性不断增多,她们已逐渐成为美容院最具有消费能力和最活跃的顾客。由于她们的社会角色越来越重要,对美容的需求也进入了更深的层次。针对该层面顾客的共同特征,可形成会员制的经营定位。这类顾客具有超前消费意识,注重消费的附加值,她们具有一定的美容知识,可以理解收费中包含环境、服务的成分。这类美容企业对从业人员的要求极高,经营者必须重视管理。

(三) 休闲式综合美容院

该类美容院在单体经营规模上较会员制美容院要小,一般为中型美容机构,投资额适中,是大型城市美容院的主要业态,服务项目的类别比较少,强调特色,会通过一两个特色项目带动其他消费。此类美容院对周边已有的商业服务类配套设施有一定依赖性,不可独立生存,略受商圈的限制,但强调交通的便利性。这类美容院对从业人员的形体礼仪、接待技巧、专业素养、沟通技术有较高要求。

(四) 家庭式美容院

家庭式美容院指设于写字楼、住宅小区内的配有 2~4 张美容床,采用预约制的小型美容院。此类美容院依靠口碑来拥有顾客。其从业人员应具有非常熟练的美容技术、手法及丰富的产品经验、美容知识、较好的沟通能力,同时美容院应具备清新、整洁的环境,使顾客有温馨、亲切的家庭感觉。这类美容院适合真正热爱美容事业、愿意与顾客分享心得的资深美容师经营,能令顾客产生信赖感。

以上几类美容院代表着美容企业未来发展的主流方向,同时也对美容从业人员提出了相当高的要求,这种方向预示着美容业将会出现更深层次的变革。

四、美容企业战略制订

美容企业在制订战略规划时要根据所能筹集的资金额度和经济环境进行。前期投入主要为房租、装修费用、仪器设备和产品的采购费用、人员工资、广告宣传费用和流动资金等。要根据具体情况来决定企业可以设置的项目,一般来说 100 m² 以下的面积适合做小型的生活美容企业,且应该以面部皮肤护理为主,100~300 m² 的面积适合做中型的生活美容企业,可以开设面部护理、身体护理、SPA 等项目,还可以根据情况开设健身课程等特色项目。300 m² 以上的面积适合做大型的综合性美容沙龙,现在很多大型的美容沙龙都为顾客提供全方位的服务,除了开设面部皮肤护理、身体护理、SPA 等项目外,通常还设有水吧、餐吧及健身、形象设计等项目,使顾客可以接受全面的服务。

为了更好地满足顾客的需求,经营者必须对美容企业周边的相同业态的顾客进行调研,了解美容企业可辐射范围内顾客的消费水平,同时避免与其他企业完全雷同,美容企业必须在开业之前就进行战略规划,规划包括愿景规划、环境规划、服务规划和组织结构的规划。美容院投资者要规划每款项目的价格,并且要精确到单次的价格,再就是规划月卡、季卡还有年卡。因为美容企业护理的成本是产品本身,所以投资者要在价格规划上谨慎周密,以免亏损。投资者如果对美容行业缺乏足够的了解,又看好美容行业的发展,在自己无法做好企业战略时,也可考虑加盟知名品牌或聘请专业管理公司。

北京伊人城业健康美容有限公司用了19年的时间,从一个街头小店成长为大型的美容企业,这与伊人正确的营销战略分不开。经过市场调研,伊人选择了品牌化生存的道路,把创建品牌价值,向顾客提供个性化、专业化品质服务作为营销工作的出发点,通过调研和市场细分,伊人发现一部分顾客群体非常重视购买产品的品质与服务的价值,不太在乎产品和服务的价格,于是就明确了自己的客户对象,即注重生活品质、注重产品和服务价值的高端消费群体。伊人店面宽敞舒适,在产品定位上,采取了差异化、高附加值、区域领先和聚焦的策略,创立了全球第一家音乐SPA,集中精力提高服务品质,有针对性地为顾客提供特色服务,由于其独特的经营战略,避免了同质化服务的恶性竞争。经过不断的努力,伊人积累的顾客越来越多,企业的规模也越来越大。

美容行业属于第三产业,是一个以服务为主导的行业,因此,美容企业必须突出服务的重要性。目前,行业内各大美容化妆品品牌之间的竞争非常激烈,导致市场可操作性空间越来越狭窄。美容企业作为终端资源,成了专业美容化妆品品牌争夺的对象。

五、美容企业的经营战略

如何面对市场上的需求波动,是美容企业经营者最棘手的问题。美容企业属于无形性、高不稳定性服务行业,服务产品不能被储存和运输,更不能均衡地出现在美容市场上,与实物产品有很大的区别。另外,供应曲线通常是一条直线,顾客对服务的需求却会因时间不同有较大的差异。

（一）品质经营

随着中国经济从低层次向较高层次发展,服务质量已在社会上引起高度重视,美容消费者也因为质量意识的觉醒,倾向于将手中的钱理智地投向质量好、服务优的美容企业。

1. 品质管理

服务品质的好坏直接影响美容院的生存,投资质量管理是避免在竞争中出局的根本保障,更是美容院在长远发展中形成商誉的重要因素。因此,走在美容同行之前,抓好品质管理是每个美容院不容忽视的关键。

2. 教育培训

目前,我国美容行业的速成美容师较多,缺乏系统的专业教育,主要原因在于美容市场发展迅速,市场需求量大,师资力量不足。针对这种状况,结合美容院具体情况,经营者要充分利用自身优势,注重引进教育培训机构进行切实有效的教育培训,使美容院拥有一批素质较高的专业队伍。

3. 顾客满意

加强品质管理,提高人员素质,目的就是要留住顾客。应该说,谁能取得顾客的信任,谁才是赢家,才能生存。据调查显示,每位不满意的顾客至少会告诉11个人,100位不满意的顾客中,约有4个人会抱怨,而大多数的顾客会默默转向其他美容院;争取一个新顾客花费的成本是留住一个老顾客所需成本的5倍以上,对于抱怨的顾客,如果能妥善处理,七成以上会留下来,并且信任度会明显提高。由此可见,经常听取顾客的反馈意见,及时改善存在的不足,不断提高经营品质,留住顾客,是美容行业发展的基础。

4. 服务质量

如今的美容院已不再是靠"几张笑脸,几句赞美"就可以"托起顾客心中的一片蓝天",而是需要实实在在地提高服务质量。坚持不懈地改善服务质量是维持品质经营的保证。只有坚持教育训练和不断改善品质,才会建立起良好的美容企业文化,迎来美容院蓬勃发展的春天。

5. 心理经营

无论美容院店面装潢得多么华丽,如果使顾客心里感觉不舒畅,那就不能算是真正的"美观",心理经营对美容院的经营管理有着很大的影响力。

(1) 满足顾客的心理。顾客对一家美容院有好的评价,多半是因为对服务态度感到满意。一般来说,每位顾客都有其独特的个性,美容服务就应适应其个性。例如,美容院外部装潢很得体,但内部没有顾客要求的氛围,那么生意也不会兴隆。若经营者经常板着脸且牢骚满腹,则影响员工心情,甚至影响其接待顾客的态度,最终影响顾客对美容院的印象。因此,满足顾客心理需要,提高顾客自信心是美容院心理经营的基础。

(2) 年轻心态。顾客在美容时,心里总有一种愿望,想让自己显得更年轻、更漂亮。年轻不止表现在人的外表上,更表现在人的精神上。如果美容院的员工大多年轻开朗,店内上下充满活跃的气氛,那么这种气氛会同样感染前来美容的顾客,自然而然地使顾客产生下次再来的念头。

(二) 高效率的经营

大多数美容院都会存在这样的问题,即营业额增加了,但顾客却减少了。通常情况下,除了周末,顾客做美容的时间大多集中在下午,而上午几乎没有。这样店内员工必须在有限的时间内服务更多的顾客,以至于忙得不可开交,甚至手忙脚乱,这往往会给顾客留下服务不周的感觉,造成顾客美容次数减少。经营者应想办法提高经营效率。例如,尽可能满足员工的加薪要求,提高美容师工作的积极性。要吸引顾客前来消费,除了采取低价格策略外,最重要的是注意服务、卫生、品质等方面,让顾客感觉来美容院消费是一种享受。

1. 合理调节供求

改变顾客需求的时间,尽量减少因供求失衡造成的顾客不满、人员或者设施的闲置。

(1) 实行差别定价。价格在需求高峰期定得高一些,在非高峰期定得低一些,以增加非高峰期的基本顾客,使美容院的设施和人员均衡。

(2) 发展非高峰期服务刺激需求。在非高峰期加设一些特别或新的项目,以刺激需求,如赠送优惠券、小礼品等。

(3) 提供高峰期辅助性服务。在高峰期为了暂时缓解供不应求的矛盾,可提供辅助性服务,例如,提供大量美容书籍等,缓解或消除顾客等候时的不满情绪。

（4）调节服务供给量。根据服务需求的变化情况，及时调整服务供给量，以达到服务供给基本平衡，提高经营效益。

（5）调整供给时间和地点。如在节假日延长营业时间，增设临时性服务网点等。

（6）鼓励顾客参与。鼓励顾客积极配合服务人员，完成相应的工作，增加彼此的信任。

（7）雇用临时工。高峰期供给紧张时，可雇用部分临时性的兼职员工。

（8）加强员工交叉训练。培养员工成为一专多能的多面手，随时补充其他部门人员的不足。

2．加强服务质量管理

美容院的服务质量由如下四大要素构成：①服务设施，即服务场所、服务设备等固定资产；②服务材料，即形成服务产品中的物质成分，如护肤品等；③外显服务，即能看得见的服务，如美容院的环境、器具的卫生等；④隐含服务，即带给顾客的心理感受，如受重视的程度、社会地位的满足感等。加强服务质量管理，美容院应该着重从以下几个方面入手。

（1）将生产流水线的方式应用到服务业上，以此制订出标准的服务程序。

（2）建立与顾客间的沟通渠道，服务质量的高低在一定程度上取决于顾客的主观感受。

（3）以机器代替人，在有些情况下，机器所提供的服务质量相对来说要稳定得多。

（三）重视宣传和传播

针对服务产品的无形性特点，美容机构应适时加强宣传工作。

（1）形象化宣传。将美容的服务与某种有形的物体联系起来进行宣传，如要求工作人员有鲜明的制服且穿着整齐，设计有代表性的吉祥物或标志等。

（2）宣传服务提供者。可针对某个美容师的技能或信誉进行宣传。

（3）宣传自身形象。重视宣传美容院自身的形象。

（4）无形服务有形化。可给每个服务项目设计一个象征性标志，或增加消费者的偏好等。

总而言之，美容院必须从不同角度进行策略组合，形成合力，才能达到事半功倍的营销效果。

六、美容企业战略管理

美容企业战略是指美容机构在一定历史时期内制订的全局性经营活动的理念、目标及总体部署和规划，包括创立和发展等各个环节的人、财、物的策划。战略在美容院经营中的主要作用如下：①提高美容企业发展和参与市场竞争的自觉性；②使美容企业决策层能保持一个明确的发展方向；③能对具体的策略、计划进行指导、评估和监控。

（一）品牌战略

品牌战略是美容机构为了提高产品和服务的竞争力而展开的形象塑造活动。品牌战略的直接目标是创立和发展品牌，开展品牌战略不仅有利于美容企业的生存和发展，而且是一种全局性的谋划方略。

（1）品牌战略是营销的核心。品牌战略能培养顾客的忠诚度，获得最佳的认知度、美誉度及和谐度，使长远价值最大化。可见，品牌战略是美容企业营销的核心。

（2）品牌战略是可持续发展的根基。品牌浓缩了美容院的文化观、价值观及发展方向，通过品牌战略的实施激发美容院内在的活力，保持创新精神。应该说，品牌战略是美容院发展的动力。

（3）品牌是取得竞争优势的有效武器。借助品牌和资本纽带，可实现美容院规模快速扩大，并为开展特许经营奠定基础。

（二）行销战略

美容院要想从有限的市场中脱颖而出，要依靠行销战略的运用。目前，国内业者对于行销观念很多还停留在价格导向，多以降价的方式促销，如销售活动、卖场设计、商品陈列等都属于行销观念。因此，行销是整体性的战略，缺一不可。

在运用行销战略时，应衡量自己的实力，主动出击。当美容院实力稍弱、资金不足或面积较小时，其有利的战略是缩小商圈，锁定特定的顾客层及主要服务项目，集中火力加以促销；当美容院资金充足、实力较强时，则应扩大商圈或服务，以击垮竞争对手。另外，美容院还应制订有效策略，主动迎击其他竞争对手，以争取第一为目的，如服务第一、品质第一、技术第一等，不能让对手有机可乘。

能力检测

一、选择题（每题的备选项中，只有一个最佳答案）

1. 下列哪项不是成功经营美容院的法宝？（　　）
   A. 店面形象　　　　　　B. 服务管理　　　　　　C. 美容技术
   D. 宣传广告　　　　　　E. 以上均是

2. 下列哪项不是美容院类型之一？（　　）
   A. 家庭型　　　　　　　B. 医疗型　　　　　　　C. 沙龙型
   D. 会员型　　　　　　　E. 休闲型

3. 下列不是美容院经营项目选择的考虑因素的是（　　）。
   A. 项目安全性　　　　　B. 项目实效性　　　　　C. 品牌效应
   D. 顾客广泛性　　　　　E. 项目投资回报率

4. 下列不属于要事管理的主要特点的是（　　）。
   A. 有效性　　　　　　　B. 专业性　　　　　　　C. 政策性
   D. 时效性　　　　　　　E. 实践性

二、案例分析

王总，性格豪爽大气，在创业初期，他带领自己的美容院确实赢得了相当大的市场份额，可之后却发生了令他意想不到的事情。

（1）大鱼吃小鱼：初期经营的快速扩张。

王总的每一项经营策略都体现"大鱼吃小鱼"的经营方针。他一直留意周边同行的经营状况，寻找有潜力的客源地，但对待周边同行并没有采取恶意竞争的方法，而是学习别家的长处，观察对方的管理漏洞，并就自己的想法，寻找机会与其交流。同行对王总的魄力赞不绝口，有几家美容院竟主动提出合并意向。最终，王总拥有五家统一品牌的美容院，品牌经营粗具规模。

（2）危机出现：当外来者进入，慢了半拍。

然而，一年后，王总所在城市突然出现了一个来自台湾的美容院品牌，其撒手锏是带来全新的美容理念和产品，并且更新速度极快，对王总所创立的美容院构成直接威胁。等王总反应过来,他发现了一个可怕的现实,他由一条"大鱼"变成了一条"慢鱼"。

请根据案例回答问题:

1. 王总的美容院在经营中遇到什么问题?
2. 若你是店长应如何采取管理措施应对危机?

实训项目

美容机构战略规划的制订

【实训目的】

通过制订发展计划书,让学生掌握企业战略制订的流程和方法。

【实训方式】

制订美容机构发展计划书。

【实训内容】

分小组对周边美容市场和美容机构进行调查,以现实中某一家美容机构为对象,为其制订1~3年发展计划书。

【实训步骤】

(1) 根据班级人数分组,选出一人担任小组长。

(2) 以小组为单位对所在城市美容市场进行资料收集和分析。

(3) 选定具体某一家美容机构进行深入了解和调查。

(4) 结合美容机构自身特点及市场状况,为该美容机构制订1~3年的发展计划书。

【实训要求】

美容机构发展计划书制订要求如下。

(1) 符合美容市场发展规律。

(2) 符合美容机构自身特点和优势。

(3) 符合商业逻辑。

(4) 计划书完成后,每个小组选一位代表将计划书辅以PPT的形式进行现场陈述。

(杨家林)

任务六　美容产品开发与设计

学习目标
通过本任务的学习，使学生对美容产品的开发重要性有清晰的认识，掌握相关概念、原则和方法。

能力目标
能把美容产品概念及想法转化为具体的产品和服务，能对新型美容产品进行市场评估。

知识目标
掌握：美容产品、服务开发的原则、方法和流程。

素质目标
作为美容行业的从业人员，能养成积极进取、求真的工作态度，以及良好的职业素养。

案例引导

香薰理疗

法国化学家 Rene-Maurice Gattefosse（1881—1950），1910 年在自己家的香料实验室里不小心烫了手，惊慌之下立刻从身边瓶子里倒出欧薄荷油涂在手上，不久，他的手很快就痊愈并且没有伤疤。他认为这是因为欧薄荷油的奇特效果，于是对精油的医疗特性产生了兴趣。他把这一新领域命名为"芳香疗法"，并于 1928 年公布了他的发现。近年来，芳香疗法以惊人的速度发展，无论是在欧洲国家还是在美国，越来越多的医院都开设了这种治疗。许多按摩会所和 SPA 馆也提供芳香按摩治疗，而且在药房和健康食品店里的许多商品的标签上，都印上了"芳香疗法"的字样，芳香疗法渐渐进入普通人的生活，香薰护理风靡全球，倍受爱美女士青睐，它能舒心养颜，放松减压。人们通过按摩、吸入、热敷、浸泡、蒸熏等方式，可以加速体内新陈代谢，促进活细胞再生，增强身体免疫力，进而调节人体神经系统、循环系统、内分泌系统、肌肉组织、消化系统及排泄系统等。常用香薰油泡浴、按摩，再配上轻柔的音乐，鼻间嗅入清新甜美的花香，沁人心脾，暗香浮动，令人拥有迷人和浪漫的气质。

到美容院做成套的香薰护理固然很美妙,但很多白领女性没有足够的时间享受,可以试试买几瓶精油在家DIY,也可轻轻松松地享受健康、放松的优质生活。

思考:1. 香薰美容的应用性有哪些?

2. 香薰美容的时代变迁是什么?

一种产品在市场上不是经久不衰的,被消费者偏爱也不是永恒的,由于科学技术的飞速发展,替代品不断涌现,竞争越发激烈,市场上现有产品终究会逐渐被淘汰,任何产品都是有生命周期的。产品生命周期(product life cycle,简称PLC),是指产品从进入市场开始,直到最终退出市场为止所经历的市场生命循环过程,是指产品的市场寿命。一种产品进入市场后,它的销售量和利润都会随时间推移而改变,呈现一个由少到多再由多到少的过程,就如同人的生命一样,由诞生、成长到成熟,最终走向衰亡。产品只有经过研究开发、试销,然后进入市场,它的市场生命周期才算开始。产品退出市场,则标志着生命周期的结束。

面对市场竞争就要把握美容产品的生命周期阶段,在产品成熟期及衰退期,就应该主动探索创新,主动淘汰落后的产品和服务,保持走在市场前列的优势。

从20世纪90年代初中期起步至今,美容产品与专业美容护理项目逐步发展,专业美容共经历了以下阶段。

第一阶段(20世纪80年代中期至90年代初期),美容基础保养期。

第二阶段(20世纪90年代中期至90年代末期),美白去斑期。

第三阶段(20世纪90年代末期至21世纪),减肥丰胸期。

第四阶段(2000—2002年),SPA休闲期。

第五阶段(2002—2003年),光子嫩肤期(美容仪器时代)。

第六阶段(2004年至今),全人类美容保健期。

其实从人开始意识美,到关心美、追求美,美容的观念、美容的方式、美容的产品一直在发展进步,美容行业要发展就必须重视美容产品的开发与设计。美容产品的开发与设计也和其他产品一样要遵循一些原则和规律。

一、新产品研发的原则

产品开发是指从研究选择适应市场需要的产品开始到产品设计、工艺制造设计,直到投入正常生产的一系列决策过程。从广义上说,产品开发既包括新产品的研制也包括原有老产品的改进和整顿。前者是指开发出在原理、结构、性能、材质、用途等某一方面或几方面具有显著改进或创新的产品,后者是指不断地改进原有产品,淘汰技术老化、性能和款式落后的老产品,与新产品开发研究相结合,实现产品升级和更新换代。新产品按照技术特性可以分为以下几种。

1. 全新产品

全新产品主要是指采用科学技术的新发明所生产的产品,一般具有新原理、新结构、新技术、新材料等特征。与现有的产品相比具有独创性。全新产品往往是因某种科学技术的突破而形成的,如汽车、飞机、计算机、半导体、电视机、化学纤维、青霉素等,都是在某个时代开发出的全新产品。

2. 改进新产品

改进新产品主要是指对老产品采用各种改进技术,使产品在功能、性能、质量、外观、型号上有一定改进和提高的产品,如增加电视机遥控功能、增加电风扇定时功能等。

3. 换代新产品

换代新产品主要是指产品的基本原理不变,部分采用了新技术、新材料、新的元器件,使产品性能有重大突破的产品。换代新产品的技术或经济指标往往有显著的提高,具有新的用途,可以满足新的需要。

产品开发是企业研究与开发的重点内容,其主要目的是研究和开发满足市场需要的产品和服务,以保持企业在竞争中的优势,同时给企业创造良好的经济效益。如果说企业经营战略的核心是围绕产品战略展开的话,那么,产品开发则是产品战略的首要环节。随着市场变化的日益频繁,产品寿命周期日益缩短,企业的产品战略应从制造产品向创造产品的方向发展。因此,开发、研究、设计、生产出能切实满足市场需求并具有竞争力的产品和服务,不仅是企业经营战略的出发点,也是企业生产运作战略的出发点。

二、新产品开发的方向

由于市场竞争日益激烈,消费需求日益多样化和个性化,新产品开发呈现出新的发展趋势。

（1）多能化。提高产品的性能和扩大产品的用途,达到一物多能,一物多用,如集美白、保湿、抗皱于一体的面膜等。

（2）多样化。产品的品种、形式多样,可以满足各种不同层次用户的需求,如口红、眉笔等。

（3）复合化。把功能上相互关联的不同单体产品发展为复合产品,如多功能面霜。

（4）微型化。通过改革产品结构,减少零部件数量,使产品小巧轻便。其表现为功能不变、体积缩小、重量减轻,便于操作、携带、运输、安装和使用。

（5）智能化。将比较复杂、一般人难以很快掌握的专业技术和知识转化到产品中去,使用户易学、易用,将专业产品变成大众产品,扩大市场,增加消费。

（6）艺术化。从产品造型、色彩、质感和包装等方面使产品款式新颖、风格独特,有强烈的美感和艺术品位,增加产品的魅力。

三、新产品开发的动力模式

新产品开发有两种动力模式:技术导向型和市场导向型。

技术导向型是以技术为先导,从最初的科学探索出发开发新产品,以供给的变化带动需求的产生和变化。

市场导向型是从市场需求出发进行新产品开发。也就是说,首先通过市场调查来了解市场需要什么样的商品,然后对其作为商品来说在生产技术、价格、性能等方面的特性进行研究,进而再通过该新产品商品化后的销售预测来决定是否开发。

技术导向型的产品是以"技术-生产-市场"的模式出现,即将研究成果推向市场,如医学美容,都是医学技术推向市场化的结果。市场导向型的产品则是以"市场-研究与开发-生产-市场"的模式出现,即把市场需求带入研究,如防晒霜、面膜等,都是典型的市场导向型产品。

技术导向型产品虽然能在市场上"先发制人",创造出一个大市场,但是,这个市场一旦从潜在转为现实,它就开始分化。顾客在性能、品种、质量和价格上不断产生新的期望,不同的期望形成不同的细分市场,造成市场需求的差别化。而谁能够满足这些不同的期望和层次,谁就能"后发制人",占领细分市场并分享该产品的利润。

由此可见,企业的新产品开发是以技术导向型产品来创造市场为主,还是以市场导向型产品适应市场为主,还是两者同时并举,并无一定之论,而是需要在对企业能力和企业基础的仔细考察之后制订一个基本策略。大型企业由于市场涵盖范围广、产品种类多,面临的市场形势复杂,可能常常需要容纳不同的新产品开发模式;而中小企业因各方面力量有限,往往需要集中一两个主要方向。

产品开发是一项极复杂的工作,涉及面广、科学性强、持续时间长,因此必须按照一定的程序开展,才能使产品开发工作协调、顺利地进行。产品开发的程序是指从提出产品构思到正式投入生产的整个过程及其各个环节的相互关系。

四、成功的产品开发的特点

从投资者的角度来看,在一个以盈利为目的的企业中,成功的产品开发可以使产品的生产、销售实现盈利,但是盈利能力往往难以迅速、直接地评估。通常可从以下几个具体的维度来评估产品开发的效果。

(1)产品质量。开发出的产品有哪些优良特性?它能否满足顾客的需求?它的稳健性和可行性如何?产品的功能和质量最终反映在其市场份额和顾客愿意支付的价格上。

(2)产品成本。产品的制造成本是多少?该成本包括固定设备和工艺装备费用,以及为生产每一单位产品所增加的边际成本。产品成本决定了企业以特定的销售量和销售价格所能够获得的利润的多少。

(3)开发时间。团队能够以多快的速度完成产品开发工作?开发时间决定了企业如何对外部竞争和技术发展做出响应,以及企业能够多快从团队的努力中获得经济回报。

(4)开发成本。企业在产品开发活动中需要花费多少?通常,在为获得利润而进行的所有投资中,开发成本占有可观的比重。

(5)开发能力。根据以往的产品开发项目经验,团队和企业能够更好地开发未来的产品吗?开发能力是企业的一项重要资产,它使企业可以在未来更高效、更经济地开发新产品。

在这五个维度上的良好表现最终将为企业带来经济上的成功。

五、产品开发的阶段

企业美容产品开发一般分为四个阶段。

1. 调查研究阶段

这个阶段主要是通过市场调查和预测,进行产品创意,提出新产品构思及原理、结构、功能、材料和工艺方面的开发设想和总体方案。经过对构思方案的分析、评价、筛选后,选定产品,制订开发计划,提出新产品开发任务书。对新方案中涉及的新原理、新结构和新材料进行必要的研究和试验,掌握必要的参数。

2. 设计试制阶段

这个阶段主要是进行产品的设计、试制和鉴定。产品设计应当按照新产品开发任务书的要求,制订出试制计划,提出具体方案,组织有关人员进行结构设计、技术设计和工艺设计,完成样品的制造。在试制过程中,还要进行各种试验,以了解产品设计和工艺的合理性,掌握其关键生产技术。产品鉴定的目的是对产品的功能、性能、可靠性等方面进行验证和评估,评估其是否达到产品的设计要求,水平如何,质量是否达到标准。如果各项指标都达到了设计要求,就可考虑定型生产。

3. 生产技术准备阶段

产品经过鉴定定型后,应进行小批试生产的生产技术准备和小批试生产。在这个阶段,应完成全部工作图的设计,确定各种成分配方的技术要求。同时还必须完成所有的工艺文件,如编制工艺流程及编制工艺过程卡、工艺卡和工序卡等。此外,还要完成工艺装备的设计与制造,例如,进行模具、夹具、专用工具等的设计和制造,以保证批量生产的技术要求。

4. 正式生产和销售阶段

产品经过小批试生产成功后,即可组织正式的批量生产并投入市场。在这个阶段,不仅需要做好生产计划、劳动组织、物资供应、设备管理等一系列工作,还要考虑如何把新产品引入市场,如研究产品的促销宣传方式、价格策略、销售渠道和提供服务等方面的问题。在产品销售过程中,要不断收集市场和用户使用情况的信息,并及时反馈给生产设计部门,以提高产品质量、改进产品设计。

美容新产品开发流程如图 6-1 所示。

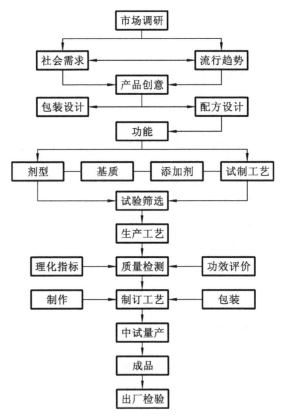

图 6-1 美容新产品开发流程

六、产品开发流程的思路

产品开发流程的思路一般是在产品概念开发阶段,首先建立一系列广泛的、可供选择的产品概念,随后缩小可选择范围,细化产品的规格,直到该产品可以可靠地、可重复地由生产系统进行生产。需要注意的是,尽管生产流程、市场营销计划及其他有形输出会随着开发的进展而逐渐变化,但是,识别开发阶段的主要依据是产品的状态。

另一种思路是将其作为一个信息处理系统。这个流程始于各种输入,如企业的目标、战略机会、可获得的技术、产品平台和生产系统等。各种活动处理开发信息,形成产品规格、概念和设计细节。当用来支持生产和销售所需的所有信息创建和传达时,开发流程也就结束了。

还有一种思考方式是将开发流程作为一种风险管理系统。在产品开发的早期,各种风险被识别并进行优先排序。在开发流程中,随着关键不确定性因素的消除和产品功能的验证,风险也随之降低。当产品开发流程完成时,团队对该产品能正常使用并被市场接受充满信心。

企业在开发产品的同时也应该衡量自身的优势。

(1)技术优势。为实施这一策略,企业必须重视新技术的研究和开发,并将其应用到产品开发流程中。

(2)成本优势。这一策略要求企业在生产效率上进行竞争,可以实行规模经济,使用先进的制造方法和低成本的劳动力,或者引入更好的管理生产系统。因此,这一策略指导下必须强调产品开发流程中面向制造的设计。

(3)以顾客为中心。为实施这一策略,企业必须跟新老顾客保持密切联系以评价其需求和偏好的变化。精心设计的产品平台有助于快速开发拥有满足顾客偏好的新特点或新功能的派生产品。这种策略将造就用来满足不同层次顾客需求的多种产品生产线。

(4)模仿策略。这一策略要求紧跟市场趋势,允许竞争者探索每一部分已获成功的新产品。当确定可行之后,企业快速开始模仿成功者的新产品。快速的开发流程对于这一策略的有效实施至关重要。

七、美容产品概念生成的活动

产品概念是对产品的技术、工作机理和形式的大致描述,能简要地说明该产品如何满足顾客需求,通常采用草图、三维模型表示并附带简要的文字描述。产品概念的质量在很大程度上决定该产品是否满足顾客需求并实现商业化的程度。差的产品概念无论在后续环节中如何努力都是难以获得商业成功的。

美容产品概念大多来自顾客现实的需求。

例如,20岁的女性需要什么样的护肤品?首先,20岁是人生中皮肤的最佳时期,此时皮肤细胞非常活跃,新陈代谢也非常旺盛,从感观分析上讲,这时皮肤的水分充足,光滑而富有弹性。在这个时期,皮肤的护养应该从两个方面进行:一是防晒;二是控油。①防晒:这是人一生都要关注的护养话题,如果此时能很早地进行防晒,对皮肤的保养是非常好的,因为人的皮肤更多是被晒坏的。②控油:80%的年轻女性都会因"痘痘"而感到困扰,因此控油就变得非常重要,这个时期应更多地选用清洁性比较强的清爽型、啫喱型护肤品,而不需要使用营养型和比较厚重、比较稠的化妆品,也不需要使用比较重的粉底和粉底霜,因为它们会阻塞毛孔造成毛孔粗大,形成皮肤问题,若化妆只需化清淡的妆容。30岁之后,人的新陈代谢和微循环已经开始变得缓慢,这时皮肤的角质层会明显变厚,皮肤显得比较暗淡。另外,除了皱纹之外,困扰亚洲女性最大的问题就是面部斑点,因此30岁女性护肤的一个核心就是怎样更好地去掉晦暗,特别是去掉斑点。40岁以后女性脸上岁月的痕迹就开始出现了,皮肤也开始全面老化。在这个阶段,皮肤比较粗糙,肤色也会变得不均匀,同时皮肤也会变得比较敏感,皱纹、斑点等比较容易出现。因此可以根据不同年龄层次的肤质特点，开发适合的产品。

当从确定顾客需求、建立目标规格开始，到最后形成一系列的产品概念供开发团队做出最后的选择。通常，有效的开发团队会生成数以百计的产品概念，其中有5～20个概念需要在概念选择环节中进行仔细斟酌。好的产品概念生成环节可以使开发团队有信心认为新产品的可开发空间已经被完全拓展。如果团队在研发初期就全面深入地探讨了新产品概念，就不会在后期又发现更好的产品概念，也不会让竞争对手开发出性能更优越的产品。

现在美容产品的概念一方面大多来自天然的植物，从植物中提取美容成分来研发美容产品，比如，松茸（学名松口蘑），产于深山且不可人工培育，是极为珍贵的天然药用菌，可以生吃，生吃不仅能养颜抗衰老，还能抑制肥胖。众所周知，人体衰老不可避免，但可以延缓。在引发人体衰老的众多因素中，最大的元凶为自由基，机体内的自由基对人体细胞有氧化损害，易致细胞功能失常，降低各个器官的活性，最终加速人体衰老。研究证实，松茸能增强体内抗氧化物的活性，强化抗氧化防御系统清除自由基的能力，维持体内自由基的平衡，或者直接清除体内过量的自由基，降低机体细胞的过氧化程度，从而延缓机体因氧化损伤所引起的衰老。在影响肤色的因素中，黑色素起着决定性的作用，研究发现，松茸中的松茸多糖能够抑制合成黑色素的关键酶——酪氨酸酶，通过干预黑色素沉积的发生过程，来实现养颜。松茸出众的抗衰老养颜功效，有助于女性延缓衰老、美容美白，在国外已广泛应用于化妆品、保健品等领域，多个化妆品厂家已用松茸作为原料，开发出了深受消费者青睐的产品。法国的Sisley成功从松茸中提取松茸多糖，开发出抗皱驻颜霜，到目前为止已在全球销售4200多万瓶；美国的PerriconeMD以松茸为唯一成分，开发了口服滋补品"松茸萃取片"，经常服用可让身体和肌肤都达到最佳状态；国内商家凡茜也开发了"凡茜松茸精华液"，其养颜美白效果受到大众好评。

八、美容产品设计开发的要求

1. 新产品的设计要确保关注顾客需求

首先建立一个高质量的信息渠道，它使目标市场上的顾客和产品开发者可以直接沟通。该思想建立在这样一个假设之上：那些直接控制产品细节的人，包括工程师和工业设计师，必须与顾客相互沟通并体验产品的使用环节。没有直接的体验，不可能正确地做出技术权衡，也不可能找到解决顾客需求的创新办法，开发团队将永远开发不出能充分满足顾客需求的产品。因此要对顾客进行深入调查，常见的产品开发顾客调查方法如下。

(1) 访谈法。一个或多个开发团队成员与单个顾客讨论顾客需求。访谈通常在顾客处进行，一般持续30～60分钟或者更久。在访谈过程中可以向顾客提一些有帮助的问题或说一些引导性的话语。

① 你在何时及为何使用这种产品？
② 给我们演示一下如何使用这种产品好吗？
③ 你喜欢现有产品的什么地方？
④ 你不喜欢现有产品的什么地方？
⑤ 当购买产品时，你考虑了哪些问题？
⑥ 你希望对产品做哪些改进？

(2) 焦点小组。主持人组织一个由8～12个顾客组成的小组进行长时间的讨论。焦点小组通常安排在一个装有双面镜的特殊房间里，该双面镜使得一些开发团队的成员可以观察该小组,讨论的过程通常会被录像。在大多数情况下,主持人是专业的市场研究人员,开发团队成员有时也可作为主持人。一般来说,这种方式要付给参与者适当费用。

(3) 观察使用中的产品。观察顾客使用现有产品或执行一个需要新产品的工作,都可以揭示顾客需求的重要细节。在理想情况下,团队成员观察在实际环境中使用的产品。

以顾客为中心的产品,是通过依赖于顾客的指标来衡量的,选择的方案应该尽可能地以顾客为中心。真正了解顾客并为其提供良好服务的企业,应当持续开发适合顾客需求的产品与服务,并在整个过程中遵循 4R 原则。

① 识别(recognition):深入了解产品与服务过程中的各种机会,致力于认识与辨别机会之所在、是什么样的机会、怎么获得这种机会,以便识别产品与服务中存在的大量机会,努力发现企业应当从哪里着手及如何将这些机会变现。

② 研究(research):调查与论证产品或服务怎样为顾客所消费。特别关注使用频率、习惯、客户不满产生的环节及消费群体在购买、使用直至停止使用产品或服务所涉及的时间总量,以便为改进产品与服务提供具体而有价值的参考信息,为新一轮产品与服务的研发积累资料。

③ 回应(response):针对产品或服务的具体问题,积极回应顾客的批评、意见和建议。

④ 调整(reception):以与顾客建立持久关系的方式调整观念,建立包括微博、微信在内的网络与新媒体联系桥梁,不断改善产品与服务,以增强长期关系。调整的过程实际上是一个完善产品与服务以强化同顾客之间良好关系的过程。

2. 新产品的设计要具有竞争力

在设计的概念符合现有设计要求的前提下,设计者应在关键参数的设计上赶上甚至超过竞争对手。

3. 更好的产品及工艺协调性

符合生产指标的清晰的产品评价将提高产品的制造能力,使产品与企业的生产能力相匹配。

4. 缩短产品投放时间

结构性的方法将成为设计工程师、制造工程师、工程设计者、市场营销人员和项目经理的共同语言,加快交流,减少错误。

5. 有效的集体决策

在开发团队内部,组织的理念、指导方针、成员参与的积极性及团队成员的经验都会限制方案选择过程。结构性的方法可以使决策过程基于客观的标准,从而降低武断或者个人的因素对产品概念的影响。

6. 新产品一定要进行概念测试

(1) 概念测试过程最初提出的典型问题。

① 这些可供选择的概念中哪些是可以继续进行的?

② 怎样改进概念才能更好地满足顾客的需求?

③ 大概能够卖掉多少套产品?

④ 研发是否需要继续下去?

(2) 后期测试顾客消费倾向反应

① 肯定要买。

② 应该要买。

③ 买或不买都有可能。

④ 应该不会买。
⑤ 肯定不会买。

7. 美容产品的开发概念一定符合肤质的生理特点，而不能凭空想象

例如，美白一直是护肤品工艺的热门项目，为了达到更加有效的美白效果，美容界护肤品工艺对人体肤色的形成过程进行了仔细的研究，试图完善客观评估美白产品功效的技术。一般来说，护肤品工艺减少皮肤色素的三种途径如下：抑制导致皮肤变黑的因素；加快深色皮肤的新陈代谢；抑制制造黑色素的酪氨酸酶的活性。那么，相对应的美白护理无疑要通过以下几种方式。

（1）减少黑色素生成。概念跟"预防胜于治疗"类似，利用防晒霜，使皮肤因缺少黑色素生成的刺激而变白，通常这类美白产品配方里都添加了防晒因子。

（2）加速已出现色素沉着的皮肤角质层细胞的新陈代谢。α-羟基酸及 A 醇可促进皮肤的新陈代谢，帮助消除已出现色素沉着的细胞，使皮肤更明亮，还可使不断更新的基层细胞加快生长、分裂速度，这样，黑色素细胞进入邻近细胞中的数量就会较少，皮肤就会显著变白。

（3）减少新色素的生物合成。目前市面上出售的美白产品大多通过抑制酪氨酸酶而起作用，通常此类衍生物不能兼具安全性和功效性。以对苯二酚为例，该活性成分因据称有毒而渐遭弃用。于是，近年来，新一代功能性美白产品成分——熊果素成为许多业内人士关注的焦点和开发重点，其结构是对苯二酚的葡萄糖苷，通过抑制酪氨酸酶而起作用，其刺激性及敏感性比对苯二酚小很多。使用浓度为 1%～10%，最好高于 5%。易溶于水，需添加稳定剂以避免在最终配方中变色。

九、美容产品设计开发的风险评估

风险管理是指识别、度量风险，并采取有效手段处理这些风险的过程。化妆品的新产品开发风险管理大致包括风险识别、风险评估及风险对策。其中，风险识别是风险管理的基础。美容产品的开发存在市场风险、技术风险、财务风险三大风险，具体如表 6-1 所示。

表 6-1 美容产品开发的风险

市 场 风 险	技 术 风 险	财 务 风 险
需求预测风险	技术可靠性风险	成本控制风险
产品定价风险	技术先进性风险	资金保障风险
包装设计风险	技术适用性风险	资金合理利用风险
广告促销风险	技术可替代性风险	
营销渠道风险	技术知识产权风险	
产品生命周期风险		

美容产品在开发过程中存在诸多风险，一定要谨慎评估多重风险，分析产生风险的原因，同时也要提前准备应对。

（1）市场风险。市场风险大多是产品销量差、无法推销等问题。原因是没有经过充分的市场调研，市场对此类产品呈饱和或需求量低的状态，使产品难以推销。另一个问题是产品准备时间仓促，造成产品质量不稳定，出现过敏或效果不好的现象。原因是因为企业没有具体的新产品开发流程与完善的测试系统。要想避免此类问题，可以采取以下几种方式：①了解市场，做好市场调研，内容包括了解国外新产品开发状况、市场需求等；②企业应根据本地人的皮肤,开发出引领潮流的新产品;③根据产品特性测试产品;④通过国家相关部门检验,获取检验证书;⑤配合媒体宣传,在企业内部进行专业培训,将产品推出市场。

(2) 技术风险。在国内,企业的市场人员、研发人员大多看中中草药类在中国广大消费者心中有天然、安全可靠的特质,所以许多企业都热衷于将中草药应用于化妆品中,但中草药有气味重、稳定性差等问题,导致市场上大部分中草药化妆品里的中草药有效成分添加量不够,而仅限于作为商业宣称的居多,但真正能够利用中草药产生功效的产品确实不多。在中草药化妆品研发过程中,最大的问题便是中草药有效成分的物理性能与化学性能的稳定性。虽然不同中草药提取物的提取方法及检测方法可以统一,但是由于中草药来源的不同、采收季节和采收方法的不同,其批次与批次间的细微质量也会有很大差异。在相同添加量和工艺条件下,往往会造成产品的颜色、气味不一致,甚至会造成产品失去稳定性。因此,在大多数情况下,如果要添加到起作用的量,对中草药添加剂不仅是单批内质量稳定性要求极高,对批次与批次间的质量稳定性要求也非常高。因此在解决这类问题时,需要专业化的团队与一些科研机构开展合作,共同研究。

(3) 财务风险。对此,事前应精心测算评估,在产品开发过程中根据预算严格控制成本,尽可能减少财务风险。

十、美容产品设计开发的知识产权保护

当前有很多企业具有很强的研发创新产品的能力,但与此同时却没有享受创新带来的高溢价。究其原因,关键还是在企业的知识产权保护问题上。商业的逐利性将驱使其进入一切有利可图的领域。任何一个崭露头角的、高利润的创新产品,一出现就迅速吸引竞争者的注意力。如果后进者很快复制了先发者的一切,则先发者的利润将出现极大的下滑,很快便无利可图。产品的研发一般都具有"难开发,易复制"的特点,在市场经济下,如果不对研发成果进行保护,这些成果一旦被开发出来,就很容易被别人低价获得。相反,如果企业在新产品上市之前就已经对其进行了知识产权保护,企业就拥有了独占实施的权利,这样就进入了市场竞争的良性循环。所以,一个产品是否具备盈利价值及盈利价值有多高,首要的问题是在多大程度上能够阻止竞争对手复制。

知识产权保护是防止竞争对手复制的最佳防护。若企业不重视知识产权保护将直接影响企业的发展,对于新产品的推广来说,知识产权更是关系法律风险、生存风险的双刃剑。一方面,如果知识产权保护不到位,新产品的技术就有可能被他人合法拥有;另一方面,如果盲目推广,有可能侵犯他人的知识产权,企业就要承担一定的法律责任。

企业知识产权主要包含专利权、商标权、著作权。企业应对新产品进行相应的知识产权保护,从而更有利地开拓市场。现行企业可以申请的知识产权保护有以下几点。

1. 专利权保护

专利技术产品在研发、投入、推广之前,一定要进行专利检索,避免重复开发。另外,专利是非常脆弱的知识产权,如果在开发之前没有做好专利权保护,一旦投入市场极容易被盗取,成为他人的囊中之物。因此,企业在研发、推广专利产品之前,一定要对专利技术产权申请专利保护。

2. 商标权保护

许多企业的几种甚至上百种产品同时使用一个商标,忽略了商标权的问题。除驰名商标外,我国商标实行分类保护原则,同一个名称或者近似的名称在不同类别的产品同时存在的

情形有很多,若企业在推广新产品之前忽略了商标权的问题,就很容易侵犯到他人已经拥有的商标权。因此,企业在推广新产品之前一定要考虑商标的问题,应该提早对商标进行多类别保护,若已经有其他企业拥有了在新产品类别上的商标权,该企业则需考虑为该商品重新命名,避免侵犯他人合法权益。

3. 著作权保护

企业对于具有独创性、可复制的产品可进行著作权保护,如文学作品、软件、绘画作品、工艺美术品等立体作品、表演作品、音像作品等,以及激光唱盘、多媒体作品等作品形式。

只有具备了潜在竞争者无论怎样都难以简单、快速复制的特性,这个产品才可能是高价值的,才真正具备高溢价的资格。

知识产权运营强调如下两点最为关键:产品难以被效仿和复制;效仿和复制的成本极其高昂。

产品中难以被效仿和复制的,必须是核心的盈利能力,而非无足轻重的细枝末节。

这样,我们会发现价格、质量、服务都不再是产品的核心盈利能力,而拥有强大的或者独有的知识产权保护才是产品的盈利能力,是超越同行的最大奥秘。所以,如果确实研发了一个创新产品,那么对产品建立强大的知识产权保护,是必须立即做,而且要保证做好的首要任务。建立强大的知识产权保护,才能做出周密的知识产权保护规划和布局。

知识产权保护是企业进行市场竞争的核心竞争力,企业应当提高知识产权保护意识,把知识产权保护纳入企业管理规划中,从而保障企业竞争的良性发展。

著名的经济学家彼得·汤姆森曾说过,设计是生意的灵魂。具有魅力的内容,则是设计的灵魂。制造香水的公司,会把更多的心思花在香水瓶的设计上,而不只是重视香水的香味。在品牌的概念里,一定要有美学的元素,还要含有为了少数消费者而展现出的匠人精神,只有这样,即使价格贵一点,消费者也会愿意接受。21世纪是以消费者为中心的时代,产品的设计不再停留于外形的美观、装饰及造型上,而是能对消费者的生活给予建议,甚至创造上。如果企业不是只追求利润,而是追求更高阶的文化生产,不仅能得到社会的支持,还能得到他人对企业的信赖。美容产品的市场需求本身就意味着消费者对美的追求,美容产品的设计与开发除了应注重产品功能外,更要注重产品的价值创造、内涵建设、文化建设,引导消费者美的生活意识和对美的追求,只有这样的产品才是经典的产品。

> **知识链接**
>
> 香奈儿夫人是时尚界的鼻祖,她最钟爱用黑色与白色进行美丽的变化,实现一种绝对的美感及完美的和谐。她留下许多对流行的看法,成为引导时代流行的直接心灵标签,她认为,美指的是内外皆美,虽然流行不断推陈出新,但是风格永远不会被淘汰。同时她深信"简单"是让美好质感呈现的最佳方式。香奈儿的经典设计包括NO.5香水、斜纹软呢、双色鞋、黑色小洋装等。

能力检测

一、简答题

1. 美容产品的开发流程是什么?

2. 如何针对消费者的需求开发美容产品？

二、案例分析

李慧良，著名化妆品研发人、中国香化协会专家委员会副主任、原上海家化技术总监，是我国改革开放后的第一代化妆品技术研发人员。

当记者问道：从事化妆品研发近30年来，您觉得开发一个合格的产品需要具备哪些要素？

李慧良回答道：有两个层面。如果简单地定义一个合格产品，那只要符合国家、行业及企业标准就可以了，这是相对较简单的事，但这样的产品只是指标符合，不一定完全符合产品包装上所描述的功效，更不一定符合消费者对产品的内心期望和对产品贴心的需求，如果都符合，这才能算是入了真正合格的范畴。进一步来说，真正达到理想合格要求的产品，无论在产品的内在部分（被使用的部分，如护肤霜的膏体），还是容器和外面的包装，消费者使用时的便捷性、可靠性与安全性，直至外观设计的视觉效果、图案、文字的表达能否充分体现产品的特质并契合消费者的心理需求，到产品的整体品质能否在所定位的产品层级与维度中更胜一筹。在这方面似乎只有具备匠人精神，只有近乎"偏执狂"型的产品研发人员与团队，才会主动地去做，才能真正做到。

产品的质量只有精益求精才能达到更高的峰值。当然对于定位于不同人群的合格的产品，其研发成本和市场价格会有高低，但有一点永远不能变：就是在产品的安全性方面，都应该符合严格的标准，而不能因为低价位产品定位相对低端的人群安全性可以低些，定位于高端人群的相对价高的产品其安全性就可以高些。这是企业与研发人员都必须遵守的基本准则。

请根据案例回答问题：

好的美容产品设计应该具备什么条件？

实训项目

美容产品策划的制订

【实训目的】

通过制订美容产品策划书让学生掌握企业开发产品的流程和方法。

【实训方式】

制订美容产品策划书。

【实训内容】

分小组根据市场需求或是新的具有美容功效的食物或药物成分开发一款美容产品。例如，可以针对防止空气污染源，包括工厂、发电厂、焚烧炉、居民和商业建筑及机动车辆的排放，对肤质的损害为概念开发一款美容产品或服务。

【实训步骤】

(1) 根据班级人数分组，选出一人担任小组长。

(2) 以小组为单位开发符合市场需求和技术需求的美容产品或服务。

(3) 编制产品服务研发计划书。

【实训要求】

产品服务研发计划书制订要求如下。

（1）符合美容市场需求发展规律。

（2）符合产品开发的技术可行性。

（3）计划书完成后，每个小组选一位代表将计划书辅以 PPT 的形式进行现场陈述。

（钱俊轩）

任务七　产品分销

学习目标
通过本任务的学习,使学生对产品分销的概念与职能有清晰的认识,了解分销渠道的类型,熟悉分销渠道的选择,能够恰当地管理分销渠道。

能力目标
能够结合产品自身特点,结合市场发展趋势和竞争因素,制订产品分销的策略规划。

知识目标
掌握:影响产品分销的因素。
熟悉:产品分销的方法。

素质目标
作为美容行业的从业人员,能清晰明辨美容行业的发展趋势,能将自己的个人发展规划和整个行业、企业的发展相结合。

案例引导

欧莱雅的产品分销

作为全球500强企业之一的法国欧莱雅集团,事业遍及130多个国家和地区,一共拥有500多个优质品牌,产品类型包括护肤防晒、护发染发、彩妆、香水、卫浴、药房专销化妆品和皮肤科疾病辅助护肤品等。欧莱雅在中国实行金字塔式品牌布局,品牌框架包括了高端、中端和低端三个部分。欧莱雅众多的品牌决定了渠道选择上的多样性,它在渠道的选择上既遵循整体原则,同时又保留各自的特点。

目前,欧莱雅在中国的品牌覆盖了化妆品的全部领域,并涵盖了大型百货商店、大卖场、超市、药房、高档专业发廊和免税店等各种销售渠道,这些渠道与其金字塔式的品牌布局相呼应,按照品牌中的高档化妆品部、活性健康化妆品部、专业美发产品部和大众化妆品部四大部门分四大销售通路进行销售。欧莱雅有效地将各个品牌整合到四大通路之中,形成了一个富有整合能力的品牌矩阵,同时,在欧莱雅四大通路整合销售的基础上,每个品牌根据不同的市场情况和不同时期作出不同的销售渠道选择,主要表现在以下方面。

(1) 高档化妆品部。高档化妆品仅供零售商,而且在零售商的选择上有极高的要求,但是,其中羽西相关产品却能拥有相对独立的经销商和批发商。

(2) 活性健康化妆品部。活性健康化妆品部的产品只在药房有售,所以通过经销商来供应药房,并且对药房的条件有相应的要求。

(3) 专业美发产品部。专业美发产品不存在经销商,由欧莱雅公司直接供给美容美发沙龙。

(4) 大众化妆品部。大众化妆品通常由经销商供应零售商,并且尽可能地扩展零售网点,一些区域内还可通过二级批发商供货。

思考:1. 欧莱雅的产品分销是怎样的?
2. 欧莱雅如何根据中国的市场及自身品牌特点制订产品分销策略?

一、产品分销概述

在西方经济学中,分销即建立销售渠道的意思。在市场营销理论中,分销渠道和市场营销渠道经常被替代使用。著名的市场营销学家菲利普·科特勒认为,市场营销渠道和分销渠道是两个不同的概念。分销渠道也称为销售渠道、分配路线、通道等,是指某种产品或服务在从生产者向消费者转移过程中取得这种产品和服务的所有权或帮助所有权转移的所有企业和个人。因此,分销渠道包括商人中间商(因为他们取得所有权)和代理中间商(因为他们帮助转移所有权),起点是制造者,中间环节是与产品所有权转移有关的各种机构,终点是最终消费者,但是不包括供应商、辅助商。市场营销渠道指的是那些配合起来生产、分销和消费某一生产者的某些货物或劳务的所有企业和个人。也就是说,一条市场营销渠道包括某种产品的供、产、销过程中所有的企业和个人,如资源供应商、生产者、商人中间商、代理中间商、辅助商(如运输企业、公共货栈、广告代理商、市场研究机构等)及最终消费者或用户等。

鉴于美容业与其他行业的不同,分销渠道也有其特殊性,它不是由单一渠道构成,而是由若干相互补充、相互配合的渠道共同形成的一个系统,即美容产品的分销是美容企业针对多个细分市场和地域市场的不同要求和特点,根据批量、等待时间、空间便利性、产品多样性、服务支持等需要,从点到线再到面形成的一个系统。

二、分销渠道的功能

分销渠道的功能在于其是连接生产者和消费者或用户的桥梁和纽带,即把商品从生产者手中转移给消费者,从而有效地解决生产与消费在空间、时间、所有权、供需数量差异及供需品种差异等方面的矛盾。分销渠道的主要功能如下。

① 调研:收集制订计划和进行交换所必需的信息。
② 促销:进行关于所供产品的说服性沟通。
③ 沟通:寻找潜在购买者并进行有效沟通。
④ 配合:所供产品符合购买者需要,包括制造、分等、装配、包装等活动。
⑤ 谈判:购买者与所有权转移者就产品价格及有关条件达成最后协议。
⑥ 物流:从事产品的运输、储存、配送。

⑦ 订购：渠道中的成员将消费者的购买意愿传递给生产者。
⑧ 融资：为补偿分销成本而取得并支付相关资金。
⑨ 风险承担：生产企业与渠道成员共同承担风险。
⑩ 付款：购买者通过银行、网络等各种方式向商家支付。

三、分销渠道的分类

分销渠道可以根据渠道层次和分销渠道宽度等分成不同类型。

（一）按分销渠道的层次来分

商品从生产者向最终购买者转移过程中，产品每经过一个直接或间接转移商品所有权的营销机构，就叫做一个中间层次。在商品分销过程中，经过的环节或层次越多，渠道越长；反之，渠道越短。

1. 零层渠道

零层渠道又称直接分销渠道，是指商品由生产者向消费者或用户转移过程中不经过任何中间环节，如上门推销、电视直销等。

2. 一层渠道

由生产者将商品供货给零售商，零售商再将商品出售给消费者。在消费者市场，通常是零售商；在产业市场，则通常是销售代理商和佣金商。

3. 二层渠道

含有二层中间环节，即生产者先将商品供应给批发商，再由批发商供应给零售商，并最终销售给消费者使用。在消费者市场，通常是批发商和零售商；在产业市场，通常是销售代理商和批发商。

4. 三层渠道

含有三层中间环节。三层渠道在跨区销售中，尤其是国际贸易中是常用的一种分销渠道。

更长的渠道较少见，因为渠道越长，将大大增加生产者控制分销过程和获得市场信息的难度，并可能导致流通过程中加价过高。

（二）按分销渠道的宽度来分

按分销渠道的宽度可以分为宽渠道和窄渠道。

分销渠道的宽度是指在企业将产品销向目标市场中，渠道中每一环节或层次使用同类型中间商数目的多少。同一层次的中间商越多则分销渠道越宽，反之越窄。而宽渠道宽度的选择及策划，与企业的营销目标和分销战略有关。通常有密集型分销、选择型分销、独家型分销三种可供选择的策略。

四、分销渠道的选择

（一）分销渠道选择的影响因素

1. 顾客特性

顾客的分布情况、地理分布情况、可接受的价格、购买兴趣、购买场所、购买频率、购买数量及对不同营销方式的敏感性等因素均会影响分销渠道的选择设计。当顾客分布面和地理分布面广、市场范围大、人数多、购买频率高、购买数量少时，生产企业适宜采取长或宽的渠道。屈臣氏在销售渠道设定中,就非常重视顾客的特性。屈臣氏高层经过多年的敏锐观察,分析市场动向,完善内部管理,调整发展战略,最终发现在日益同质化竞争的零售行业,如何锁定目标顾客至关重要。屈臣氏在调研中发现,亚洲女性相比于欧洲女性会用更多的时间进行逛街购物,她们愿意投入大量时间去寻找性价比更高的产品。屈臣氏最终将中国大陆的主要目标市场锁定在18～40岁的女性,特别是18～35岁月收入在2500元以上的时尚女性。屈臣氏认为这个年龄段的女性消费者比较注重个性,寻求新奇体验,追求时尚,愿意进行各种新的尝试。事实证明屈臣氏对于顾客特性的判断是准确的,在广州和上海,即便不是周末时间,也能看到屈臣氏门店内到处都是努力"淘宝"、购买"美丽"的年轻女性。

2. 产品特性

产品的特性不同,对分销渠道的要求也不同。一般来讲,产品单价越低,分销渠道越长;反之,分销渠道越短。例如,普通的香皂等洗漱用品的价格相对较低,多采用多级批发商,再经零售商销售给消费者,而像单价较高、有特色的产品则一般采用比较短的分销渠道,尽量不通过中间环节。对于季节性较强的商品,如防晒霜、防晒啫喱等产品,为了尽快销售出去,应考虑利用中间商来进行分销。对于技术性强又需要提供售后服务的产品,如专业的美容仪器,应采用短渠道分销,以保证制造商能与客户充分接触,并随时提供所需要的服务支持。通用的、标准化的产品不需要特殊服务的,可采用较长渠道销售。对于新产品,如果企业原有产品的营销渠道适应新产品销售的要求,本着既节约成本,又利于新产品市场推广的目的,可借用原有的渠道;如果新产品不能利用原有渠道,可考虑采用直接渠道。

3. 环境因素

宏观环境可以影响企业分销渠道的选择,如国家的政策法律、经济环境的变化都会影响企业分销渠道的选择。例如,社会经济平稳快速运行,市场供需旺盛,企业分销渠道的选择余地就比较大,而如果经济萧条,市场需求减少,企业为了提高产品的竞争力,经常会选择短渠道。另外,国家的专卖制度、进出口规定等都会影响分销渠道的选择。

4. 中间商自身条件

中间商指那些将购入的产品再销售或租赁以获取利润的厂商,如批发商、零售商、代理商和经纪人。他们创造时间、地点及所有权效用。中间商为其顾客扮演采购代理人的角色,购买各种产品来转售给顾客。因为不同类型的中间商在运输、储存、促销等方面,以及信用条件、退货特权、人员训练和送货频率等方面的不同特点和要求,也会影响分销渠道的选择。中间商的总体规模、市场范围、业务经营水平、资信能力、区域优势、经营经验、财务状况、管理水平、促销政策和技术、企业目标及综合服务能力影响着渠道的选择,这涉及生产者能否控制分销渠道及中间商是否愿意承担分销的职能。中间商的产品组合、过去的渠道经验和现行的市场营销政策也会影响渠道的选择。因而从多方面考虑制定相应的标准,才能使中间商的选择工作有序进行。例如,企业所选定的中间商必须与其所确定的目标市场一致,尽量避免选择经销竞争产品的经销商。另外还要考虑中间商的合作态度,如果制造商和中间商的合作良好,中间商就会积极主动地销售企业的产品。再者企业产品销售过程中可能需要一系列的相关服务,比如美容行业往往对综合服务能力要求较高,故分销销售需要充分考虑不同中间商的特性,对于一些技术性较强的产品,就需要选择具备相应技术能力或设备的中间商进行销售,此时就应选择综合服务能力强的中间商。

5. 经济效益

经济效益的高低与分销渠道的长短密切相关。分销渠道越短,环节越少,流通成本就越低,流通效益也就越高。但对于个别产品,只能通过增加渠道长度,才能扩展市场,扩大销路,提高收益。

(二) 分销渠道成员(中间商)的选择

1. 中间商选择的重要性

首先,中间商是渠道功能的重要承担者,中间商可以全部或部分参与分销渠道的实物流、促销流、市场信息流。一般而言,分销渠道所具有的实现产品价值及提高交易效率和效益的功能、增强企业竞争优势的功能,多数都是在中间商的积极参与下完成的。由于分销渠道是一种松散型的组织系统,各中间商具有相对的独立性,必须具有独立承担业务并与其他渠道成员通力合作的能力。

其次,不同的中间商客观上存在资源和能力的差异,认识其差异并据此选择中间商至关重要。如零售巨人沃尔玛拥有强大的计算机网络系统,当供应商与沃尔玛建立起固定关系后,供应商可通过沃尔玛的专门网络系统,随时查看自己商品的销售情况,以便科学地计划自己产品的生产。沃尔玛完善的配送体系,也有助于产品迅速到达消费者手中。

再次,中间商的合作目标和意愿各不相同,只有选择那些具有较强合作意愿的中间商,才能减少摩擦和降低风险。例如,三株公司的发展在1997年达到了鼎盛时期,销售收入为40亿元。其成功之处主要是该公司的分销模式。其分销网络,按层次分为总公司、产品营销中心、战区指挥部、子公司、分公司、工作站六级组织,销售人员高达20万人。但这些子公司、产品营销中心都不是三株公司直接投资建立的,而只是被三株公司网罗的各类中间商。由于扩张过快,中间商良莠不齐,某些中间商做大之后,另立门户、携款逃跑的事时有发生,致使三株辉煌不再。

2. 选择中间商的参考标准

中间商的选择,就是从众多的不同类型的中间商中选出适合企业渠道结构的能有效帮助完成企业分销目标的分销伙伴的过程。选择中间商(渠道成员)是确定分销渠道的最后一步,又是渠道管理的开始。对于企业来讲,在选择中间商时应慎重,因为中间商选择是否得当,直接影响到企业产品的销售,进而影响企业整体营销目标的实现。

选择中间商时,应从多方面制定相应的标准,才能使选择中间商的工作有序进行。具体选择过程可以参考以下几方面标准。

(1) 中间商综合实力的大小。

中间商综合实力的大小是企业选择中间商时需要考虑的基础因素,因为它将直接决定产品销售业绩的高低和品牌推广效果的好坏。

① 中间商开业时间的长短。长期稳定从事某种商品经营的中间商通常会积累比较丰富的专业知识和销售经验,也会拥有一批忠实的顾客,这有利于新产品迅速打入市场,同时可减少企业的培训成本。

② 中间商的发展历程及经营经验。若中间商以往经营状况不佳,很可能是由于管理不善或其他一些严重的内部原因,很难指望其因为经销了新的产品而迅速改观,因此将其纳入营销渠道的风险较大;而一贯经营业绩良好的中间商,由于经营其他同类产品时没有出现过严重的失误,同时积累了一定的经验,因此顺利达成销售目标的可能性较大,出现失误的风险也较小。当然,中间商的良好业绩很可能是通过销售竞争者品牌得来的,因此还需要进一步考察它和竞争对手的合作关系和交往历史。

③ 中间商的财务状况和资金力量。制造商通常倾向于选择资金雄厚、财务状况良好的

中间商，因为这样的中间商具备及时付款的能力，还可能在财务上向生产企业提供一些帮助，例如，分担一些销售费用、提供部分预付款或者直接向顾客提供分期付款等资金融通方式，从而有助于扩大产品销路和生产发展；反之，若中间商财务状况不佳，则拖欠货款的风险较大，甚至可能由于破产而使企业蒙受损失。

④ 中间商的综合服务能力。制造商应该根据本企业产品销售所需要的服务要求选择那些综合服务项目与服务能力相匹配的中间商。例如，生产饮用水的企业通常要求分销商具备较强的商品运输与储存能力，而IT厂商则要求分销商具备一定的行业背景和专业的售中、售后服务人员。

⑤ 中间商的产品策略。中间商承销的产品种类及其组合情况是中间商产品政策的具体体现。随着买方市场的出现和市场竞争日益激烈，企业已经无法单纯依靠产品的质量和价格优势在市场上立足，好的产品还必须配合出色的市场推广手段。因此，选择中间商时，制造商需要对其完成产品销售所能采取的市场推广政策、商品配送水平和技术实力做出全面评价，与此同时，中间商推销商品的手段和策略及推销队伍的规模和素质也应纳入考虑范围。选择时一要看中间商有多少"产品线"（即供应的来源），二要看各种经销产品的组合关系，是竞争产品还是促销产品。一般认为应该避免选用经销竞争者产品的中间商，即中间商经销的产品与本企业的产品是同类产品。若产品的竞争优势明显就可以选择出售竞争者产品的中间商。因为顾客会在对不同生产企业的产品进行客观比较后，决定购买有竞争力的产品。

⑥ 中间商经营机制的好坏和管理水平。一个企业经营机制的好坏和管理水平的高低直接决定了企业经营效率的高低和执行合约的力度，制造商可以从中间商所采取的企业制度形式、组织结构、激励机制及控制系统的完善程度来判断中间商承担销售任务的能力。

虽然中间商的实力是渠道选择必须考虑的重要因素，但从渠道控制的角度讲，中间商越大往往越难管理，反而会导致渠道失控。因此，要想建立起长久稳固的渠道，渠道选择时应将中间商是否具有良好的合作意愿作为基本条件。

（2）中间商的预期合作程度。

中间商的预期合作程度是指企业自身的价值观和对制造商的认同程度。如果制造商和中间商的合作良好，中间商就会积极主动地销售企业的产品。

① 战略目标及经营理念的一致性。中间商必须完全认同制造商的发展目标、产品品牌及企业理念，才能积极主动地为制造商推销产品，碰到问题时也会相互理解，从而成为企业长期的忠诚伙伴。

② 中间商的合作精神及企业文化。企业文化决定了企业的价值观、思维方式和行为习惯，只有在企业文化的形成中努力倡导合作精神的中间商，才可能为达成渠道目标而共同努力。

（3）中间商的市场及产品覆盖面。

① 中间商的地理位置。企业所选定的中间商必须与其所确定的目标市场一致。零售中间商最理想的地理位置应该是本企业产品的目标顾客常到之处，属于顾客的活动范围；而选择批发中间商的地理位置则要考虑其是否有利于产品的批量储存、分销和运输，因此周边交通状况与基础配套设施非常重要。例如，屈臣氏将目标顾客锁定为18～40岁的女性，考虑到这个阶段的女性有较强的消费能力，但时间紧张，不太喜欢去大卖场或大超市购物，追求舒适的购物环境，所以屈臣氏在选址方面也颇为讲究。繁华的地段是屈臣氏的首选，如有大量客流的街道或是大商场、机场、车站及白领集中的写字楼等地方。

② 中间商的经营范围和业态。随着零售形式的不断创新，零售商业中出现了多种经营

业态,如超级市场、仓储式商场、百货商场、便利店等,不同业态的经营内容均有侧重,且分别对应不同的销售手段和市场定位。它们会影响商品的分销范围和数量,同时影响商品定位。

③ 中间商经营的产品结构。选择中间商时要考虑中间商承销的产品种类及其组合情况,最好在产品细分的基础上避免选用经销竞争者产品的中间商。因为如果同类竞争产品摆放在一起,会使顾客做出直接比较和选择,可能会影响企业产品销量;同时,这类中间商由于进货途径较广,讨价还价能力相应较强,企业很难要求其对自己的产品高度忠诚,从而增加了渠道的不稳定因素。

④ 中间商的专业知识。许多中间商被规模巨大、有名牌产品的企业选中,往往是因为其对销售某种产品有专业经验。选择对企业产品销售有专业经验的中间商,可以利用其已有的行业市场积累很快地打开产品销路,同时可以省去对中间商进行专业培训的成本和时间。因此,企业应根据所生产产品的具体专业特征选择有丰富经验的中间商。

(4) 中间商的信誉。

渠道成员间的诚实守信是整个渠道健康、稳定发展的前提条件。对中间商的选择、培训及渠道成员间的相互磨合是一个需要耗费大量成本和时间的过程,而其中任何一个成员背信弃义、追逐一己私利的行为都可能使所有的努力毁于一旦。因此,要想维持渠道的稳定和长期发展,对中间商诚信度的考察也成为渠道成员选择的重要指标。

① 中间商的资金信用度。考察中间商有无资本运作的不良记录,以及与其他企业合作时资金往来的信用程度等是避免合作中资金风险的有效途径。

② 中间商的业界美誉度。由于渠道管理的特殊性,企业总是期望与实力雄厚、有良好口碑的中间商进行合作,这不仅是因为这样的中间商值得信赖,不会为了一点眼前利益破坏渠道规则,而且企业还可以利用中间商的良好形象获取顾客的信任,促进产品的销售。

知识链接

中间商评选标准

20世纪50年代初,布伦德尔设计了渠道成员评选的问题表,作为企业评选中间商的标准。

1. 中间商是否真的对我们的产品感兴趣?
2. 它的实力如何?
3. 它在企业目标顾客群体中声誉如何?
4. 它在供应商中信誉怎样?
5. 它是否富于开拓精神?
6. 它同时经销哪些其他的产品?
7. 它的财务状况如何?
8. 它经营某类产品的能力如何?
9. 它的规模如何?
10. 它要求货物清单必须准确清晰吗?
11. 它的消费群体是哪些?
12. 哪些人群对它所出售的商品从不过问?
13. 它认为价格需要保持稳定吗?

14. 它过去5年的销售业绩怎样?
15. 它的业务员销售区域有多大?
16. 它的业务员经过培训吗?
17. 它的外勤人员有多少?
18. 它的内勤人员有多少?
19. 它的团队精神、销售培训及促销活动怎样?
20. 经销企业的产品,它能提供什么优惠条件?

3. 选择中间商的实施方法

(1) 评分法。

对拟选择作为合作伙伴的中间商,分别就其所具备商品分销的各项能力和条件进行打分评价,同时根据不同因素对分销渠道功能建设的重要程度分别赋予一定的权数,然后计算每个中间商的总加权得分,从中选择得分较高者。此法主要适用于一些较小范围地区的市场,为了建立精选的渠道网络而选择理想的中间商(表7-1)。

表7-1 用加权评分法选择中间商

评价因素	权数	中间商1		中间商2		中间商3	
		打分	加权分	打分	加权分	打分	加权分
地理位置	0.20	85	17.00	70	14.00	80	16.00
经营规模	0.15	70	10.50	80	12.00	85	12.75
顾客流量	0.15	90	13.50	85	12.75	90	13.50
市场声望	0.10	75	7.50	80	8.00	85	8.50
合作精神	0.15	80	12.00	90	13.50	75	11.25
信息沟通	0.05	80	4.00	60	3.00	75	3.75
货款结算	0.20	65	13.00	75	15.00	60	12.00
总分	1.00	545	77.50	540	78.25	550	77.75

(2) 销售量分析法。

通过实地考察候选中间商的顾客流量和销售情况,并分析其近年来销售额水平及变化趋势,在此基础上,对有关分销商实际能够承担的分销能力(尤其是可能达到的销售量水平)进行估计和评价,据此选择最佳候选人的方法。

(3) 销售费用分析法。

渠道管理和运作需要付出一定的成本和费用,主要包括分担市场开拓费用、让利促销费用、由于货款延迟支付而带来的收益损失、谈判和监督履约的费用等。这些费用构成了销售费用或流通费用,它减少了企业的净收益。常用的销售费用分析方法有以下三种。

① 总销售费用比较法。估算各个候选人作为分销渠道成员在执行分销功能过程中的销售费用。通常选择费用最低的中间商。

② 单位商品(单位销售额)销售费用比较法。把销售量与销售费用两个因素联系起来综合评价,就是将中间商的预期总销售费用与该中间商能够实现的商品销售量(或销售额)的比值,即单位商品(单位销售额)销售费用进行比较,选出比值最低者作为分销渠道成员。

③ 费用效率分析法。以销售业绩与销售费用的比值作为评价依据来选择最佳中间商。与前者不同的是,此方法采用的比值是某中间商能够实现的销售业绩(销售量或者销售额)除以该中间商总销售费用,称为费用效率,即费用效率=某分销商的总销售额(或总销售量)/该分销商的总销售费用。

费用效率是单位商品销售费用的倒数。也可以进行本量利综合分析,这需要利用盈亏平衡分析原理和曲线图。

案例引导

山东济南的九阳公司

山东济南的九阳公司成立于1993年,是一家定位于专业生产厨房小家电的民营企业。1994年推出第一台豆浆机,1995年以设办事处的形式开发市场,1996年改为地区独家经销制。目前公司拥有450名一级经销商,营销网络覆盖全国270多个地级城市、2000个县级城市,拥有20000多个零售终端。

其选择中间商的标准如下。
① 对公司和产品有认同感、有敬业精神。
② 市场开发能力强。
③ 有一定实力。
④ 经营范围与公司一致。

五、分销渠道的管理

分销渠道的管理要解决分销渠道中存在的矛盾,规定中间商的条件和责任,提高中间商的满意度和积极性,促进渠道协调性,提高分销效率。

(一) 规定中间商的条件和责任

(1) 价格政策。制定中间商认为公平合理的价格目录和折扣标准。

(2) 销售条件。给中间商提供付款条件和制造商的保证。一般制造商都对提前付款的中间商给予现金折扣,对产品质量作出保证,同时也向分销商承诺给予降价的特殊保证,该举措可以使分销商解除后顾之忧,促使其大量采购。

(3) 地区权力划分。中间商希望了解制造商的市场区域划分,以及其在每一区域内的授权情况。他们希望自己所在的授权区域内的销售业绩得到制造商的承认,不管这些业绩是否是其努力的结果。

(4) 责任划分。制造商与渠道成员间应有清楚明确的责任划分,特别是对特许经营和独家分销。

(二) 中间商冲突的管理与促进中间商合作

一定的中间商冲突能产生建设性的作用,它可以作为销售环境的动力。当然,更多的冲突是失调的而且具有破坏性。冲突管理的问题不在于是否应该消除这种冲突,而在于如何更好地管理冲突。

（1）构筑共同目标。通过构筑中间商之间的共同目标可以避免冲突事件的发生，中间商可以通过某种方式签订一个明确共同基本目标的协议，其内容可能包括生存、市场份额、高品质或客户满意。

（2）在两个或两个以上的渠道层次上互换人员。在渠道一体化的情况下，渠道成员之间通过互派人员来加强沟通。经过互换人员，一方的人员就能更多地接触另一方的观点并加深相互的理解。

（3）合作。其包括相互参加咨询委员会和董事会等。加强合作对一个组织赢得另一个组织领导的支持是有效的，后者会感到其观点被另一方所倾听。一旦倡导合作的组织认真对待另一组织的领导，该合作就会减少冲突。但前者如果想赢得对方支持的话，也会在其政策和计划的妥协上付出代价。

（4）贸易协会之间的联合，如商品采用通用产品条形码。

当冲突是长期性的或比较尖锐时，冲突各方必须通过协商或仲裁解决。协商是一方人员与对方人员面对面解决冲突。两方人员或多或少地因共同工作产生共识以避免冲突尖锐化。调解意味着由一位经验丰富的中立的第三方根据双方的利益进行调停。仲裁是双方同意把纠纷交给第三方（一个或更多的仲裁员），并接受他们的仲裁决定。

（三）激励中间商

随着市场竞争的不断加剧，渠道优势已经成为企业必不可少的竞争优势。确定了市场营销渠道后，为了保证渠道效益的发挥，充分调动渠道成员的积极性，只有通过不断激励渠道成员，提高其分销能力和忠诚度，企业才能建立起一个长期导向、高效的伙伴型分销系统，获得渠道优势。激励方式包括直接激励和间接激励。激励中间商使其有良好表现，必须了解个别中间商的需要及其心理。从制造商的角度看，中间商的问题主要在于：一方面只强调某一特定品牌，推销员对于产品相关知识的了解过于浅薄，不能充分利用供应商的广告资料；另一方面疏忽非中间商产品组合的那部分顾客，不重视某些特定品牌的销售，不能准确地保存销售记录。

然而，这些从企业角度出发看到的缺点，如果换成中间商的观点就容易理解。而中间商认为自己是独立机构，自定政策不应受他人干涉，畅销的产品都是顾客愿意买的，不一定是制造商叫他卖的，所以制造商若不给中间商特别奖励，中间商不会保存销售各种品牌的记录。所以制造商必须要考虑中间商的利益，通过协调进行有效的控制。

有些西方学者曾建议通过以下方式来了解中间商。第一，中间商并非受雇于制造商以形成分销连锁中的一环，而是一个独立单位，他们经过一些实践后，安于某种经营方式，执行实现自己目标所必需的职能，在自己可以自由决定的范围内制定自己的政策。第二，中间商经常将担任其顾客的采购代理人作为主要工作，其次才是供应商的销售代理人，他们都有兴趣出售顾客愿意购买的任何商品。第三，中间商试图销售所有商品组成的相关的产品组合。其销售努力在于取得该产品组合的订单，而非单项物品的订单。第四，除非给予奖励，中间商不会为所销售的品牌保存相关销售记录。那些可供产品开发、定价、包装及促销规划使用的信息，经常被中间商未标准化的记录所掩盖，甚至有意对供应商加以隐瞒。

1. 给中间商返利

返利是通过物质或者金钱奖励来肯定中间商在销售量及市场规范操作方面所取得的成绩，是对中间商的一种直接激励。从评判标准上来分类，可以将返利分为销量返利和过程返利两种。销量返利是指根据中间商销量的大小来确定返利的比率。中间商销量越大,返利的比率就越高。其目的在于鼓励中间商尽可能多地销售产品,并且较大限度地提升中间商在销售过程中的积极性。在产品销售初期,作用较明显,在提高市场占有率及品牌知名度方面较为有效,但随着竞争的日益激烈,产品的销售进入发展期和成熟期时,销量返利行为可能会导致中间商的窜货、乱价等现象。过程返利政策主要是指依据企业所处的阶段不同,对中间商在营销过程中的管理投入等指标进行综合评定来确定返利标准,主要包括销售量、铺货率、安全库存保有量、区域销售政策的遵守、专销程度、配送效率和付款及时性等。这种现象与销量返利相比,则表现为过程返利涉及的激励内容会更全面。其特点为既可以提高分销商的利润、扩大销售,又能防止中间商的不规范运作和短期行为,有助于渠道的长久发展。

2. 提供各种补贴

中间商在市场推广过程中付出的艰辛和努力,通过奖励等措施加以补贴,如广告费用、商铺陈列、产品演示等相关补贴。提供各种补贴既提升了各类中间商的积极性,同时也加大了产品市场推广度。中间商提供的服务是铺货,根据铺货的目标及完成情况,可适当提供铺货的服务费。以铺货商店为基数,以销售方法和结果为衡量方法的铺货服务体系,具有公开、透明与公正的特点。这样,中间商的支配权较大,除了能够支付铺货人员的工资外,其剩余部分中间商可自主支配,增加了所销售商品的灵活性和运转性。通过提供的铺货补贴,中间商在开辟第二财源时,既能增加其收入,又能明确其角色和定位,从而确定其发展方向。

3. 设置奖金

奖金的设置是对为企业发展做出突出贡献的中间商提供奖励机制。例如,开拓奖,主要用于奖励在开拓市场方面做出巨大贡献的中间商;合作奖,主要用于奖励与企业在推广新产品、市场推广和产品服务等方面全力合作的中间商;信息奖,主要用于奖励为企业提供了重要产品、市场和顾客信息的中间商。企业设置的这一系列奖金既提高了渠道成员的积极性,又使中间商不再局限于销售产品,而且能够主动为企业的发展献计献策。

4. 为中间商提供资金支持

对生产企业而言,中间商的资金实力非常有限,对付款条件也较为关注。所以,生产商应通过对中间商诚信度的调查,针对此类渠道成员的需要适当放宽付款方式的限制。一般情况下,生产商可以采用以下方式进行。例如,采用售后付款或先付部分贷款等方式,待产品出售后再付清全部,这样解决中间商资金不足等困难。但是这只适用于一般品牌产品的生产商,或是市场竞争激烈的产品生产商,对于名牌产品及供不应求产品的生产商而言,通常都采取提货即付的方式,这样可以减少资金难以收回的风险。同时企业也可以按照提取一定比例的销售利润,通过设置销售基金,向资金困难但诚信度高的中间商提供资金贷款等形式,帮助中间商解决资金困难。以柯达为例,在销售过程中,向彩扩店小业主提供技术培训的同时,也通过自己的努力,解决了千百家彩扩店的贷款资金问题,从而建立了"命运共同体"式的通路。虽然物质激励是渠道成员的重要激励措施,同时也能调动渠道成员较高的积极性,若使用不当也会导致渠道的价格混乱、管理失控等局面。因此,企业应充分了解中间商的实际需要情况,这样才能建立起长远、稳定与伙伴式的渠道关系,从而可以有针对性地使用各种直接激励政策。

5. 开展促销活动

企业在推广产品时采用广告宣传很受中间商的青睐和欢迎,不仅广告宣传费用可由企业负担,同时也可要求中间商合理分担部分费用。在销售过程中企业应经常派人前往主要的中间商处协助安排商品的陈列、产品展览和操作表演等,这样既锻炼了推销人员,也可协助中间商搞好经营管理,从而提高了营销效果,具体措施主要表现为以下几点。

(1) 中间商参与企业的战略制订及业务管理工作。这样不仅能使企业直接获得顾客的信息,还能使中间商有被重视和"主人翁"的感觉,同时也可以最大限度地调动中间商的积极性。联想就是很好的例子,为了保证"大联想"机制的健全和计划的不断推进,联想建立了一系列的监督和保障机制,从而成立了专门的"大联想"顾问委员会,其从代理商中推选了近50家的代表作为顾问,代表顾问分布在全国各地,都是当地的佼佼者。"大联想"渠道中的一些重要问题、前瞻性问题和有待解决的问题都会在顾问委员会中讨论。除此之外,联想每个季度都要进行中间商意见调查和反馈机制。

(2) 扩大与中间商的合作范围。企业在管理过程中适当授权给中间商,能够赋予中间商独家经营权或其他一些特权。这样中间商有了被重视的感觉,不仅满足了中间商的成就感,也增加了其责任感,在与企业合作方面得到了良好的循环发展。企业也可以将同中间商的合作拓展到一些其他的领域,例如共同研究和开发、市场开发、产品推广、售后服务活动等,这样不仅提高了产品和服务的质量,扩大了品牌的知名度,也增强中间商的忠诚度,使中间商能够与企业更好地合作,甚至形成生死相关的关系。

(3) 辅助渠道成员共同成长。中间商在产品销售过程中遇到的问题和困难,生产企业都应帮助其解决,这样能使中间商提高销售效率,进而提高整个渠道系统的效率。

① 对渠道成员进行专业性、全方位的培训,如企业文化培训、管理培训、产品培训、行业培训、销售及维修人员培训等。这样不仅提高中间商的经营能力,也可使渠道的经营能力不断提高。

② 帮助中间商提高管理水平。对生产企业来说,管理水平比较落后,会影响整个分销渠道的效率。企业可以通过帮助中间商管理客户网来增强其销售管理工作。例如帮助中间商建立客户档案,根据销售量将客户分为不同等级,并指导中间商根据等级不同采取相应的支持方式,从而更好地服务顾客,提高顾客的忠诚度。生产企业也可以帮助中间商进行零售终端管理,帮助铺货、产品陈列、库存管理及举行促销活动等。通过定期拜访,及时了解中间商的困难并帮助其解决。

③ 提供技术支持和信息支持。生产企业可将先进管理技术与中间商分享,如企业的信息管理、物流管理和库存管理等,从而提高中间商的信息沟通和商品的配送效率,进而提高整个渠道系统的效率。同时,企业也可进行以下的尝试:将所获得的市场信息及时反馈给中间商,使其心中有数;将自己的生产状况和生产计划告诉中间商,为中间商合理安排销售计划提供相关依据。飞利浦(中国)公司就十分重视对中间商的培训,同中间商共同发展。飞利浦认为,对中间商的培训是一种隐性的市场投资,也是一种有效的激励方式。飞利浦工程专业照明部在中国共分为七个销售区域,每个区域的培训都计划得比较详细,主要是针对每个地区的经济水平、城市发展、产品使用习惯和消费能力来制订的。特别强调的是,在每年的飞利浦调研中都会了解中间商的具体需求。针对批发类中间商,飞利浦会安排销售技巧、产品知识及渠道管理的培训;针对照明工程中间商,飞利浦会安排工程照明的设计和产品技术运用培训。同时,该公司也鼓励中间商给公司的培训提供合理的建议和意见。飞利浦的培训主要包括新产品的介绍、应用与销售技巧的培训两大部分:前者主要内容是新产品的功能和特点、产

品的发展趋势及整个行业的发展趋势;后者主要包括销售前的准备技巧、接近顾客的技巧、进入销售主题的技巧、询问与倾听的技巧、撰写建议书的技巧及最后达成交易的技巧等。通过培训,不仅提高了中间商综合素质,也对中间商有很大的激励作用。

(4) 提供情报。市场情报是开展市场营销活动的重要依据。企业应将相关市场信息及时传递给中间商,使其获得相应的市场情报。为此,企业必须定期或不定期地邀请中间商座谈,共同研究市场动向,从而制订和扩大销售。企业通过告诉中间商生产状况及生产计划,为中间商合理安排销售提借强有力的依据。

(5) 与中间商结成长期的伙伴关系。一方面,企业要研究目标市场上产品供应、市场开发、账务要求、技术服务和市场情报等方面的情况,同时还要根据实际可能,与中间商共同议定销售情况、制订相关措施,并签订相应协议。另一方面,可进一步加强在组织方面与中间商的合作,把生产与销售的各个环节充分结合,建立一个有计划的、内行管理的纵向联合销售系统,生产企业可设立中间商关系计划部,使之与中间商共同规划销售目标、存货水平、商品陈列、培训员工计划及广告宣传计划,能使中间商作为一个精明的纵向联合销售系统的一员,从中获取比较高的利润。

能力检测

选择题(每题的备选项中,只有一个最佳答案)

1. 短渠道的好处是( )。
A. 产品上市速度快 B. 节省流通费用
C. 市场信息反馈快 D. 产品市场渗透能力强、覆盖面广
E. 有利于杜绝假冒伪劣产品

2. 中间商处在( )。
A. 生产者与生产者之间 B. 消费者与消费者之间
C. 生产者与消费者之间 D. 批发商与零售商之间
E. 以上均是

3. 长渠道的优点是( )。
A. 信息通畅 B. 企业能集中精力组织生产
C. 价格加成小 D. 与中间商关系密切
E. 以上均是

4. 短渠道的优点是( )。
A. 信息通畅 B. 企业能集中精力组织生产
C. 与中间商关系密切 D. 价格加成小
E. 以上均是

5. 价格越高,渠道就越( )越好;价格越低,渠道就越( )越好。
A. 短 长 B. 长 短 C. 宽 窄
D. 窄 宽 E. 以上均不对

实训项目

产品分销渠道的制订

【实训目的】
通过制订产品分销渠道计划书,让学生掌握影响分销渠道制订的因素及中间商的选择。

【实训方式】
制订产品分销渠道计划书。

【实训内容】
设定一种护肤品,分小组对市场进行调查,为其制订合适的分销渠道。

【实训步骤】
(1) 根据班级人数分组,选出一人担任小组长。
(2) 以小组为单位对所在城市美容市场进行资料收集和分析。
(3) 选定多家中间商进行深入了解和调查。
(4) 结合产品自身特点及市场状况,制订分销渠道。

【实训要求】
(1) 符合产品分销渠道的原则和依据。
(2) 符合产品自身特点和销售优势。
(3) 符合产品分销的制订原则。
(4) 计划书完成后,每个小组选一位代表将计划书辅以 PPT 的形式进行现场陈述。

(魏永鸽)

任务八　产品的终端门店销售

学习目标

通过本任务的学习,使学生对终端门店选址的方法及原则有清晰的认识,掌握其相关的概念、原则和方法。

能力目标

能够结合具体情况拟订调查计划和制订调查表,进行终端门店的选址。

知识目标

掌握:终端门店选址的方法、原则及因素。

熟悉:美容门店管理的职能和方法。

素质目标

作为美容行业的从业人员,能清晰明辨美容行业的发展趋势,能将自己的个人发展规划和整个行业、企业的发展相结合。

 案例引导

推销技巧

一个乡下来的小伙子去应聘城里"世界最大"的"应有尽有"百货公司的销售员。老板问他:"你以前做过销售员吗?"他回答说:"我以前是村里挨家挨户推销的小贩。"老板喜欢他的机灵:"你明天可以来上班了,到下班的时候,我会来看一下。"

一天的时间对于这个乡下来的小伙子来说太长了,而且还有些难熬。但是年轻人还是熬到了5点。快下班时,老板问他:"今天做了多少买卖?""1单。"年轻人回答。"只有1单?"老板很吃惊地说,"你这么少?销售员一天基本上可以完成20到30单生意呢。你卖了多少钱?""300,000美元。"年轻人回答道。"你怎么卖到那么多钱的?"目瞪口呆、半晌才回过神来的老板问道。乡下来的小伙子回答道:"是这样的,一个男士进来买东西,我先卖给他一个小号的鱼钩,然后中号的鱼钩,最后大号的鱼钩。接着,我卖给他小号的鱼线、中号的鱼线,最后是大号的鱼线。我问他上哪儿钓鱼,他说海边。我建议他买条船,所以我带他到卖船的专柜,卖给他长20英尺、有两个发动机的纵帆船。然后他说他的大众牌汽车可能拖不动这么大的船。我于是带他去汽车销售区,卖给他一辆丰田新款豪华型'巡洋舰'。"老板后退两步,几乎难以置信地问道:"一个顾客仅仅来买个鱼钩,你就能卖给他这么多东西?"乡下来的小伙子回答道:"不是的,他是来给他妻子买卫生棉的。我就告诉他:'你的周末算是毁了,干吗不去钓鱼呢?'"

思考:乡下来的小伙子为什么能顺利卖出那么多东西呢?

推销技巧:第一个重点是"你要给顾客一个什么样的印象?"例如,当顾客谈到你的时候,他会说:"这个人很忠厚老实,这个人值得信赖。"或是"这个人很礼貌,这个人介绍的产品很棒,这个人的态度很好,这个人的穿着一流,这个人非常讨人喜欢。"你要事先把你想要给顾客的印象设计出来,写在一张白纸上,每天反复看,并且问自己:每天可以做哪些事情来符合这样的一个印象?如此顾客提到你的时候,大部分会说好的事情,而不是不好的事情。这样的良好印象就可能会使顾客大量辗转介绍,使其他顾客主动上门。第二个重点是必须了解谁是你的顾客。很多时候不是每一种产品都适合每一个人,不是说推销世界最棒的产品,就一定会成功。例如,有人说"劳斯莱斯是全世界最棒的车",可是如果这个顾客只是一个家庭主妇或只是带小孩子去上课的母亲,她可能不需要劳斯莱斯,即使它是最好的车。所以每一个产品都有它的顾客,你必须很明确地了解谁是你的顾客,尤其是谁是你理想的顾客。

一、终端门店选址

美容院选址要讲究天时、地利、人和,三者缺一不可。选址不是仅凭感觉就能贸然决定的,也绝不能一味贪求房租的低廉。作为美容院的经营管理者不仅需要考虑开店的时机,还需要注重开店的地理位置,以及周围的客源分布情况等。

(一)美容院选址应该综合考虑的因素

1. 开店定位

在美容院选址的问题上,首选需要考虑的是美容院自身的定位问题,包括美容院档次定位、消费人群定位等。只有对开店有整体的规划,才能选择真正适合自己的店面地址。如果定位高端美容院,那么对店铺的面积及周围环境要有很高的要求;如果定位的是中低端美容院,那么面积大概七十平方米,交通比较方便快捷即可。同时,店面的定位,对后续开店的预算、目标顾客群体及竞争状况等都有很大的影响,因此,开店定位是选址成功的关键。

2. 了解周围环境

美容院的服务对象是人,充足的客源是美容院长期发展的基本保障,而客源主要来自邻近的社区,因此需要了解以下问题。

① 以美容院为中心的五公里范围以内有哪些小区?小区的档次如何?

② 小区里的居民是以年轻人、中年人还是老年人为主?

③ 小区里居民的职业主要是什么?居民的生活方式怎样?

④ 居民的消费水平如何?

⑤ 居民是怎样度过他们的空暇时间的?

除此以外,对与居民生活有关的情况都要尽可能地多去了解。这些问题的答案能提供许多制订决策的重要信息。

3. 资金预算

充足的资金是投资美容院的最基本保障,如果没有充足的资金作后盾,开店终将成为泡影。在开店之前根据自己的资金能力来选择适当的店面位置。毕竟,店面租金是资金投入的一大部分,如果因为选择店面的位置和大小为后期带来沉重的资金压力而影响后续开店的进程是最可惜的。

4. 了解客流情况

美容院与其他行业店铺相比具有一定的特殊性,因为美容院的生存不仅要依赖老顾客,流动顾客也是相当重要的。美容院的选址原则上一定要选取客流量大、生意繁华的地段。但应注意:选择顾客多的地方而不是过客多的地方。就像长途汽车站,人虽多,但是来去匆匆,一般不会有人光顾美容院。

5. 同行密集区

俗语说"同行密集客自来",这是有一定道理的。同行密集的区域可以形成一个大的行业市场,使顾客慕名而来,但此时对服务经营管理的要求就会更高,只有突出的经营特色,才能在同行密集区脱颖而出,成为行业的佼佼者,形成综合的服务效能,获取最大的经济效益。

6. 分析竞争状况

美容行业越来越受到关注,投资开美容院逐渐成为最受欢迎的投资项目,美容院数量激增,使得美容行业竞争日趋激烈,新开的美容院相比老牌的美容院来说肯定是不具备竞争优势的。因此,就要认真分析目标地域的竞争对手及其经营状况。

① 这个地区是否已经有多少家美容院?
② 美容服务市场饱和了吗?
③ 有没有市场空隙?
④ 是否拥有与其他美容院竞争的优势?

一般来说,在同一个区域往往存在很多的竞争者,很少有被垄断的美容市场。筹划开设美容院时必须先了解自己所面临的竞争者,分析竞争者的弱点与优点,以便学习其优点,避开其弱点。若能将对手的"弱点"转化成自己的特色,竞争实力将会大大增强。

7. 交通状况

虽然美容院越来越多,但相对而言,美容院顾客都是消费能力非常强的顾客,驱车去消费很常见。所以就要求美容院在选择地理位置时,注重顾客的消费体验,尽量选择在路况较好的地方经营,周边最好设有停车场。

8. 借助外力

进行美容院选址时也可以借助些外力,例如,开在知名店的旁边,就可以借助旁边的知名店的名气将顾客吸引过来,这样可以积攒一定的知晓度,如果正好和旁边店销售的物品上有互补关系就更好,这样美容院 开始就有初步的消费群体了。

(二)美容院选址应注意的问题

1. 杜绝二手房东

在租门面的时候,不要找二手房东,尽可能找店面最原始的房东签约。因为很多人为了赚二手钱,将店租了又转租,倘若租了这样的店面,不但费用高,而且以后续约也比较麻烦。

2. 慎租便宜门店

有些人就喜欢贪小便宜,看到店面便宜,生怕错过这么好的机会,没有想过比市面上正常价格便宜那么多的原因。这点一定要注意,不要图便宜,世上没有免费的午餐,便宜的背后大多有猫腻，也许是店面产权或者店面的债务有问题，还有就是短期内有拆迁的可能。

3. 切莫选过堂店

过堂店就是别人从你的店里穿过，就像抄小道一样。这样的店往往会被顾客认为是一个通道，而忽略此店是个美容院，是开门做生意的店。另外，过往行人太多，不仅会影响正常的顾客，还存在安全隐患，既影响店里的业绩还易造成美容院商品的丢失。

4. 不要开在打折店的周围

如果你的店经营的是有品质的产品，千万别选在打折店的周围，会影响整个店的定位。俗话说，物以类聚，人以群分。消费氛围也是如此，一旦在打折店的周围经营，顾客就会同等看待，一旦形成气候，再好的产品、再高端的服务，也会受牵连。

5. 店面方位

美容院的方位非常重要，朝向、户型都是关键。选择正确的方位有利于以后更好的发展。

二、门店产品系列

1. 主要美容设备

根据美容院常设的美容项目，美容设备包括皮肤检测仪、离子喷雾机、高频率电疗仪、阴阳电离子仪、真空吸管电疗仪、磨刷帚及多功能的综合美容仪等。

2. 美容辅助设备

供顾客躺卧、接受护理的美容床和与之配套的床罩、毛巾被、一次性小毛巾和包头用的长毛巾，供美容师坐的美容凳及化妆镜台，用来放置操作时需用的护肤用品及有关用具的美容小车。

3. 主要美发设备

美容院必备的美发设备包括吹风机（大风机）、剪子、削刀及各类梳子等。

4. 美发辅助设备

美发椅、美发镜台、美发工具车等。

5. 供水设备

冷、热水供应设备，以供顾客及时清洗或清洗护理用具；还要准备蒸馏水，供离子喷雾仪及调配护肤品时使用。

6. 清洗、消毒设备

因为毛巾、工具和器皿要经常清洗、及时消毒，因此要配备洗衣机、消毒蒸气箱及紫外线消毒柜。

7. 视听设备

良好的视听设备能使顾客精神放松，以最佳的状态接受护理。

此外，还需准备供顾客等候的沙发、杂志、摆设等。

三、门店管理

管理是一种对某一明确、切实的目标有意识、有计划的组织活动。在这个管理活动中始终贯穿着一个动态的协调过程。这个协调过程既要协调组织内外各种管理要素的活动，更要协调人与人的利益关系。同时，为达到管理目标的更高层次还需要创新活动。企业管理是指人们为了达到某一共同目标在企业内进行的有意识、有组织的指挥、协调和创新活动。

美容企业管理就是对美容企业所拥有的人力资源、财力资源、物资资源和信息资源进行有效的计划、组织、指挥、控制和创新,用最有效的方法去实现其经营目标,以提高效率、提高质量,达到最佳经济效益。

管理学是一门实用的学科而不是纯理论学科,管理学是以探讨管理活动的一般规律为宗旨,它的研究对象是一定组织中的管理者及其管理活动。由于管理活动主要强调协调人与人之间的关系,因此管理艺术的应用也越来越具有浓厚的人际色彩。在美容企业中,不仅有管理者与企业员工之间的关系,更主要的是企业员工与消费者之间的关系,管理者、员工共同瞄准的对象是人——顾客。就美容行业来说,要维系一批较稳定的顾客,俗称"回头客",是争取业务量的一项重要工作。在前面已讲到在为顾客服务的过程中,服务质量包括技术服务与周全服务态度,员工处理与顾客良好的人际关系是争取客源量的一种手段。经理起协助调节的作用。所以,美容行业管理的艺术与策略也更显灵活、变通与新颖。管理艺术已经成为经营成功的主要因素。

（一）企业管理的职能

企业管理的职能主要包括计划职能、组织职能、指挥职能、控制职能、协调职能。

1. 计划职能

计划职能是对企业的各项经济活动进行规划和安排,包括组织的宗旨、方针政策、规章的制定及目标程序、预算等的制订和实施等,它是企业管理的首要职能。

计划的制订一般有以下过程。

（1）筹建一个新企业时,可以向自己提出如下问题。

① 为什么这样做？原因与目的是什么？

② 市场需要什么？我的长处是什么,能做什么？

③ 怎样做？形式、方法和手段有哪些？

④ 发展规划、目标是什么？

在作出开办企业的决定后,应着手制订计划。首先分析自己的能力和财力,再根据市场预测寻找市场,确定地点、服务档次,制订组织计划、财务计划等。有两项计划的工作特别重要：①对市场调查、分析和研究,寻找服务层次、顾客所需服务项目,这样才能争取到客源,在市场上才有竞争力。②在确定自己经营内容、规模大小的基础上,制订经费预算计划及筹集以后在运作过程中所需的资金。

（2）在企业开办后,为使企业顺利发展,必须有自己的经营计划。一般来说,小企业发展都要经过三个阶段：起始运作阶段、发展阶段和成熟阶段。

起始运作阶段是创业最艰苦的阶段。为达到盈亏平衡,创业者往往要艰苦奋斗。为争取客源,一方面坚持优质服务,另一方面做大量宣传和营销活动,例如,通过一系列营销手段和宣传,使人们意识到这个企业的存在,并有试一试的欲望。创业阶段往往需要半年到一年甚至更长时间,这一时期的各种宣传计划、促销计划、人员培训计划是创业的重点。

在客源量逐渐壮大,有了一批较稳定的顾客后,企业便进入了发展阶段。在发展阶段,不仅要珍惜、巩固初级创业成果,还要积极探索企业发展方向。这时面临的问题是：能否有能力发展新项目？怎样才能提高现有服务质量？员工分工是否合理性？能否降低成本？发型、款式、质量能否跟上时代的潮流？

随着生产的发展,市场竞争也日益激烈,企业面临许多需要解决的问题,企业要制订相应的发展计划,例如,要强化技术力量,应制订提高培训、跟踪培训计划有助于企业的发展和竞争。

企业管理者在制订计划时更需要的是分析和判断方面的知识和能力,如果企业没有经营计划而是让其自由发展,这就难免会失败。没有计划就不能做到有目的地发展,不了解顾客的需要怎能争取到客源呢?因此,企业的筹建、发展一刻也离不开计划。

2. 组织职能

组织职能是指管理者为了实现企业目标而对各种要素和人们在经济活动中的相互关系进行组合、配置的活动。企业通过计划职能所形成的目标和方案需要企业全体员工共同完成,同时有效的组织可以使美容企业各部门、各环节互相衔接、协调一致,使企业的人力、物力、财力实现最佳组合,取得最大的组合效益,实现企业目标。

组织职能的内容包括以下方面。

(1) 建立组织规划图表,明确企业内部机构的设置、管理层次的划分及实现组织目标相关的工作及其主要负责人。明确上下级、同级之间的领导或协作关系,职责分明,信息互通,才能使整个企业形成一个协调运转的整体。

(2) 具体分析企业人力资源。在合理开发和使用人力资源上,只有具体分析每一项工作和发掘企业中具备相应素质能力的人员,才能根据工作的需要和个人的具体情况进行分工,人尽其才,充分发挥他们的积极性。同时,通过分析才能发现企业本身还缺少哪方面的专门知识的人才,通过引进或临时雇用、兼职等方法来解决。

3. 指挥职能

指挥职能是指管理者凭借权力和权威,对管理对象下达计划、发出指令,以有效地调度、引导和推动下级实现计划的活动。指挥按一定的组织层次自上而下地发出指示,使下级在执行任务前就明确指示的内容。在企业活动中可能出现偏离目标的现象,管理者应及时给予必要的指示调节,以促进经营管理活动的顺利进行。

指挥职能的内容包括以下方面。

(1) 指挥的统一性、明确性。为保证企业整个经营管理活动协调一致、有条不紊地进行,应自上而下地统一指挥。同一个下级在同一个时间只能对一个上级负责,而不能多头指挥,使下级无所适从。指挥要求指令简明、准确,便于下级理解、执行。

(2) 指挥的示范性。管理者每天的工作必须都达到"最佳化"的程度,不但要言教,更要以身作则。这种指挥是无声的,要求员工在工作时认真对待每一项工作、尽心尽职。这种上行下效的作用是难以估量的。

(3) 指挥的强制性与艺术性。指挥是要求下级必须无条件地贯彻执行,带有一定的强制性。指挥的对象是人,这就要求管理者有高水平的领导能力,管理者应尽力帮助员工实现个人目标,创造一个和谐、团结、友好、自信的良好氛围,这是企业获得成功的一个重要方面。所以企业要获得成功就必须有一个有效的管理者来指挥。

4. 控制职能

控制就是保证自己及员工的工作和行为按照既定的计划和政策进行。控制职能就是对企业经营活动进行监督、检查和调节的全部过程,是达到预期目标必要的一种管理活动。如果没有控制,企业中的组织、计划、指挥也就无法得到保证。控制职能的内容包括预先控制、现场控制、反馈控制。

(1) 预先控制。通过预算先进行控制,对可能导致不良结果的因素采取有效措施。只有这样才能把经营计划变为现实,才能转化为企业的效益。

(2) 现场控制。一般管理者在经营过程中常常在现场监督和检查,发现问题及时解决。

现场监督和检查便于对每个员工的工作作出较正确的评价,并有利于在增加工资、提升职务或工作调配方面进行决策。

(3) 反馈控制。把执行决策目标的结果以信息形式反馈回来,把结果与预期目标进行比较,分析差异产生的原因,随后采取措施纠正偏差并及时地把有关信息及管理者的要求再传递给员工。

5. 协调职能

协调是为了达到某一目标,对组织活动的各个环节不断进行调整,使组织活动协调一致、有序进行的一种管理活动。

协调职能包括内部协调和外部协调、横向协调和纵向协调。

(1) 内部协调:由组织者直接指挥、直接控制内部各部门、各环节及组织内部人与人之间关系的协调。

(2) 外部协调:组织与其外部环境间的关系(如其他组织、公众、政府)的协调。企业对影响协调工作的许多因素是很难控制的。

(3) 横向协调:组织内外、左右之间平面式的协调。平面式协调是指组织内部同级和各部门之间的协调,以及组织同外部与其无任何领导与被领导关系的其他组织和公众之间的协调。

(4) 纵向协调:组织内外至上下的直线式协调。直线式协调指组织内部从上到下各级部门之间的协调,以及组织同外部上级主管部门和下级直属单位之间的协调。

协调是一种管理艺术和技巧,没有固定的模式和统一的原则,协调实质上就是处理好人与人之间的关系,始终做到尊重、关心和理解人。在协调过程中,在讲求原则的前提下,也要体现相应的灵活性。因为任何事物都有其普遍性和特殊性,当环境和条件发生变化时,一味地强调原则也就难以达到协调目的。因此要将原则性和灵活性结合起来。大的方面依据已有的原则进行具体解决,但有一定的灵活性。在一定程度上可采取相互让步、调和的办法,使问题得以很好的解决。

上述五个方面的职能是统一的,不是孤立存在的,但各个职能又具有相对的独立性。计划职能是确定目标;组织职能是实现目标的组织保证;控制职能是保证企业活动沿着企业预期的目标轨道顺利进行;协调职能是对变化了的客观情况及时作出反应,并进行调整。在企业经营管理的不同阶段、不同环节中,各种职能的作用程度也是不同的。这五种职能必须全面运用,并根据本企业的实际情况有所侧重,才能把企业管理好。

(二) 现代企业管理的方法

企业管理的方法就是指企业为贯彻管理思想、实现目标、进行管理活动所采取的方法或手段。

管理方法和手段是现代管理的一个重要构成要素。从管理的过程看,现代管理具有决策、计划、组织、指挥、控制、协调等多项职能。每一项职能的实现都离不开一定的方法。例如,为实现管理协调职能时必须运用科学的信息技术、调查研究方法和人际关系处理等,从而保证控制职能切合实际,符合客观规律。因而,管理方法和手段是实现管理目标的途径,任何违反客观规律的方法都会在实践中失败。企业管理方法很多,但最基本的方法为经济方法、行政方法、法律方法、教育方法。

1. 经济方法

经济方法是企业管理的主要方法,是根据经济规律的客观要求,依靠经济组织,运用经济杠杆和经济手段来管理企业的方法,是运用价值规律和物质财富形式的直接联系来组织、控制、调节和监督社会活动,以价格、成本、利润、工资、奖金、罚款等形式来调节各种不同经济利益之间的关系。其实质是贯彻物质利益原则,用符合经济规律的措施来处理各种经济关系,调动各方面的积极性。

经济方法的特点是以经济利益来指导和调节各种经济关系,不是靠行政命令的直接强制力,而是以物质利益去调动企业和员工的积极性。

在美容企业中,用经济方法管理企业是以对价值规律的认识和运用为基础,采用激励和诱导相结合的形式进行的。

第一,企业是市场的主体。美容企业在处理各方面的经济关系时,价格是价值规律的主要体现者,是反映供求关系的最有效的经济调节方式之一。在市场经济体制下,必须建立合理的价格体系及价格管理体制,它是企业进行经济核算重要的经济杠杆。

第二,要认真实行按劳分配原则。在确定劳动报酬、处理物质利益时,以贡献大小为依据,多劳多得,激励员工的工作积极性和创造性。采用经济方法管理企业有利于促进企业积极利用自身的经营条件,以提高经济效益为目标,灵活多样地开展经营活动;有利于促进职工主动从物质利益上关心企业经营成果;有利于加强经济核算,提高经济效益。

但是,经济方法并不是万能的,运用不当也会产生本位主义、个人主义。因此,实施经济方法管理企业的同时,必须与行政手段、思想政治工作结合起来,这样才有利于各种经济方法发挥作用,达到最佳的管理目的。

2. 行政方法

现代管理中的行政方法就是依靠行政组织的隶属关系,通过行政指令手段、行政程序和行政技术方法,贯彻管理思想和执行管理职能。它对管理对象不是提出建议,也不是间接地施加影响,而是直接指挥和控制。运用行政指令手段表现为以下五个方面。

第一,强制性。即上级下达的命令必须坚决执行。

第二,直接性。行政指令手段是以直接方式对管理对象发挥作用,对横向关系一般无约束性。

第三,明确性。行政指令必须明确、具体、细致,以便执行。

第四,划一性。行政指令统一目标,统一行动,具有一致性,以保证管理的统一。

第五,灵活性。行政指令手段在某种程度上可由上级管理者根据下级不同具体情况,灵活处理和解决各种问题。

行政程序是指整个行政管理过程中所采取的工作步骤。"计划-调研-决策"是现代的宏观行政管理一般步骤,"计划-决策-执行-监督-考核-反馈"可以保证政策的正确及顺利实施。

行政管理中采用的技术方法是指在管理过程中所使用的具体方法。传统的行政技术方法如下:①通过调研认识问题方法,如"解剖麻雀""开诸葛亮会""走马观花"和"下马观花"等方法;②通过实践解决问题方法,如"蹲点""抓主要矛盾""统筹兼顾""抓两头带中间"等方法。现代的行政管理方法是以现代数学、信息论、经济学、财会学、社会学、心理学、计算机科学等与管理学密切相关的学科为基础而形成的一整套行政管理方法。

3. 法律方法

法律方法就是把企业管理中比较稳定、比较成熟、带有规律性的经验用立法的形式规定下来,用以调整企业之间及企业内部的经济关系,以保证企业管理的各种经济政策、经济制度、经济方法的实施。企业在经营管理过程中经常会碰到由于各种原因引起的经济纠纷,要使这些经济纠纷得到迅速、公正、准确的解决,在教育方法、行政方法失效的时候,只有通过法律程序来解决。经济立法的目的在于用法律明确规定各种利益关系,做到有章可循、有法可依,对违背法律所规定的经济行为加以制裁。在法律面前,不论职位高低,凡触及法律,给国家、企业和个人造成经济损失的都将受到有关法律规定的制裁。法律是防止某些人利用职权破坏国家、企业和个人利益的有效手段。经济方法及教育方法都不具有这种强制性。法律方法能够面对整个管理系统并采取相应措施,如追返原物、赔偿损失、没收财产、罚款直至依法惩处。

法律手段建立并完善了市场经济管理机制,保证了市场经济秩序稳定,使市场经济得以顺利发展。

4. 教育方法

现代管理对人的精神因素的重视成为普遍趋势。教育方法就是采取多种形式对员工进行教育、培养和训练,提高员工的政治素质和业务素质。在美容企业管理中,要对员工进行党的路线、方针、政策的宣传和共产主义理想教育,爱国主义、集体主义教育,民主法制和纪律的教育,要针对各种错误思想、落后的意识形态和思潮展开思想工作。对员工在政治、工作、生活、家庭、社会等方面面临的困难和问题及时做好疏导工作,使每一位员工能全身心地关心企业,愉快地工作、生活。要加强对专业知识及相关学科的培训,使每一位员工能熟练操作技能,并掌握新的技巧,赶超先进技术水平。只有在经营管理中运用教育方法提高员工的素质,才能使经济方法、行政方法、法律方法收到更大的成效。

能力检测

简答题

1. 市场营销观念是怎样产生的?
2. 市场营销的功能有哪些?
3. 企业与顾客关系的生命周期是怎样的?
4. 销售产品的技巧有哪些?

实训项目

终端销售技巧训练

【实训目的】

熟悉终端门店的销售技巧。

【实训方式】

模拟销售训练。

【实训内容】

分组训练,两人一组,一人为店里导购员,一人为顾客,顾客可分多种类型进行模拟销售训练。

【实训步骤】

(1) 2人一组分配角色。

(2) 进行情境模拟练习。

(3) 老师和学生共同点评总结。

(4) 撰写实训总结。

【实训要求】

扮演顾客的同学要求以不同的购买心理来模拟。

（黄丽娃）

任务九 产品导购与促销

学习目标

通过本任务的学习,使学生在对美容产品正确认识的基础上,增加关于导购与促销的相关知识,同时掌握在美容产品销售方面的技巧,以及相应的概念、原则和方法。

能力目标

运用所学的基本专业知识,结合美容企业的自身特点,分析顾客的需求,制订相应的导购与促销计划,得到顾客的满意与认可。

知识目标

掌握:美容企业销售管理的目的、方法和技巧。

熟悉:美容企业产品销售的内容、步骤和方法。

素质目标

竞争压力的不断攀升,使得美容从业人员必须具有自己的规划和战略部署。同时还要结合现有的产品特性进行合理的分析与研究,从而使整个产业链变得完整有序。

案例引导

欧莱雅化妆品推销策划

巴黎欧莱雅集团是世界著名的化妆品生产厂商,历经近一个世纪的努力,从一个小型家庭企业跃居为世界化妆品行业的领头羊。截至目前,生产的化妆品畅销全世界,深受广大爱美人士的欢迎和信赖。其中巴黎欧莱雅是欧莱雅集团里知名度最高、历史最为悠久的大众化妆品品牌之一。作为全球最大的化妆品集团,欧莱雅在近一个世纪的历程里,不断以满足世界各国人民对美的追求而不停地奋斗。1997年欧莱雅正式来到中国。到了2011年,是欧莱雅进入中国市场的第14个年头,而如何使欧莱雅化妆品成为中国爱美人士的首选品牌,也成为其推销策划的重点。

一、市场营销环境分析

(一) 市场营销环境分析

1. 宏观环境分析

(1) 政治环境。欧莱雅工厂生产的产品中94%获得ISO 9001/2000认证。它的品质体系能够确保其在全球所有工厂实施相同的严格标准。内部审核及外部审核都对产品品质实施严格的监督。欧莱雅同时监督生产流程过程中的每一步骤,包括原材料的接收、制造和包装流程,以及成品发送前的库存管理。

欧莱雅以保障消费者的安全为己任。基于对消费者安全的高度重视,该集团对所有新产品和成分都要实施严格的安全测试。欧莱雅认真对待产品安全,并通过集团毒物学和医疗专家团队与科学界的密切合作,从而保障了所有产品的安全性能和效果。同时,欧莱雅也要求集团产品在其销售的国家中必须达到或超过当地政府制定的所有安全法律规定标准。正因如此,欧莱雅始终坚持在全球范围内生产和经销安全、高效的美容产品,并因此赢得了消费者的青睐。

(2) 经济环境。改革开放后,中国经济快速增长,人民的生活大大改善,形成一种潜在的消费力量,因此中国的化妆品市场变得日益庞大。当中国加入WTO后,形成了一个很好的发展契机,由此外国的知名化妆品公司纷纷把目光投向了中国,随之而来的是大中城市化妆品品牌竞争日趋激烈,中高档品牌市场进一步扩大,名牌产品在市场的集合程度空前高涨,高档品牌市场占有份额和市场占有率快速提升。欧莱雅为了抢占市场份额,一方面在设计方面下功夫,继续保持产品的高质、独特、领先和丰富的文化内涵;另一方面,实施市场定位策略,不放过任何一个细分市场。欧莱雅将进入中国的品牌定位于中高档,其中包括高档产品和大众产品等类型。同时欧莱雅收购小护士和羽西等两大国内知名品牌,以小护士为例,其本身的知名度在低端市场比较高,仅次于玉兰油和大宝,而且小护士走的是低价路线,在国产品牌中是一个具有竞争力的产品品牌,拥有了小护士的辅助,欧莱雅在扩展中低端市场方面得到了很大的支持。

(3) 技术环境。在各行业中,能够在市场上屹立不倒的是拥有高品质产品的商家。同时高品质主要来源于高的技术和好的原料。巴黎欧莱雅成功的秘密是拥有雄厚的科研力量。在过去十几年里,欧莱雅用于研究和发展的费用高达32亿美元。这些研究使欧莱雅每3年更新近50%的生产线,平均每年申请300项专利。

2. 竞争对手分析

目前欧莱雅集团在中国的主要竞争对手也是国际名牌化妆品,主要有雅诗兰黛、倩碧、资生堂等。这些品牌在国内都具有极高的知名度、美誉度和超群的市场表现。目前国内的化妆品市场竞争极其惨烈,不时有品牌从市场上消失或者被其他公司吞并。为此,各化妆品公司无不如履薄冰,不敢大意。

3. 消费者行为分析

随着国民经济的迅速增长,人们生活水平不断提高,化妆品(护肤品)市场也得以迅猛发展,各大商场、超市出现了专门的化妆品(护肤品)销售区,各种品牌的化妆品(护肤品)专柜和专卖店也纷纷登台。由于性别的差异,人们对化妆品(护肤品)的认知使用也存在显著的差异,男性化妆品(护肤品)虽然前景乐观,但市场份额的占有量很小,处于市场导入期。年龄和收入是消费者选择护肤品时的重要依据,我们可以将护肤品市场划分成中高端市场和低端市场两部分。

(1) 中高端市场。中高端市场以价格较高的产品为主,中高收入的中青年女性为主要的消费者。

① 单身贵族:美容品牌消费的绝对主力,如高学历高收入金领人群,追求健康生活、高尚情调的人群等,他们的年龄大都为20~35岁,所具有的共同特点为文化素质高、充满自信,物质生活富足,具有旺盛的精力和创新精神。

② 贵妇:美容品牌的忠实消费者,年龄为25~50岁,家庭地位尊贵,生活奢华,精力充沛,她们品位高、优雅,追求年轻美丽和高贵生活,注重服务品质。

③ 白领丽人:美容品牌的尝试者,年龄为20~30岁,收入不菲,但压力大,追求美丽时尚和高品质生活,不具备长期美容品牌消费能力,关心促销优惠活动。

④ 有钱有闲族:美容品牌的潜在消费者,年龄为20~40岁,物质基础厚实,工作清闲或无需工作,具备高消费能力,注重品位,讲究实惠有效。

(2) 低端市场。低端市场基本上是低收入或无收入的人群在购买。

(二) SWOT 分析

1. 优势

(1) 产品品牌形象好,知名度高,品牌价值高。欧莱雅的产品品牌在消费者心目中已经深入人心,其良好的品牌形象、优质的产品质量一直受到中高档消费群体的欢迎。

(2) 产品质量及研发技能强。在产品的原料采购、加工制造、储运各环节的质量控制较为严格。欧莱雅集团在中国建有自己的研究中心,其研发能力对比宝洁、联合利华和资生堂等日化企业一直保持领先的地位。

(3) 客户管理及服务质量好。拥有大量的消费者,在服务方面积累了丰富的经验,尤其在专柜服务质量方面形象好、覆盖面广,为消费者提供了很好的硬件支持。

(4) 营销网络分布范围较广。欧莱雅目前的营销网络分布范围较广,主要分为百货、卖场、超市、日化店、药店、发廊。由于欧莱雅进入大众市场较晚,所以欧莱雅只在中高档市场中处于强势地位。

(5) 实行多品牌战略。占用较多的货架面积从而增加企业产品被消费者选购的概率。这样有助于满足不同的消费需求,从而获取这一群体的信赖和对品牌的忠诚,同时也提升了企业的品牌竞争力,降低了企业的风险,防止将企业的美誉度维系在一个品牌的成败上。

2. 劣势

(1) 企业产品品牌形象不能与企业品牌形象有效结合。由于欧莱雅集团的品牌大多数是通过收购而得来的,而每个品牌又都保持着各自特有的文化,如美宝莲代表美国式文化、欧莱雅代表欧洲式文化。并且欧莱雅集团的每个品牌都是独立宣传,在企业形象方面缺乏统一指挥,会使消费者出现张冠李戴的现象,这样对欧莱雅集团的企业形象比较模糊。所以,欧莱雅的品牌形象在总体塑造方面有一定的欠缺,需要进行有效的整合。

(2) 管理体制的不完善。新的管理体系、运营机制不够完善,组织与外部的关系还有待提高。相对于宝洁公司而言,管理体制除了统一指挥和领导外,各地区都能自主地针对竞争状况做出及时调整。

(3) 市场份额不足。对于欧莱雅而言,其市场份额主要取决于大众化的市场份额,但欧莱雅对大众化的市场份额目前还很小。

(4) 多品牌战略的负面效应。多品牌战略带来众多好处的同时,也伴随着成本的增加和营销组合的复杂化,使得多品牌战略在市场运作中的复杂性大大增加,常出现品牌间的重叠、侵蚀或各品牌对象市场的范围缩小等现象。

3. 机遇

(1) 经济环境。随着经济的发展和人民生活水平的不断提高,人们的需求与生活观念发生重大转变。据权威部门的调查数据显示,中国化妆品行业的销售量在过去 10 年内以平均每年 25% 的速度递增。

(2) 技术环境。市场对一个产品、一个企业的评判最基本的标准是产品的质量,就是企业能不能开发生产出高品质的产品。提高产品质量的唯一出路是增加科技含量。随着科技的发展,先进产品在中国消费者中逐渐建立起了自己的市场。凭借着雄厚的科研力量,欧莱雅可以创造出其独特的品质,树立经久不衰的品牌形象。

4. 威胁

行业壁垒也称进入障碍,是指影响新进入者进入现有行业的因素,是新进入者必须克服的障碍。在高端定位下,竞争对手众多,当初欧莱雅投放中国的化妆品价格并不特别"大众化"。然而,中国市场大而多元化,消费梯度很多,塔基部分的比例大。在中国,更大的市场是属于"大众化"的,要想取得成功,必争之地必须在大众市场。

(三)推销策划目标

通过推销策划,要达到以下目标。

(1) 提高在消费者中的品牌知名度,达到在消费者购买欧莱雅的产品时,不仅熟识产品,更能在见到其他产品时想到欧莱雅。

(2) 提高欧莱雅的销售额和利润。

(3) 取得竞争优势,扩大欧莱雅的品牌影响力。

(4) 提高消费者满意度,扩大消费者群体。

(四)目标市场与市场定位

消费者确定了欧莱雅的需求,根据金字塔理论,欧莱雅的品牌框架包括了高端、中端和低端三个部分。

1. 年轻消费者消费心理

在年轻人的眼中,不需要特定的品牌,只要是有清洁作用的和美容功效的化妆品都属于他们的考虑范围。年轻消费者热衷于时尚,电视广告及网络广告上的化妆品都可以引起他们的兴趣。在购买场所上,部分年轻人会选择传统方式在超市和化妆品专卖店购买,还有一部分年轻人选择在网上购买。

2. 中年消费者消费心理

中年消费者购买化妆品的主要场所在化妆品专营店。中年消费者对于品牌的忠诚度已经相当深刻,想要他们改变很难,所以质量、性价比高是化妆品受欢迎的决定因素。

3. 老年消费者消费心理

大部分老年人对于化妆品的需求很低,但还有部分老年人追求年轻、追求美的观念越来越强烈,也已经开始用高质量的化妆品。

(五)营销 4P 策略

在市场营销组合观念中,4P 分别是产品(product)、价格(price)、渠道(place)、促销(promotion)。

1. 产品策略

覆盖范围广、种类多而精,使得顾客的选择具有较大的灵活性。通过多种形式与顾客交流,为顾客提供个性化的服务。依据年龄和兴趣爱好为他们推荐适合的化妆品,使顾客满意。

2. 价格策略

欧莱雅是全球著名品牌,拥有高端的科技和设备,欧莱雅化妆品通过旗下不同的品牌针对不同的消费者实施不同的价格策略,这样可以吸引各层次的消费者。

3. 促销策略

顶级品牌、二线品牌主要是在高档百货商场进行人员现场推销;三线或三线品牌以下、特殊需求产品等主要是以广告、大杂志为广告媒介,向目标消费群体有针对性地进行新产品推广;以电视剧内容合作为主要形式与消费者进行尝试沟通,不仅将品牌气质融入剧中人物设计中,还可通过故事情节与消费者沟通产品特性。

4. 渠道策略

顶级品牌、二线品牌选择在高档百货商场销售;三线或三线品牌以下选择在高档超市销售;特殊需求产品选择在高档超市、药房经销;香水品牌选择在高档的百货商场销售。

(六)行动方案实施

在推销方案实施之前,可以通过广告及公关策略来增加化妆品的知名度,使推销策划更好地实施。广告方面可以通过高档的时尚类杂志、电视、网络来实施。目前网络广告的市场发挥效用显得越来越重要,成为传统四大媒体(电视、广播、报纸、杂志)之后的第五大媒体。

二、美容需求分析

(一)美容顾客的心理分析

1. 顾客的美容消费心理

女性生理构造与心理情感比较复杂,在消费动机与行为上具有更多的不可捉摸性。男性相对比较理性,消费行为强调产品的物理属性。女性的消费欲望多受直观感觉、购买环境气氛的影响,容易产生购买行为。例如,当女性消费者走进美容院,偶然看见美容师正在进行美容示范,化妆品的芬芳气味和护理后的效果对她们都能产生很强的吸引力,进而引发消费动机和消费行为,这种行为具有非理性和突如其来的特点,但在具体行动中,价格往往成为行为的绊脚石,即价格仍是影响消费的重要因素。不过消费者对价格的敏感程度会因情境而异。因此,美容院经营的产品和服务定位应当与自身的形象相匹配。

现代消费心理学研究表明,在品牌社会中,消费者可能从使用的品牌及对不同品牌的喜好来判断自我。每个人对自己都有明确的认知,在品牌选择上会考虑这个品牌是否适合自我形象,所购买产品是否有助于加强自我形象。因此,了解消费者的价值观有助于美容师理解她们的消费行为和心理,并引导对方消费。

2. 女性顾客美容的消费差异心理

在后消费时代,女性的消费心理既体现着传统的特征,又受到经济发展、时尚文化和主流意识的影响,上述共性认识也逐渐演变成为一种新型的情感化和个性化消费观,对某些商品获得心理满足已超过了其本身的使用价值。例如女性认为购买化妆品或做美容护理的价值就是保护皮肤的价值,从情感上来说它能够满足女性爱美及希望容颜不老的心理要求,个性化消费则代表了消费者的独特个性。以下就现代女性在美容消费上的差异化进行心理分析。

(1) 归属感。受现代传媒制造的阶层划分、生活方式的影响,部分女性总是偏向于将自己划为某种特定的阶层,并以消费高档化妆品或做定期护理来显示自己的消费层次和品位追求,试图寻求和得到该阶层的认同,从而产生一种归属感。

(2) 独特性。"上帝创造女人一张脸,女人又给自己一张脸。"言外之意就是女人有两张脸,一张是老天给予的,一张是自我期望的。很多女性心中常有一种"唯我"意识,希望自己与众不同。

(3) 攀比心。女性通常喜欢与同一层次和境况相类似的人做横向比较,总想要拥有别人所拥有的或别人所没有的,而且还要使用比别人更多更好的化妆品。而这种"想要"和"与别人相比较"的心态是永无止境的。

(4) 满足感。化妆品是一种情感型产品,在使用化妆品或接受美容护理时有时并不在意其能给自己带来立竿见影的效果,而在乎的是那种愉快与美好的自我暗示,以达到这种满足。

(5) 从众心。在商场经常看到这样的现象,一个柜台前如果围着一堆人,那么当中最多的通常是女性。但是这并不意味着女性喜欢凑热闹,只能说明女性从众心理较强,女性所在的群体和女性羡慕的群体及对某个品牌及场所的评价,能间接拉动她们消费。

(6) 安全感。女性潜意识中会把自己定性为弱势群体,因此她们要尽量避免不健康或者不安全的行为,但她们愿意尝试一切可以表现外在美的东西。也就是说,用健康的方法来规范自己的世俗欲望。另外,各类传媒高呼"女人更需要关爱"的口号,更受到广大爱美女性的推崇。

(7) 好奇心。女性天生好奇,对一些新奇或未知的事物充满着好奇心。

(8) 情绪化。多愁善感的本质决定了女性拥有一切小女人的情绪化心态。这种情绪化心态会产生一种莫名其妙的消费心理,从而做出一些疯狂举动,如大量购物、突然间购买心仪已久的昂贵商品等,或者他人对其身体某个部位不经意间的评判,都有可能引起女性顾客的某种消费行为。

在美容院的各项服务中,产品品质差异化不是很明显。真正的价格差异在于美容院的环境、店名耳熟能详的程度、产品的包装和美容师的专业程度。随意却别具匠心的装修,商品的包装及陈列的视觉感受,美容师的精神风貌、服务手段及美容师的现场示范和顾客的免费试用等,可以说都是针对情感心理而进行的。所以,美容师应该在推销情感心理的基础上,来进行产品销售和服务销售。

3. 针对差异心理的行为分析

(1) 归属感。根据消费者的消费层次的不同,以阶层的标准来赞美和恭维对方,促成她们的归属感,从而树立她们的消费信心。例如,××小姐,这是最符合像您这样的高级白领身份的一支产品,您时尚的个性就是我们的品牌代言。

(2) 独特性。迎合某些女性"拥有唯一"的心理,提供"唯有我用"的诱惑,这不仅能得到很好的收益,还能通过她们向自己同伴宣传而收到免费广告的效果。例如,××小姐,我们为您调配的产品,是完全针对您个人的,是完全个性化的贵族服务。

(3) 攀比心。对存在有攀比心理的顾客采用"激将法",从现有的消费群体中选择一位背景层次与其相近的顾客作为参照物,这样更能激起对方想要消费的心理。例如,不好意思,××小姐,这支产品价格较高,所以我还是建议您再考虑下,就是××现在正在用的一支。

(4) 满足感。曾经有一位心理学家曾说过:"当心情不好时,就稍微化点妆吧,那样会使你快乐许多。"所以,美容院带给女性的满足感应该建立在感性的层面上,要富于气氛与幻想的心理状态。

（5）从众心。应该靠质优价廉的服务来吸引消费者，尽可能制造人气。

（6）安全感。针对这类顾客，美容师应当设身处地，用能引起共鸣的话题给予消费引导。

（7）好奇心。让消费者"先行动、再思考"，通过广告引导、试用、老顾客的信息回馈等一系列方式，让顾客在好奇心的驱使下做出冲动的消费选择和行动。

（8）情绪化。顾客处于情绪化状态时是美容院获取利润的大好机会，适时的关爱就能对其消费行为起到推波助澜的效果。

（二）美容顾客的需求分析

美容院服务营销的核心任务是了解、适应和满足美容顾客的需求。需求是人类所必需而又缺乏的事物在头脑中的一种反映。而美容是人们的一种特殊需求，美容顾客的需求具有以下三大特点。

1. 美容顾客需求的多样性

美容顾客各式各样，其最终目的是为获得身心愉快和满足，在美容消费中表现出的需求是多方面的和复杂的，可以从以下方面来分析。

（1）美容顾客的天然性需求。其主要包括生理需求和安全需求，生理需求是对延缓衰老、保持身体健康和身材匀称等的需求。安全需求体现在对美容产品功效如何、是否产生副作用、手术是否成功、是否会导致变丑甚至毁容的担心上。

（2）美容顾客的社会性需求。其主要包括交往和尊重两方面。顾客去做美容总希望能得到热情友好的接待，希望能与周围的人进行真诚的交往和情感的交流。

（3）美容顾客的精神性需求。其主要包括对美和艺术的追求。

2. 美容顾客需求的层次性

著名的心理学家马斯洛认为，人的需要由低到高依次为生理需要、安全需要、归属与爱的需要、尊重的需要、自我实现的需要。美容顾客的需求也有层次性，为了延缓衰老、永葆青春、解除紧张，为了提高声望、获得尊重、追求美好事物和为了好奇和求知而去美容，这些都是不同层次需求的体现。

3. 美容顾客需求的发展性

人的需求永无止境。美容顾客的需求也在不断发展，一种需求得到满足的同时另一种需求就会相应出现；低层次的需求得到一定程度满足的同时，高层次的需求就会产生。所以，美容院经营者要不断完善美容设施，更新美容设备，不断展现美容服务品质。

三、化妆品产品的定位

（一）市场分析

当今社会，企业对化妆品的研发正在紧锣密鼓地进行，各种护理、保养、彩妆等新型产品层出不穷，这也是国际化妆品市场的新方向。"绿色、自然、环保"已成为全球日化、食品等非耐用消费品业消费的主流呼声。因此，安全、无毒副作用的香料将成为我国化妆品界的新宠。另外，果蔬的美容作用越来越受到人们的认可，从日常食用的瓜果蔬菜中可以摄取人体所需要的天然微量元素，其抗衰老、润肌肤、美容美体，且经济又实惠，受到人们的青睐，同时也成为了一种时尚。尽管流行趋势异彩纷呈，对于化妆品企业来说，对消费结构必须有一个宏观准确的了解和把握。

1. 洗发、护发用品

随着生活水平的提高,人们生活观念不断更新和进步,对头发的清洗和护理已成为生活中不可缺少的部分。近几年,中国的洗发护发市场已渐趋饱和。据调查,洗发护发用品市场半数以上的消费者已形成特定的购买和使用习惯,一般会有规律地在洗发护发品牌间调换使用。

2. 纯化妆类用品

全国化妆品品牌有几千个,其中,占据该市场主要地位的是外资合资企业的名牌产品,它们总共的市场份额超过半数。目前,中国纯化妆类用品的市场还处于未饱和状态,虽然越来越多的中青年女性追逐着彩妆时尚,但大部分人还是素面朝天。另外,当今还有以下日用化妆品业的发展趋势。

(1) 儿童化妆品。不少年轻女士使用儿童化妆品。据调查显示,市场上30%的儿童化妆品被年轻女士使用。

(2) 运动型化妆品。为了展示整体美,体育运动爱好者和形体健美消费者希望运动型化妆品能够具有防止水分流失、防臭、防汗、便于携带、保湿、杀菌等特点。

(3) 男性专用化妆品。目前尚未出现旺销态势,但其市场前景及潜力应引起化妆品生产企业的注意。男性购买专用化妆品的市场环境及配套服务的改善,能够更促进中国男性专用化妆品逐步上市。

(4) 生化工程产物研发化妆品。化妆品开发的主流原料以生物制剂、生物活性提取物、天然植物添加剂为代表。消费者有祛斑、消痣、去皮肤色素等需求,基本上以中草药添加剂或天然原料成分为主。

对我国化妆品业来说,未来是挑战与希望并存。《2002CCB 中国品牌评价报告》的数据表明,我国化妆品市场正处在成长期向成熟期转变的阶段,目前仍保持着较快的发展速度。

(二) SWOT 分析

1. 优势

(1) 在家也能享受美容院般的呵护。SPA 是指一种新式的休闲美容方式,即在一个放松、休闲、享受的美妙场所,由专业美疗师提供的美疗服务。

(2) 绿色、有机概念受到推崇。消费者的生活价值,会成为化妆品公司设计产品的考量依据。对高品质的化妆品需求,是所有爱美人士共同的愿望。环保、再生、绿色、有机等字眼将会成为化妆品界的重要表述名词。

(3) 化妆品不再"重女轻男"。现代社会的男性已经开始重视面子问题,越来越多的男性,对自己的皮肤、身材、体味等给予很大的关注和投入。因此,男性的护肤品被一套套开发出来,商家们纷纷设计出简单、实用且具有现代感的男性专属护肤品。

2. 劣势

国内企业规模较小,难与国外企业竞争。目前我国国内化妆品企业仍以中小企业为主,难以形成有实力、有竞争力的集团。WTO 的加入,跨国企业让化妆品市场的竞争变得更加激烈。它们不仅在高端产品上占据优势,还在中低端市场上倚仗资本和品牌优势,通过对国内品牌的并购整合等措施,不断向国内中低端市场渗透,所以本土化妆品企业赖以为生的中低端市场渠道优势正在急剧消失。

3. 机遇

行业竞争激烈,但没有真正形成垄断,局部市场空间还很大,可以通过研发创新单品来弥补市场空缺,也可以通过个性化的服务取得代理商的信赖。

4. 威胁

价格战、促销战与赠送战愈演愈烈,导致产品的价格降低、利润下滑,从而影响了市场的正常发展。招商政策、推广策略、市场服务的千篇一律,很难引起代理商的兴趣。品牌的成功推广、市场状况的综合分析研究非常重要。企业通过分析可以看到现存的不足、机会、优势和弱势,并根据自己的目标,扬长避短,确定合理的工作计划。过度的保守悲观和膨胀自大都是导致失败的主要原因。

(三) 市场细分

小厂家的化妆产品缺乏后向整合能力,只有靠低价格优势在批发市场或市场销售。小商品批发市场信誉度不高、品牌产品少。若能通过自身的后向整合能力,采用在百货商场或药店等场所设立专柜、开设连锁店和品牌专卖店等措施,就可以在商场中取得高品质服务的专业市场销售方式。

(四) 目标市场选择

以下以男士专用化妆品市场为例进行说明。

1. 选址策略

尽可能选在交通方便、人流量大的地方,同时还要选在有地位、有身份的人经常出入的地方。

2. 目标市场与定位

男士专用化妆品的市场需求不是很强烈,尚处于导入期。我们可采用初期与短期广告战略相结合的方式,对消费者进行导入,扩大产品的知名度。

目标对象:成年男性。

年龄:25~40岁。

家庭收入:10000元左右。

教育程度:中专以上教育。

职业:高级白领、中级经理、中小型私营企业主。

用途:永葆活力、再创辉煌。

价值观:享受生活,注重品位、档次与高雅。

形象观:高贵、庄重、成熟、典雅、时尚。

3. 销售目标

前期目标是扩大知名度,引导消费者注重个人品位,拉拢老客户,发展新客户。

4. 价格策略

价格能比其他同类要高一些,这样才能显示出顾客的尊贵与品位,宗旨在于高档次、高品位、高享受。

5. 销售策略

采取多种灵活的销售模式,针对男性护理不断增加的趋势,将男士专用化妆品销售到美容院,直接推荐男性顾客使用。要有针对性地加强广告宣传,让更多顾客认识和了解男士专用化妆品,采取多种手段销售产品,也许会达到意想不到的效果。

6. 产品策略

产品组合以系列化套装为主,体现产品多功能、系列化、容易使用等特点,产品内在品质要以自然健康清新高档为主,简单、实用是男士专用化妆品的原则,也是经营化妆品的指导思想,可主要以经营国外品牌为主。

(1) 洗发护发用品、沐浴用品。根据男士专用化妆品的市场调查,绝大多数中国男士都已养成使用洗发水洗发、沐浴露或香皂沐浴等习惯。所以护发品也拥有一定的消费者,但大多数品牌都是男女混用,如果能让目标消费者使用专门的男士品牌,这一市场容量将会非常大,如提示男女有别、彰显阳刚之气等方式,把握男士的心理特点和审美观,这一决定的转换并不难。

(2) 剃须用品。男性肌肤以健康为美,剃须是男人每天的日常,但剃须时给肌肤带来危害的同时也易在剃须部位出现暗疮。因此在剃须前使用质量较好的剃须泡沫会有良好的毛孔收缩作用,使用须后水、须后蜜等,可以使肌肤柔滑并收紧松弛的皮肤。

(3) 洁面用品。洗脸是男士保养肌肤的最主要的程序,由于男士肌肤毛孔粗大、油性多、油脂分泌旺盛等特点,容易藏污纳垢,使用清洁力较强的洁面产品可以彻底洗去多余的污垢、油脂并收缩毛孔。

(4) 香水。使用香水的男性逐渐增加,不少年轻的女士也在使用古龙、伯龙等男士香水。通常男士香水以清香型和草木型为主,可以选择素馨、百合花、薰衣草、松木、麝香、柑橘、檀香等香型,要求香气雅而不俗、独特超群。

(五) 市场定位

① 消费者定位:产品适合怎样的消费群体及消费群体的特征。
② 渠道定位:品牌适合怎样的渠道运作及渠道的特征。
③ 终端定位:品牌最适合在怎样的终端形式推广及终端的特征。
④ 价格定位:品牌具体以怎样的价格销售及价格的水平。
⑤ 区域定位:品牌最适合在怎样的区域销售及区域的特征。
⑥ 品类定位:品牌达到怎样类型的产品及特征。
⑦ 包装定位:品牌要达到怎样的包装和工艺效果。
⑧ 功能定位:品牌达到怎样的功能特点及特征。

四、美容市场营销

美容顾客对美容院的评价主要包括美容院的广告部、公关部、营销部的市场沟通活动,以及美容师与顾客之间的电话交谈、电子邮件和信件的往来等,还包括顾客的口头相传及顾客所看到的。

美容院服务营销系统体现在以下几个方面。

1. 美容师

(1) 美容师作为美容院的核心,言谈举止在一定程度上代表了美容院的服务质量与水准,在美容院服务营销体系中起重要作用。顾客可通过面对面接触的方式及通信设备(电话、电子邮件等)等方式与美容师随时保持联系。

(2) 美容院服务设施和设备。主要包括标识、地理位置、外观、内部装饰和室内陈设等,同时还要有自助服务设施、停车场和其他服务设备等。

(3) 非人员沟通。在沟通方面还必须通过各种媒介搞好非人员沟通,主要包括印刷函件、广告、宣传册、产品目录、操作手册等,同时还要有美容院形象标志图样和大众传播媒介的宣传报道等。

（4）其他人员。主要包括在消费过程中及日常生活或工作中所接触的其他顾客，如亲友、同事和其他人等的口头宣传。

2. 美容院服务产品质量及特点

美容院服务产品质量是一种综合表现，主要表现为顾客对美容服务生产过程、效用感知认同度的大小及对其需求的满足程度。美容院的服务质量是一个主观范畴，与顾客的感受关系很大，主要有以下几个特点。

（1）较强的主观性。顾客对美容服务质量的感知，更多地凭主观期望、感觉和判断来定位。对于同一个美容师提供的服务，也会出现有的觉得满意，有的则不满意，服务质量的高低直接受这些主观因素的影响。

（2）美容院服务的过程质量。过程质量也称为职能质量。因服务的不可分性，所以在美容院服务的生产及其质量的形成过程中，顾客是可以高度参与和可感知的，所以美容院服务质量主要是过程的质量。在美容院服务过程中，每一个环节或每一个"真实的瞬间"，都会对整个服务质量产生决定性的影响。

（3）美容院服务整体质量。美容院服务质量的形成，需要全体成员的参与和对美容院进行全面、系统的监控和协调。全员的参与、监控和协调，意味着美容院的服务质量具有很强的整体性和系统性。

3. 美容院服务质量的评价标准

评价美容院服务质量的标准，主要有以下五个方面。

（1）感知性，主要指提供美容院服务的有形部分，如各种设施、设备和美容师的仪表等。顾客正是借助这些有形的、可见的部分来领会和把握美容院服务的实质。其中有形部分提供了有关服务质量本身的线索，同时也影响顾客对美容院服务质量的感知。

（2）可靠性，主要是指美容院准确无误地完成所承诺的美容服务。这种服务的可靠性要求避免在美容服务过程中的失误，往往顾客认可的可靠性是最重要的质量指标，它同核心服务密切相关。

（3）适应性，主要指美容院和美容师在服务上的积极反应能力，即可以随时为顾客提供快捷、有效的服务，主要包括矫正失误或改变顾客出现不便之处的能力。对与顾客提出的各项要求，能否予以及时满足，则表明美容院的服务导向，即是否把顾客利益放在第一位。

（4）保证性，主要包括美容师的友好态度与胜任能力。美容师具有较高的知识水平和专业技能及良好的服务态度，能增强顾客对美容院服务质量的可信度和安全感。同时在美容服务产品不断推陈出新的今天，顾客同知识渊博而又友好和善的美容师打交道，无疑会产生信任感。

（5）移情性，主要指美容院和美容师能设身处地为顾客着想，努力满足顾客提出的各项要求。这便要求美容师要有一种投入的精神，想顾客之所想，急顾客之所急，还要了解顾客的实际需要，千方百计满足顾客的要求，同时还要给予顾客充分的关心和相应的体贴，使美容服务过程充满人情味。

女性，正因为爱美的天性，才成为商家永远锁定的目标。如今的美容业出现了"美容生活会所"的新理念，美容院的功能已从传统的皮肤护理扩展至提供多项SPA美疗、健身美体、色彩咨询、形象设计、插花培训等专业化生活培训课程的休闲生活馆，其特点为集美容、美体、休闲、保健为一体，从而使美容院的功能呈现多元化，给会员提供一个交流的平台。在这种多功能会所，除了领略美的课程外，女性朋友所拥有的更多的则是一种自我体验与自由交流的空间。会员们在护理、休闲时可以结识朋友,拓宽商业管道。品着香浓的咖啡,享受惬意的休闲时光,对女人全面的形象塑造,美容只是其中一部分。如今的人们开始重视生活品质,因此打造优雅的精品女人成了她们的愿望,将容颜美与修饰美相结合,从提高生活情趣和品质方面着手,开设色彩咨询、女子修养学堂、举办沙龙等,请专家对白领女士、女企业主、全职太太等部分高端会员进行理财、花艺等生活培训,给她们加入能让生活更美的各种元素,同时也提供个性化的服务,不仅突出生活的主题,也提高了美容院的档次。

对销售者而言这是能力展现的最佳时刻,主要体现在以下几个方面:每一次成功的推销都不是偶然,它是集学习、计划及销售者的知识和技巧运用的结果;充分准备与现场灵感所综合出来的力量,很容易瓦解对手而获得成功;获取订单的道路是从寻找客户开始的,培养客户比眼前的销量更重要,如果不发展新顾客,销售者就不再有成功之源;了解客户并满足他们的需要。不了解客户的需求,就如同在黑暗中走路,白费力气又看不到任何结果;客户虽然没有高低之分,但却有等级之分。依客户等级确定拜访的次数和时间,可以使销售者的时间发挥出最大的效能。推销的黄金准则:你喜欢别人怎样对你,你就怎样对待别人。推销的白金准则:按人们喜欢的方式待人;让客户谈论自己。一个人谈论你,可以让你有大好的良机去挖掘共同点,建立好感并增加完成推销的机会;是为帮助客户而销售,而不是为了提成而销售,对客户的异议自己无法回答时,绝不可敷衍、欺瞒或故意反驳,必须尽可能答复,或尽快请示领导,给客户最迅捷、满意、正确的答案;当客户决定要购买时,通常会给你暗示。所以,倾听比说话更重要。

对于美容的服务团队而言要具有较强的协作力,构建诚信平台。通常供货商、品牌商、经销商和美容院是一体的,在面对消费者时,也展示自己的销售平台。如何让消费者更信任,这就需要供货商、品牌商、经销商与美容院团队协作,共同构建诚信平台。

在收费价格的标准方面没有明确的规定,明着打折优惠,暗里却通过令人触目的宣传制造天价,近期行业内把这普遍存在、备受质疑的暴利问题摆上了台面,可见一斑。目前国内很多美容院的护理产品,提供的都是一条龙"专业线"供货,产品从不对外公开宣传,那么成分、品质、价格当然也就存在着一定的隐蔽性。

因此,如何制订合理的价格机制,是亟待解决的问题。

(1)实事求是的态度是能取得顾客信任的方法。很多美容院以免费体验招揽生意,顾客免费体验完后多数被骗取好感,然后就是名不副实的开卡消费,或者是设计甜蜜陷阱诱导消费者。消费者明明为一套高级产品付了费,而得到的可能是另一套替换的低价产品。

(2)稍经训练的美容师,基本功还不扎实,就已经上阵单练,消费者难免成为其实习对象。对此,美容师的培训应有严格的标准和考核制度,通过服务,能让顾客觉得物有所值,甚至物超所值。

(3)供货商、品牌商对经销商、美容院加盟时许下的承诺不兑现,答应提供的销售策略、教育课程、产品品质、配送促销、人员服务等无影无踪。经销商加盟时承诺的销售额完成不了,或迟迟不回款,或压货,唯利是图,同时抓着几个品牌,哪家利润高就力推哪家的产品,把合同不当回事,反过来威胁供货商。这些情况都会破坏供货商与经销商之间的合作,应该有团体意识才能使合作顺利进行。

五、推销、销售、营销、促销、直销、传销的关系

在产品的导购与促销上,我们更要注重说话的技巧运用,在销售的过程中必须要区分推

销、销售、营销、促销、直销、传销的内涵与意义，这样在销售的过程中才不会出错。

（一）推销

推销是促进商品销售的一种专业活动，发生在各大经济领域中，主要是企业为挖掘潜在客户所作出的行为。销售的途径是通过说服一个人或一群人去购买产品或享受服务的过程，它是指一个生产物品或提供服务的社会组织向社会各界消费者推广货物销路的活动。相当于拿着产品去说服客户并认同它的作用，从而促使这项活动的顺利进行并成交。在这样的过程中，主要的工作是讲解和演示。

（二）销售

销售是一种经营顾客关系以便让组织与其利益关系人受益的一种组织功能与程序，其途径是创造、沟通与传送价值给顾客。这种过程的结果是通过帮助有需要的人，使他们得到所需要的东西。销售与推销的区别在于可以通过任何一种方式把产品向客户进行销售，这里突出的是最终的目的性，即成交。

（三）营销

营销是一门能够获取利润的学科，主要阐述企业如何发现、创造和交付价值以满足一定目标市场的需求。营销学知识可用来辨识未被满足的需要，定义、量度目标市场的规模和利润潜力，从而找到最适合企业进入的市场细分和适合该细分的市场供给品。营销在真正意义上为市场营销。在某种意义上讲，就是在谈论该战略持有什么样的最终目标和最终战略实施情况，同时谈论这种市场营销应该为当事人做些什么。从公司角度来讲，市场营销的职能就是保证客户和消费者共同成为销售的中心环节，另外，还有另一职能便是指导如何进行决策的执行。

（四）促销

促销主要是通过说服或吸引消费者购买其产品，以达到扩大销售量的目的。其过程为营销者向消费者传递有关本产品的各种信息，这一过程主要体现在以下几个方面。

(1) 促销本身是一种说服性的沟通活动，其要素是信息说服与沟通。

(2) 促销的本质是通过沟通赢得消费者的信任，激发需求并最终促进购买与消费。

(3) 促销的作用是通过传递信息和提供情报，并增加需求，用说服的方式产生购买行为，其特点为突出和树立形象和造成"偏爱"、稳定销售，并最终抢占对手市场份额、扩大销售的数量。

（五）直销

直销主要是直接从顾客处接收订单，直销是以面对面且非定点的方式销售商品和服务。按世界直销联盟的定义，直销的过程特点是绕过了传统批发商或零售通路，生产厂家的产品通过专卖店或直接由营销人员把产品销售给最终用户，在此过程中并给予一定服务，其特点是直销员在固定营业场所之外直接向最终消费者推销产品。在我国，直销是直接与目标客户沟通，以达到实践消费的营销活动，是制造商在向公众进行一定诉求。直销与传统的市场营销相比，更强调与顾客建立并维持良好的关系，一个最根本的区别就是前者能使直销人员和顾客之间建立起直接的联系，只有这样，直销人员才能了解每一位顾客的偏好和购买习惯，通过努力创造一个稳定的、经常购买的消费者群体，更有针对性地开展营销活动。为了吸引顾客购买并且促使他们建立对自己品牌的信任和忠诚度，直销人员总是将营销手段变得更加人性化。

直销具有一种独一无二的功能,它的服务提高了产品的附加值,就是能将单一的产品销售转变成一种综合的服务和一种令人满意的享受。例如,一家原来采用传统零售方式的书店,如果采取邮购的形式就变成了一个书社,不仅能满足消费者单纯购买图书的需要,而且还能给消费者提供精神服务。其实,仅仅提供一些简单的服务,例如送货上门、免费咨询等,就能使传统销售方式中单纯的售卖产品带点服务的性质。

传统广告传递的是与产品和服务有关的信息,实际的销售活动要在广告播出一段时期后,在另外的场所发生,如通过零售店销售或通过人员推销进行销售等。但直销就是将广告活动和销售活动统一,进行广告的同时也销售商品。例如,直接邮购中,消费者收到邮购的广告后,就能用信用卡付款的方式,直接通过电话购买广告上宣传的产品,而无须再到其他场所及零售店购买。

各种研究表明,直销能够刺激消费者立刻查询或订货,消费者大部分购买行为属于有计划的购买。直销人员深知,顾客不会被动地待在家中等着广告的到来。所以,直销人员总是集中全力刺激消费者的无计划购买或冲动型购买,为消费者的立即反应提供一切尽可能的方便。传统广告的目的在于树立产品或品牌的形象引起消费者的注意。当消费者准备购买该类产品时,就会倾向于选择有广告宣传的产品或品牌。然而,传统的广告主必须等几个月甚至几年才能看到广告的最终效果。直销与传统市场营销相比,前者具有效果反馈的功能。消费者通过回复电话等方式进行查询、订货或付款,这样,相关信息就反馈到销售者手中,而每个直销活动的效果就很容易评判了。

(六) 传销

传销是一种非法行为,是扰乱经济秩序、影响社会稳定的行为。组织者或者经营者通过对被发展人员以其直接或者间接发展的人员数量或者销售业绩为依据计算和给付报酬的过程,该过程以要求被发展人员通过交纳一定费用为条件所取得加入资格等方式牟取非法利益为特点。传销的明显特征为传销的商品价格严重背离商品本身的实际价值,有的传销商品使用价值和服务项目纯属虚构;另外参加人员所获得的收益并非来源于销售产品或服务等所得的合理利润,而是他人加入时所交纳的费用。传销与直销的区别在于,传销的产品大多是一些三无品牌,属于质次价高的商品,而直销的商品大都为一些著名的品牌,在国内外有一定的认知度。传销要求推销员加入时上线要收取下线的商品押金,一般以购物或资金形式收取"入门费"。传销的营销管理很混乱,上线推销员是通过欺骗下线推销员来获取自己的利益。采用"复式计酬"方式,即销售报酬并非仅仅来自商品利润本身,而是按发展传销人员的"人头"计算提成。其根本目的是无限制地发展下线,千方百计通过扩大下线来赚钱。

产品的终端销售为推销的起点,而市场为营销的起点,包括市场调查与分析、消费者需求分析、市场细分与定位、产品设计等,在生产、定价、渠道、铺货、人员推销、广告促销、反馈、公关、客户管理、再分析设计等过程中,是一个循环管理过程。推销是营销的一种策略,但是营销的目的就是要使推销成为多余,因为推销是一种观念,是一种只能通过产品的特性来开展销售的策略。

世界著名的推销专家戈德曼认为,推销就是要使顾客深信购买的产品是会得到某些好处。日本"推销之神"原一平的座右铭如下:推销就是热情,就是战斗,就是勤奋地工作,就是忍耐,就是执着地追求,就是时间的魔鬼,就是勇气。推销的技巧在于具有不怕受挫的精神,敢于尝试新的方式,打破常规,在言辞上要取得消费者的信赖,并能够运用相关的知识和言语使消费者信得过产品。推销和营销的不同点体现在以下四个方面。

（1）重心不同。产品为推销的重心，主要是从企业角度考虑，其中心工作就是推销现有的产品，而较少考虑消费者是否需要这些产品。而消费者为营销的重心，从企业角度考虑的中心工作是满足消费者的需要。

（2）出发点不同。企业为推销的出发点，市场为营销的出发点。

（3）方法不同。推销的方法主要是为了加强销售活动，如倾力推销、强行推销等；而营销是产品、定价、分销、促销、公关等要素的有机结合，采用的是最佳的营销组合活动。

（4）目标不同。推销考虑的是企业的长期行为，其目标是通过满足消费者的需要来获得盈利。

六、化妆品导购技巧与导购培训

为了使所销售的产品受到广大消费者的喜爱，在产品的导购过程中需要对销售人员进行定期的培训和练习，主要从以下几个方面进行。

（一）化妆品的导购技巧

随着化妆品销售人员队伍的不断壮大，销售技巧有很多，对销售技巧的要求也越来越强烈，下面整理了一些这方面的技巧，希望能给销售人员提供一些帮助。

化妆品的销售技巧同其他产品的销售在理论上都是相通的，可归纳为两个阶段，即准备阶段及实战阶段。

1. 准备阶段

（1）对产品的准备阶段。

要熟悉产品的历史、规模、组织、人事、财务及运作模式、销售政策、规章制度。同时还要能回答顾客可能提出的有关问题，做到对答如流，消除顾客疑虑，使顾客对企业产生信任感。销售人员更要熟悉公司产品规格、包装、价格、促销、性能、定位、卖点，做到烂熟于心。所以必须做到以下几点：第一，美容知识。包括皮肤的构造、皮肤的分类鉴别与护理及皮肤护理的程序和头发构造、发质的分类等美容美发护理知识。第二，产品知识。包括配方、成分、特点、规格、价格、使用方法、保质期限期等。第三，基本销售技巧。它是导购员成败的关键因素，特别强调通过行之有效的方法将每个潜在顾客变成准客户。

（2）对自己的准备阶段。

形象要求如下：淡妆上岗、发型得体、站姿端正、衣着整洁、口齿清晰、口中无异味等。给人一种专业（佩戴胸牌）、亲切（微笑服务牌）、整洁、舒服、端庄、优雅等值得信赖的感觉。同时还应口齿清楚，说话婉转动听。要具有绝对的自信心，即"销售等于销售你的自信"。自信的来源建立在人格魅力上，最主要是对产品性能、使用方式等专业知识了如指掌。语言、行为、眼神及肢体语言都必须传递给顾客一种真诚的感觉。尽量保持亲切大方的微笑，要主动为顾客服务，为顾客考虑，而且要思维敏捷，细心观察顾客的一切细节，大方热情、周到体贴地服务顾客。

2. 实战阶段

实战阶段主要有以下步骤。①迎接顾客：主动向顾客靠近并与顾客打招呼，以温和微笑的姿态迎接，表达诚挚的善意的问候。②了解需求：分析顾客的心理，及时解答提出的相关问题，了解顾客需求。③推销产品：推销顾客所需的产品。④成交：达成销售，并尽可能地促成连带销售。如顺便说一句"配合××产品使用效果会更好，很多人都是这样买的"等表明多数消费者都会认同的购买行为。⑤送别顾客：做好售后服务，为已购买的顾客包装产品，对未购买的顾客以同样诚挚温和的态度对待。

下面是化妆品销售人员总结的实战步骤。

(1) 了解客户需求。①观察法：仔细观察顾客的动作、表情、眼神，切忌以貌取人。②询问法：简洁明了地询问一两个问题，例如，"您看了这么久，不知道您想了解哪些方面呢？"这样就可以了解顾客的需求，然后有针对性地进行讲解。③倾听法：仔细倾听顾客讲话，适时对其赞美与点头微笑表示认同，在了解顾客的需求后才能"对症下药"，不要盲目地进行销售。通过察言观色了解顾客对产品的关注点及购买动机，当然针对不同层次的顾客采用的方式也不同，总之，对顾客态度要热情、诚恳、耐心细致全面具体。

(2) 满足需求。具体购买动机包括求实购买动机、求廉购买动机、求便购买动机、求安购买动机、求美购买动机、求名购买动机、求旧购买动机。顾客最关心的不是产品本身，而是产品使用之后带来的效果感受。

(3) 试用。试用的目的是满足顾客需要，要避免对顾客的皮肤进行不适当评论。

(4) 进一步强调好处。好处主要表现为使用好处（再次）和优惠形式。例如，特价、买增等；利用协助销售上升的工具，包括赠品、限量、时间段等，要有赠品的展示特点，进一步介绍公司产品，连带销售，分析价值等。

(5) 成交三原则。

① 主动：超过 70% 的美容师只向顾客介绍产品却没有提出成交要求。

② 自信：美容师应用大胆的口吻向顾客提出及成交要求，不能支支吾吾，自信是具有感染力的，当你自信时，顾客也对你的产品有信心。

③ 坚持：64% 的营销人员没有多次向顾客提出成交要求。

(6) 促成成交。取得顾客购买信息、假定同意、连带行动等。不需要等顾客决定购买，应该视同顾客完全购买决定，主要技巧如下：引领顾客交费；给顾客换新的；给顾客包装起来；给顾客拿赠品。常用话语如下："我给您用上吧，像您这样肤质的顾客，使用了××水凝氧气膜之后，皮肤真的非常湿润、透亮；这个新产品价格是 92 元，我把它放进您的产品包里。"等，让顾客回答选择题，引导顾客成交。假设成交，帮助顾客决定，回避无论是否要买的问题，而是用语言向顾客描述使用后的效果。

(7) 处处体现专业性。在服务过程中，向顾客解释公司独特的手法和手法的作用，要不断询问顾客是否满意和强调顾客的肤质改变。

(8) 把握最后机会。帮顾客分析肤质，并针对肤质给出建议，把没有接受的产品选出一些再推荐，并充分利用促销活动。帮助顾客整理头发、整理衣物，并再次通过美容师集体赞美顾客。最后的赞美为"您看，现在皮肤多有光泽，回家您老公肯定要大吃一惊。"

(9) 常会遇见的问题。在美容院的销售过程中对突发事件的处理必须做到冷静。对于反悔顾客的处理床前就应开始，美容师必须随时掌握，当有反悔的征兆时，应该了解反悔的原因，及时对症下药；在前台突然反悔，美容师、前台和院长都应保持冷静，安抚顾客，并注意语言技巧，同时还要了解顾客顾虑的原因。一般而言，过敏顾客分心理过敏和产品过敏两种。对待心理过敏的顾客，我们要做好安抚工作，先肯定其不是过敏，并消除其对化妆品过敏过于害怕的心理，耐心地为其讲解敏感和过敏的区别及过敏的反映，使其消除心理过敏的诱因；对待过敏的顾客，我们的态度是应告知国家允许化妆品 3% 的过敏率，再详细了解顾客的过敏史，找出其对产品的哪一类或哪种原料过敏，然后再找出解决方案。总之，在面对突发事件时,必须树立良好的专业形象,并具有良好的情绪控制能力,在充分了解原因的基础上,做好耐心疏导和解释工作,使顾客满意。

(10) 常见问题的语言处理。

这样做,你们能赚钱吗?——我们追求的是质量,而不是数量。

你们为什么不打广告?——我们追求的是效果,而不是形式,并把省下的费用服务于顾客。

你们为什么不上柜?——美容也是一种享受,上柜不能给顾客提供一个安静、卫生的美容环境。

老都老了,还做什么美容呢?——美容不是为了漂亮,而是让自己看起来更精神一些。

我做美容这么久了,为什么还是这个样子?——美容只能延缓衰老,但它不能阻止衰老;维持现状,延缓衰老,就是我们的成功。

我每天很忙碌,没有时间护理。——时间是挤出来的,再忙也要善待自己。

我用了好多产品都没有效果,用了你们的,会有效果吗?——在这里,由我们的专业美容师根据您的皮肤选择护肤品,会有明显的效果。

我自己在家里护理。——在家里只能凭感觉,而美容院有专业人士使用专业手法和仪器为您提供服务。

我没有钱来护理皮肤。——女人这辈子什么都可以改变,唯有面容不能改,可以有针对性地设计护肤、消费计划。

(二) 化妆品终端销售技巧的培训

化妆品的价格如今已趋向于一致化,零售商之间的竞争也向软性的服务方面转化。所以,对销售人员进行销售技巧的培训学习也就变得越来越重要了。那么如何有效开展终端销售技巧培训呢?

1. 培训的对象

培训的对象常规理解是导购员或营业员,因为他们是一线的销售执行者,是直接与顾客打交道的,销售的促成与他们有直接的关系,所以他们就是销售技巧培训的对象。

2. 培训的内容

销售技巧培训的内容包括心理、语言、行为等多方面,具体来说,以下内容是必须要学习的。

(1) 商品专业知识。化妆品是专业性较强的商品,顾客会将销售人员的意见看得比较重要,如果销售人员自己对商品的了解都不专业,很难取得顾客的信任,自然就很难达成生意。

(2) 顾客心理分析和掌握。顾客形形色色,有的是有明确购买意向的,有的是随便看看的,面对各种各样的顾客,如何有效地分析和筛选有价值的对象,进而提供针对性的服务,是促成生意很重要的一环,这就对销售人员的观察力、分析力和反应力提出了要求,这也是销售技巧培训很重要的一个内容。

(3) 语言能力。好的语言能打动顾客,不合适的语言就得罪顾客。销售人员也必须在销售技巧培训的时候在语言能力训练上下苦功。

(4) 商务礼仪。在现代销售行为中,越来越强调礼貌礼仪,购买是顾客自发的行为,不是强买强卖就可以的,销售人员销售时让顾客感觉舒心的程度,决定顾客掏钱的速度。

3. 培训的步骤和方法

所谓凡事预则立不预则废,培训要取得好的效果,也要经过仔细的准备和计划,不能仓促行事。一般来说,销售技巧的培训分为以下几个步骤。

(1) 学员分类。目的是有利于了解学员的基本情况,在设计课程和分班的时候有参考依据。

(2) 培训需求调查。针对不同的学员做培训需求调查,有利于真正掌握学员的需求重点,制订有针对性的培训内容,保证培训效果。

(3) 培训内容设计。在了解培训需求的基础上做此项工作。

(4) 讲师安排。根据课程内容和讲师擅长的部分来做合理安排,才能保证学习的效果。

(5) 培训地点和时间安排。通常销售培训都是在岗培训,要充分考虑工作时间的关系,不要影响正常工作的进行。

(6) 培训考核。销售培训的结果直接反映在工作上,建议把培训前后的工作业绩做量化考核,这样能充分体现讲师和学员的培训用心度和接受度,同时数据化的考核更有说服力,不至于让培训落入空洞。

(三) 面对顾客的应战策略

• 见到顾客时

1. 话术前奏

让顾客产生信任感。自信的表现为:面对顾客时,声音不要发抖,腿脚不要哆嗦,声音要有力度,具有震慑力。眼睛正视顾客,这不仅是对顾客的尊重,更是自信的表现。自信建立在销售人员的专业知识上,要对产品性能、使用方式等细节了如指掌。尽量保持亲切大方的微笑,态度热情,切忌以貌取人,服务周到体贴。

2. 话术开始——与顾客沟通,达成这笔交易

(1) 问题:你们这里有没有××化妆品?

分析:顾客来的目的就是来买化妆品的,要想方设法留住她。

言语应对方法:①不好意思,我们这个店暂时没有,其他分店有,如果您需要的话,我可以让公司抓紧时间送过来。②不好意思,这个牌子的化妆品没有,不过我们这里有和它功效类似的化妆品,现在有很多顾客都在用这款。③不好意思没有,我们公司的产品比较齐全,一定有其他适合您的。④有,这一款卖得很快,回头客很多。⑤有,这一款卖得很快而且正在进行促销呢。⑥很抱歉没有,您可以试试这个产品,这个产品也很适合您的肤质,在北京、石家庄等地区卖得都挺好。

(2) 问题:我考虑考虑吧或者直接说这产品有点贵了。

分析:顾客说出此类话,可能是嫌产品太贵超出了自己的支付能力。

言语应对方法:①这款产品虽然价格有些高,是因为所含的营养成分高,一共180多元,它可以使用3个月,平均一天只花2元左右,就可以让您变漂亮,您说值不值。②现在这款产品正在搞促销,过几天就要恢复原价了。③这是大公司生产的产品,在我们店已经卖了好多年了,质量很有保障。④您可以看看那款产品,也挺适合您皮肤的,价格没有这款高,属于性价比较高的产品。

(3) 问题:顾客进店后,不说话,随处逛逛。

分析:可能是寻找特价产品,不好意思说出口,也可能纯粹是逛逛。

言语应对方法:①您好,要是方便的话,我给您免费试用这款彩妆吧(顾客有时间逛,当然就有时间试用,顾客试用的时间越长,成交的概率越大)。②您好,这是公司的宣传海报,有很多产品正在做活动,您可以看看。③您的包真漂亮/您的孩子真可爱/您的衣服真好看(赞扬顾客,拉近与顾客之间的距离)。

(4)问题:顾客犹豫不决时。

分析:此时顾客处于徘徊期,应假设成交,引导顾客交费。

言语应对方法:①我给您换支新的。②我给您包装起来。③这是给您的赠品。④我给您办一张会员卡,以后有更多的优惠。

(5)问题:再便宜点吧?

分析:顾客讨价还价,希望占点小便宜。

言语应对方法:①这是电脑走账,少了钱,店员就得往里垫。②品牌不同是有差异的,像咱们的产品是获得认证的,质量绝对有保障。③现阶段,这价位是全国统一价,您上次买可能是厂家做促销活动,我们真的无能为力了。④一分钱一分货,咱不能只比价钱得比效果。

(6)问题:这个牌子怎么样啊?没听说过。

分析:顾客不了解产品情况,最主要的是不相信这款产品的效果。

言语应对方法:这是以××为原料,可有效改善皮肤光泽,给予肌肤充分滋润,有效细致毛孔,均匀肤色。

(7)问题:这个产品用起来怎么样啊?

分析:顾客对产品功效缺乏了解,希望更深入地了解此品牌。

言语应对方法:①这是国际品牌,而且使用方便,便于携带,设计也精美。②这款原料较好,上市已经好几年了,会员就有很多,在大城市一直很畅销。③这是大型企业生产的,采用纯进口原料,口碑很好的。

(8)问题:这个产品打折吗?有赠品吗?

分析:顾客希望自己在做活动时购买,价格是最低最实惠的,不希望自己吃亏。

言语应对方法:①这是国际高端品牌,全国统一售价,在任何地方都不打折,购买这种产品,可以办理会员,会员积分,实际上也相当于打折。②这是国际高端品牌,一直都是进价销售。③现在不打折,但是有赠品相送,这种产品很畅销,目前赠品已经不多了。④现在正在搞活动,可以享受打折优惠,目前这款是限量销售。

(9)问题:顾客面对两种化妆品,不知道选择哪一种。

分析:当顾客还没有下决心购买时,销售人员就应"临门一脚",替顾客下决心。

言语应对方法:①其实这款挺适合您的皮肤的,用上效果一定好。②商品A的保湿效果好,而商品B的主要功效是美白,您是要哪个呢?③商品A的保湿效果好,商品B的主要功效是美白,但您也可以搭配使用,效果会更好。

(10)问题:顾客听完销售人员介绍后,对商品爱不释手,但没有下决心购买。

分析:了解没有下决心购买,是价格原因还是质量问题。

言语应对方法:①难道你不想给身边的人一个惊喜,让他们眼前一亮吗?②我用的也是这一款,皮肤改善了很多。③这一款是昨天下午调过来的,卖得很快,经常出现缺货现象。

(11)问题:现在可以做护理吗?

分析:很明了的询问,希望店里可以及时给予服务。

言语应对方法:①现在已经是下班时间,如果您没有什么急事的话,可以坐下来等一会,我马上通知她赶快过来,可以吗?②××美容师已经调到别的店了,我再安排其他人给您做吧,她的手法也不错,做护理服务很长时间了,找她做的顾客也很多。

(12)问题:多给点赠品吧,又不值钱。

分析:顾客想价格便宜一点,觉得销售人员可以给自己更多的实惠。

言语应对方法:①真的不好意思,试用装也有严格的管理条例,这已经超出了我的能力范围。②能给您的已经给了,其他公司是不允许的。③再买两款可以再赠送您一份赠品。④赠品就是给顾客使用的,但是已经超出我的能力范围了,您可以介绍朋友过来,我免费赠给您一套。⑤赠品是给不了啦,不过我们会员持会员卡可以享受超低折扣。⑥赠品真的不能给了,不过会员生日当天,有礼品赠送。

(13)问题:顾客走到前台,开始付款。

分析:顾客付款时,心情可能高兴,也可能心事重重。

言语应对方法:①姐,以后常来店里,会有您意想不到的惊喜。②姐,您就放心用吧,质量肯定没问题,而且这个价位也不贵,用完后您肯定还会再来。

3. 话术后奏——给顾客留下好印象

(1)问题:你们这是什么产品啊?给我退换。

分析:此时顾客情绪比较激动,应缓和顾客情绪,找到顾客为什么生气的原因。

言语应对方法:①姐,是您买错了,不是产品的质量问题,这种情况公司是不允许退货的。②姐,这是特价打折商品,公司是不允许退换的,而且在墙上也挂有说明。③姐,您是按照说明使用的吗?这款化妆品很讲究使用方法的,对手法涂擦轻柔程度要求很严。④姐,这个真的不好意思,给您拿的时候也让您看了,不知道是谁把试用装放到里面了,我给您换个新的。⑤姐,真的不好意思,是我们服务不到位,希望您谅解,我给您拿支新的。⑥我给公司反映情况,可以的话,麻烦您下午过来。

(2)问题:顾客没有买产品,向门口走去。

分析:此时顾客没有购买产品,可能是产品原因,也可能是服务不到位。

言语应对方法:①姐,这是公司的海报,您可以拿回家看看。②姐,请慢走,欢迎下次光临。

(3)问题:电话回访会员。

分析:此时顾客已经使用产品,对产品功效已经有所了解。

言语应对方法:①您好,我是××化妆品连锁机构的工作人员,前几天您在我们店购买了一款化妆品,现在您方便接受一下回访吗?②感谢您对我们的支持,现在公司这款产品正在做活动,您可以抓紧时间过来看看。③不好意思,打扰您了,再见。

- **送走顾客后**

不管成交与否都应提前一步给顾客开门,并微笑说"慢走"。如果没有销售成功,但是顾客确实很有消费能力,可以赠送她一些试用装或杂志,让她回去试用或阅读。送走顾客后,要先记录好顾客的信息,方便以后查阅。记录信息主要包括姓名、编号、联系方式、购买金额等。发现产品缺货,及时做好记录,向公司配送中心要货。打扫室内卫生,擦拭化妆品专柜,时刻保持化妆品柜台表面的整洁卫生。最后店内无顾客光顾时,和同伴一起站在门口迎接顾客的到来。

(四)化妆品导购培训的具体实施战略

导购的过程就是与顾客交流的过程,导购人员的心理素质直接影响销售的成败。这就更需要导购人员具备良好的心理素质。

(1)保持乐观的情绪。导购人员的心情直接感染顾客,进而影响其购买欲望。如果导购人员面若冰霜,顾客可能多留一分钟也不愿意。

（2）要有真诚、热情的态度。导购人员的真诚和热情证明对顾客的重视，顾客会被感动；而冷漠一定会赶走顾客。

（3）不畏惧顾客，不轻视顾客。顾客是上帝，一定要尊重，否则顾客再多的购买理由都会被你的轻蔑态度所抵消。

（4）认真，有耐心。认真帮助顾客选择和解释是导购人员的本分，顾客的要求和问题有时难免很多，但导购人员没有理由拒绝，应不厌其烦，因为导购人员是在为顾客服务。

（5）不卑不亢、落落大方。向顾客导购就是一种沟通和交流，不要拘束。其实顾客也希望能交流得轻松，不主张使用生硬的语言和过分的奉承，因为导购人员应把顾客当朋友。

（6）对自己有信心。顾客来购买东西，导购人员对商品的了解一定比顾客深刻，要相信自己是对的，敢于指导顾客。顾客希望导购人员能讲解更多的东西，若自己对商品一无所知，顾客也不会买得放心。要向顾客表明自己是行家，导购人员的信心，其实也是顾客的信心。

（7）敢于承认错误。与顾客的交流要坦诚大度，自己若出现了错误，要敢于承认。顾客知道的比自己多的，要虚心请教。

（8）沉着冷静。遇到意想不到的问题要冷静，然后尽快想办法解决，不要手忙脚乱，绝对不要将自己的手足无措表现出来。

1．迎

（1）理念。

如何与消费者一见钟情！"7秒钟"理论（店面环境、人员素质）。

现场示范：顾客最讨厌什么？

（2）动作。

精神状态：衣着整洁、身姿矫健、步伐快捷、声音洪亮；微微颔首；眼睛平视对方；微笑（在对方目光触及你的第一眼）露出8颗牙齿；露出微笑；婴儿般的微笑。

脚步：轻快、上前几步迎接。

问候：先生/女士，您好/下午好。

（3）初判客户。

看交通工具：车，判断是否有经济实力。

看人：男看皮鞋，女看背包。

看走路：进门还要东张西望观察一下，这种人比较谨慎。

2．跟

（1）理念。跟随过程也是一个初步判断顾客的过程，采取不同的交流方式。

（2）动作。先让顾客巡视，可立于顾客侧旁，伺机而动，距离为1.5米左右；角度最好保持在顾客目光容易触及的地方。

3．问

通过询问可以快速拉近距离。找出顾客的关注点，做出针对性回答；问出消费者的需求，便于有针对性地销售。

（1）"二选一"选择型诱导题。"是……还是……"对客户的诱导性很强。

（2）组合型调查、诱导题。泛泛而谈之后，给出有利于我方的参考答案。

（3）反问型、诱导题。对对方的问题反问，测试对方的兴趣点，或从不好回答的问题中解放出来,将球抛给对方。

4. 听

关键的聆听技巧包括以下四个方面。

(1) 当一面镜子。别人微笑时,你也微笑。

(2) 让对方感到专心。使用"原来如此……是的……明白了……"一类的语句。

(3) 不直接转移话题。表明你在专心听,让客户感受到重视。

(4) 倾听弦外之音。顾客没有说出的部分比说出的部分更重要,要注意对方语调、手势等身体语言的变化。

5. 说

(1) "三十秒"说法。世界最著名的咨询公司麦肯锡一个重大发明是三十秒说清给客户带来的最终利益。

(2) 产品介绍法。顾客指出的商品不足是无可辩驳的客观事实,可先肯定顾客说的是事实,再引导顾客看到好处,肯定对方会提问题(变相赞美),然后再说自己对这个问题的看法。不认同对方的观点时,可肯定对方的感受是有道理的,然后转而说出自己的看法。

6. 坐

问候为先,请顾客喝杯水、休息一下;请顾客看产品资料、成交客户档案、图片资料。

能力检测

一、选择题(每题的备选项中,只有一个最佳答案)

1. 以下关于促销与营销的关系说法正确的是(　　)。
   A. 促销是营销的发展　　　　　　B. 促销是营销策略中的一个部分
   C. 促销就是营销　　　　　　　　D. 营销的重点是促销
   E. 促销的重点是营销

2. 四种促销方式中最古老的是(　　)。
   A. 公共关系　　　　B. 广告宣传　　　　C. 人员推销
   D. 营业推广　　　　E. 上门推销

3. 在众多广告媒体中,广告效果最好的是(　　)。
   A. 电视　　　　　　B. 广告牌　　　　　C. 报纸
   D. 广播　　　　　　E. 杂志

4. 在建立购买者知晓方面,效率最差的促销工具是(　　)。
   A. 广告　　　　　　B. 营销推广　　　　C. 人员推销
   D. 宣传报道　　　　E. 电话推广

5. 促销的主要任务是(　　)。
   A. 宣传与说服　　　　　　　　　B. 传递与组织有关的信息
   C. 促进消费者购买　　　　　　　D. 引起消费者的注意与兴趣
   E. 激发消费者购买

二、名词解释

1. 营销　2. 推销　3. 促销　4. 直销　5. 传销

实训项目

产品促销方案的制订

【实训目的】
通过制订产品促销方案,让学生掌握产品促销方案的制订方法。

【实训方式】
制订产品促销方案。

【实训内容】
分小组研究某一护肤品,为其制订产品促销方案。

【实训步骤】
(1) 根据班级人数分组,选出一人担任小组长。
(2) 以小组为单位研究产品的特点和市场销售情况。
(3) 结合产品自身特点及市场状况,制订产品的促销方案。

【实训要求】
产品促销方案制订要求:
(1) 能够解决产品的市场销售问题。
(2) 符合产品自身特点和优势。
(3) 符合商业逻辑。
(4) 计划书完成后,每个小组选一位代表将计划书辅以PPT的形式进行现场陈述。

(魏永鸽)

任务十　美容机构人力资源管理

学习目标

通过本任务的学习,使学生对美容机构人员配置的重要性有清晰的认识,掌握相关的概念、原则和方法。

能力目标

能够合理运用人力资源配置和绩效考核的标准、原则和方法,使每个人的知识和能力都能得到公正的评价、承认和运用。

知识目标

掌握:美容机构人员配置和绩效考核的标准、原则和方法。

熟悉:美容企业员工培训的内容和方法。

素质目标

美容企业管理人员和从业人员的思想道德素质、知识素质及业务素质。

案例引导

分粥小故事

有七个人曾经住在一起,每天分一大桶粥。要命的是,粥每天都是不够的。

一开始,他们抓阄决定谁来分粥,每天轮一个。于是每周下来,他们只有一天是饱的,就是自己分粥的那一天。

后来他们开始推选出一个道德高尚的人出来分粥。强权就会产生腐败,大家开始挖空心思去讨好他,贿赂他,搞得整个小团体乌烟瘴气。

然后大家开始组成三人的分粥委员会及四人的评选委员会,互相攻击扯皮下来,粥吃到嘴里全是凉的。

最后想出来一个方法:轮流分粥,但分粥的人要等其他人都挑完后拿剩下的最后一碗。为了不让自己吃到最少的,每人都尽量分得平均,就算不平均,也只能认了。大家快快乐乐,和和气气,日子越过越好。

提示：同样是七个人，不同的分配制度，就会有不同的风气。所以一个单位如果有不好的工作作风，一定是机制问题，没有完全公平、公正、公开，没有严格的奖勤罚懒。如何制订这样一个制度，是每个领导需要考虑的问题。

一、美容机构人员配置与素质要求

（一）美容机构的人员配置

美容机构人员配置首先要满足组织的需要，同时也要考虑满足组织成员个人的特点、爱好和需要，将合适的人员安排在合适的岗位上。

1. 合理的人员配置可以达到的目的

（1）达到组织系统正常运转的目的。组织系统要有效运转，必须使机构中每个工作岗位都有合适的人，这是人力资源配置的首要目的。

（2）为组织发展准备干部力量。在组织配置人力资源时，不仅要考虑目前机构人员的配置，还要考虑机构可能发生的变化，为组织以后的发展准备和提供工作人员，特别是管理干部。

（3）维持成员对组织的忠诚度。对一个组织来说，人才流动虽然可能给组织带来人才竞争的环境，也能给组织带来新的活力，但也给员工队伍带来了一定的不稳定性，出现离职问题，特别是优秀人才的外流，往往使组织几年的培训付之东流，而且破坏了组织的人事发展计划，甚至影响组织发展过程中的干部需要。因此，要通过人力资源配置，建立留住优秀员工的机制。

（4）使每个人的知识和能力都能得到公正的评价、承认和运用。

（5）使每个人的知识和能力不断发展，素质不断提高。知识与技能水平的提高不仅可以满足人们较高的心理需要，而且往往是职业生涯中职务晋升的阶梯。要通过人力资源配置使每个人都能看到这种机会和希望。

2. 人员配置的原则

（1）因事择人原则。因事择人就是要求按岗位的需要选派合适的人员，即选派的人员必须具备相应岗位的知识和技能。

（2）经济高效原则。人员配置必须做到精简、高效、节约，以先进合理的定员标准为依据来确定人员数量；在组织中提倡兼职，鼓励员工一人多能；一定范围内简化业务手续，减少管理层次，精简机构等。

（3）量才启用原则。随着科学技术的发展，计算机的广泛应用，客观上要求新的职位有与之相适应的人员。不同的人具有不同的能力和素质，只有根据人的特点来安排工作，才能使人的潜力得到充分发挥，使人的工作热情得到最大限度的激发。

（4）人事动态平衡原则。应合理安排各类人员的比例关系，注意尽量让能力强的人去从事更高层次的工作，担负更多的责任，让能力不符合职务要求的人有机会从事力所能及的工作，力求人尽其才，实现人与工作的动态平衡。

3. 人员配置的方法

（1）合理确定人员需要量。组织在一定时期内所需要的人员数量取决于生产、经营、管理、服务等方面的工作量与各类人员的劳动效率。它的配置是在组织设计的基础上,根据职务数量、职务类型来确定的。常用的方法有以下几种。①效率定员法:按劳动定额计算定员的方法,适用于一切能够用劳动定额表现生产工作量的工种或岗位。②设备定员法:根据完成一定的生产任务所必须开动的设备台数和班次,按单机设备定员计算编制定员的方法。③岗位定员法:按岗位定员标准、工作班次和岗位数计算人力资源配置的方法。④比例定员法:以服务对象的人数为基础,按定员标准比例来计算编制人力资源配备的方法。⑤职责定员法:按既定的组织机构和它的职责范围,以及机构内部的业务分工和岗位职责来确定人力资源配备的方法。影响职责定员的主要因素:一是管理层次;二是机构设置与分工;三是工作效率。在实际管理工作中应努力提高人员素质,强调一专多能,一人多职,简化业务手续,使常规工作程序化、标准化、规范化。

以上五种人力资源配置方法在一个组织中同时使用,互为补充。

(2) 选配人员。为了保证担任职务的人员具备职务和分析中要求的知识和技能,必须对组织内外的候选人进行筛选,作出最恰当的选择。如果把不合适的人安排在不合适的岗位上,对组织、对个人都会带来灾难性的后果。因此必须研究和运用一系列科学的测试、评估和选聘方法,来选拔合格的人才。

(3) 制订和实施培训计划。组织中的员工,特别是管理人员的培训是人员配备过程中一项重要的工作。培训既是为了适应组织技术变革、规模扩大的需要,也是为了实现成员的充分发展。因此,要根据成员技术、活动、环境等特点,利用科学的方法,有计划、有组织、有重点地进行全员培训,特别是对有发展潜力的未来管理人员的培训。

(二) 美容机构人员的素质要求

1. 管理者的素质要求

(1) 思想品德素质。自觉接受党的领导,拥护社会主义,严格遵守国家的法律法规。能正确地认识自我,无论何时何地应能把握自己的行为和影响力,对信息反馈灵敏,不断修正自己的领导行为。有较好的人际关系和较强的社交能力,言行必须符合规范并能克服不良行为。

要有强烈的事业心和工作责任感,有适度挫折容忍力,遇事冷静沉着,具有坚忍的意志品格。善于学习,善于创新,敢于接受新鲜事物、新观念,具有超前意识,敢于走前人没走过的路。

具备客观民主的作风,了解下属的情绪和困难,尊重下属的人格和才能,善于接纳合理化建议,办事公道,襟怀坦荡。

(2) 知识素质。要钻研社会主义的市场经济理论,熟悉经济管理的基本理论和知识,如消费心理学、管理心理学、市场销售学、公共关系学等。懂得企业管理相关学科的基本知识,如经济法、会计知识、美学、化妆品学、皮肤科学相关知识等。

(3) 能力素质。

① 组织指挥能力:作为企业管理者的核心,应该有一定的号召力,以组织整体目标为依据,按照企业目标、任务,按员工能力大小,建立合理的组织结构,明确每个人的职责范围、相应权利。能自上而下统一发出指令,能有效地调度、引导,推动下级工作。

② 应变竞争能力:时代在前进,社会在发展,作为一个管理者必须掌握市场信息,不断思考改进,正确预见未来环境变化趋势,及时对经营目标和计划作出相应的决策,自我调整,发挥优势,敢于、善于竞争,才能在竞争中使企业得到生存,得到发展。

2. 员工的素质要求

自觉拥护党的领导,遵守政府法令法规,遵守企业的各项规章制度。热爱本职工作,对工作有责任感,对技术精益求精,树立"顾客第一"的思想观念。

(1) 知识素质。掌握业务技术知识,如美容专业知识、设备和工具的简单维修知识、色彩知识、素描知识、消费心理知识等相关知识。

(2) 能力素质。

① 基本能力:技术人员必须技术能力达标后方可上岗,须熟悉服务程序,按服务规范标准办事,有接待顾客的能力和业务操作能力。

② 咨询能力:应具备高层次专业性技术及综合设计能力,具有一定的人际交往能力,能针对不同年龄、职业、爱好及不同环境需要的顾客所提出的要求进行咨询指导。

二、人员绩效考核制度的建立

为了充分调动员工的积极性,全面评估员工的付出与成就,建立员工收入与员工业绩、集团效益相结合的薪资体系,企业开始进行绩效考核,其根本目的就在于建立"高标准、高要求、高薪资"的管理体系。从而使企业管理水平和员工待遇都有较大的提升,增强在市场上的竞争优势。

(一) 绩效考核指标

在整个绩效管理过程中,绩效考核指标是一个核心。在企业中,绩效管理是一项非常基础的工作,目的就是为了促成各个岗位人员做好本职工作,或者比原来做得更好。以绩效考核指标为核心,就是要让店长、各主管及所有员工,都能够将企业的目标切实地贯彻下去,以致工作更有成效。所以,可以将指标体系分为三级指标体系,即总经理(店长)的指标、部门的指标、岗位的指标。通过层层指标分解可把美容院的任务分到个人,由他们去完成。

(二) 考核的标准

对美容院员工的考核,可概括为德、能、勤、绩 4 个方面。德具体包括政治品质、思想作风、个人品质和职业道德;能主要指人的能力,具体包括知识能力、实际工作能力和基本技术能力;勤主要反映人的工作态度,包括纪律性、协调性、积极性和创造性各个方面;绩主要指工作实绩。工作实绩是德、能、勤的综合反映,对美容院员工的考核和评价,可以从员工个人及其所属团队的经营业绩方面进行。

(三) 考核的方法

(1) 直观评价法。由店长通过直观了解,对员工及其集体作出评价,以此为考核结果。

(2) 因素评价法。在考核前将上述考核标准分解为若干因素,形成评价体系。对被考核人逐项评定,最后决定优劣。

(3) 试题测验法。根据考核要求命题,试题可分为确定业务水平的业务命题、供评价个人品质的心理命题、反映个人生理特点的生理命题。通过试题反映员工个人的业务、道德水平和心理、生理状况。

(4) 自我鉴定法。由被考核人对工作进行自我总结,对自己的业务水平、思想品质及工作实绩作出评估。

将考核结果以书面的形式,填写考核鉴定表,以便对被考核者进行激励和鞭策,并将考核结果与奖励挂钩,使考核成为奖勤罚懒、奖优罚劣,充分调动员工积极性、主动性和创造性的有力杠杆。

三、员工的培训与开发

企业员工的培训与开发是指企业通过各种方式使员工具备完成现在或者将来工作所需要的知识、技能,并改变他们的工作态度,以改善员工在现有或将来职位上的工作业绩,并最终实现企业整体绩效提升的一种计划性和连续性的活动。

培训是一种具有短期目标的行为,目的是使员工掌握当前工作中所需要的知识和技能;开发是一种具有长期目标规划的行为,目的是挖掘和激励员工潜在的能力和素质,使员工掌握将来工作中可能需要的知识和技能,以应对随着企业内外部环境变化所带来的对员工工作上的新的要求。虽然两者的关注点不同,前者关注现在,后者着眼于未来,但两者的实质是一样的。

(一)企业在对员工开展培训与开发的过程中应该注意的问题

1. 培训与开发的内容应当与员工的工作相关联

与工作无关的不应当包括在培训与开发的范围之内,这样可以尽量减少不必要的时间消耗和金钱的支出,有效提高培训的效率与效果。此外,培训与开发的内容还应当全面,与工作内容相关的各个方面都应该包括在内,比如知识技能、工作态度、企业战略规划、企业规章制度等。

2. 培训与开发的规划应有完整的体系

对象是企业的全体员工,而不只是部分员工。虽然每次培训不必全体员工都参加,但全体员工都应该包括在培训与开发的体系之内,而不应该有人被排斥在体系之外。

3. 培训与开发的主体应该是企业

企业应对培训开发做统一的规划和积极的组织,以及实施效果的预测、反馈和考核,以便在培训与开发的过程中取得更好的效果。

(二)企业培训与开发的作用

1. 有助于改善企业绩效

企业整体绩效提升的实现是以员工个人绩效的实现为前提和基础的,有效的培训与开发能够帮助员工提高本身的知识技能,改变他们对工作的态度,增进企业员工对企业战略、经营目标、规章制度、工作标准等的理解,不断提高他们的工作积极性和工作业绩,进而促进企业整体绩效的提高。

2. 有助于增进企业的竞争优势

构建自己的竞争优势是任何企业在现在及将来激烈的竞争环境中谋求生存、发展和壮大的关键。通过培训与开发,一方面可以使员工及时掌握新的知识和技术,确保企业在现在及将来都能拥有高素质的人才队伍;另一方面可以营造出鼓励知识学习和技能创新的良好氛围,更有助于提高企业的学习能力,增进企业的竞争优势。

3. 有助于培育企业文化

良好的企业文化对员工具有强大的凝聚、规范、导向和激励作用,在企业文化的构建过程中使员工拥有共同的价值观和道德准则,培训与开发中的教育和宣传是一种非常有效的手段。

4. 有助于提高员工的满意度

对员工适时的培训与开发不仅可以提高员工本身的能力,有助于其在现在或将来的工作中有进一步的提升,满足员工的成就感,而且可以让员工感受到企业对他们的关心和重视,使员工有归属感。

（三）企业在培训与开发中应坚持的原则

培训作为人力资源开发的一项重要手段，可以为企业创造价值，但这种价值的实现，还要求企业在实施培训的过程中遵循以下几个基本的原则。遵循这些原则也是培训任务完成和培训目标实现的重要保证。

1. 应该服务于企业战略规划

在企业活动中，培训与开发的实施应当从企业战略的高度出发，服务于企业的战略和规划，要求培训与开发工作不仅要关注眼前问题，更要立足于企业的长远发展。从未来发展的角度出发进行培训与开发，这样才能保证培训与开发工作的积极性、主动性。

2. 树立清晰的目标

目标对人们的行为具有明确的导向作用，在培训之前为参加培训的人员设置明确的目标，使受训人员在参加培训与开发的活动中具有明确的方向并且具有一定的压力，不仅有助于在培训结束之后进行考核，而且有助于提高培训活动的效果。

3. 讲究实效的原则

培训与开发的目的在于通过员工个人绩效的提高来提升企业整体绩效，因此，培训与开发的内容应该结合员工的年龄、知识、能力、思想等实际情况进行具有明确目标的培训，注重培训迁移，学以致用，将培训和工作结合起来，确保培训收到预想的效果。

（四）企业员工培训的重要性

1. 增强员工对企业的归属感和凝聚力

企业的人才队伍建设一般有两种：一是靠引进，二是靠自己培养。所以企业应不断地进行员工培训，向员工灌输企业的价值观，培训良好的行为规范，使员工能够自觉地按惯例工作，从而形成良好、融洽的工作氛围。通过培训，可以增强员工对组织的认同感，增强员工与员工、员工与管理人员之间的凝聚力及团队精神。就企业而言，对员工培训得越充分，对员工越具有吸引力，越能发挥人力资源的高增值性，从而为企业创造更多的效益。培训不仅提高了员工的技能，而且提高了员工对自身价值的认识，对工作目标有了更好的理解。

2. 提升员工技术、能力水准

员工培训的一个主要方面就是岗位培训，其中岗位规范、专业知识和专业能力的要求被视为岗位培训的重要目标。岗位人员上岗后也需要不断进步和提高，参加更高层次的技术升级和职务晋升等方面的培训，使各自的专业知识、技术能力达到岗位规范的更高一级标准，以适应未来岗位的需要。所以，员工培训工作尤为重要，实践证明它是达到预期目标的一条有效途径。

3. 有助于企业建立学习型组织

学习型组织是现代企业管理理论与实践的创新，是企业员工培训开发理论与实践的创新。企业要想尽快建立学习型组织，除了有效开展各类培训外，更主要的是贯穿"以人为本"的观念，提高员工素质，建立一个能够充分激发员工活力的人才培训机制。成功的企业将员工培训作为企业不断获得效益的源泉。学习型企业与一般企业最大的区别就是，永不满足地提高产品和服务的质量，通过不断学习和创新来提高效率。

4. 增强企业竞争优势

在知识经济时代，人力资源的作用凸现出来，人力资源成为企业建立竞争优势的重要资源。一个企业要想建立竞争优势,就必须提供比其竞争对手质量更好的产品或服务,提供竞争对手所不能提供的创新性产品或服务,或者以更低的成本提供与其竞争者相同的产品或服务。

(五) 企业员工培训与开发的内容

培训与开发的内容,除了文化知识、专业知识、专业技能的培训外,还应包括理想、信念、价值观、道德观等方面的培训内容。而后者又要与企业目标、企业文化、企业制度、企业优良传统等结合起来,使员工在各方面都能够符合企业的要求。

(六) 企业员工培训的分类

1. 岗前培训

(1) 新员工到职培训。新员工到职培训由人力资源部负责,内容可分为以下几个方面:①公司简介、员工手册、人事管理规章的讲解;②企业文化知识的培训;③员工心态调整的培训;④工作要求、工作程序、工作职责的说明;⑤业务部门进行的业务技能培训。

(2) 调职员工岗前培训。培训的方式及培训内容由调入部门决定。

2. 在职培训

在职培训的目的主要在于提高员工的工作效率,以更好地协调公司的运作及发展。培训的内容和方式均由部门决定。

3. 专题培训

公司根据发展需要或者部门根据岗位需要,组织部分或全部员工进行某一主题的培训工作。

(七) 企业员工培训的方法

1. 讲授法

讲授法属于传统的培训方式,优点是运用起来方便,便于培训者控制整个过程。缺点是单向信息传递,反馈效果差,常被用于一些理念性知识的培训。

2. 视听技术法

视听技术法通过现代视听技术(如投影仪、DVD、录像机等工具),对员工进行培训。优点是运用视觉与听觉的感知方式,直观鲜明。但学员的反馈与实践较差,且制作和购买的成本高,内容易过时。视听技术法多用于企业概况、技能传授等内容的培训,也可用于概念性知识的培训。

3. 讨论法

讨论法按照费用与操作的程序又可分成研讨会与一般小组讨论两种方式。研讨会多以专题演讲为主,中途或会后允许学员与演讲者进行交流沟通。优点是信息可以多向传递,与讲授法相比反馈效果较好,但费用较高。而一般小组讨论的特点是信息交流时方式为多向传递,学员的参与性高,费用较低。多用于巩固知识,训练学员分析、解决问题的能力以及人际交往的能力,但运用时对培训教师的要求较高。

4. 案例研讨法

案例研讨法是通过向培训对象提供相关的背景资料,让其寻找合适的解决方法。这一方式使用费用低,反馈效果好,可以有效训练学员分析解决问题的能力,另外,培训研究表明,案例、讨论的方式也可用于知识类的培训,且效果更佳。

优点:①可以帮助学员学习分析问题和解决问题的技巧;②能够帮助学员确认和了解不

同解决问题的可行方法。

局限性：①需要较长的时间；②可能同时激励不同的人；③与问题相关的资料有时可能不甚明了，影响分析的结果。

5. 角色扮演法

角色扮演法是学员在培训教师设计的情境中扮演其中角色，其他学员与培训教师在该学员表演后进行适当点评。由于其信息传递多向化、反馈效果好、实践性强、费用低，因而多用于人际关系能力方面的训练。

优点：①能激发学员解决问题的热情；②可增加学习的多样性和趣味性；③能够激发热烈的讨论，使学员各抒己见；④能够提供在他人立场上设身处地思考问题的机会；⑤可避免可能的危险与尝试错误的痛苦。

局限性：①学员的数量不宜太多；②演出效果可能受限于学员过度羞怯或过深的自我意识。

培训时应注意的问题：①要准备好场地与设施，使演出学员与观众之间保持一段距离；②演出前要明确议题所遭遇的情况；③谨慎挑选演出学员与分配角色；④鼓励学员以轻松的心情演出；⑤可由不同组的学员重复演出相同的情况；⑥可安排不同文化背景的学员演出，以了解不同文化的影响。

6. 自学法

这一方式较适合一般理念性知识的学习，由于成人学习具有偏重经验与理解的特性，让具有一定学习能力与自觉能力的学员自学是既经济又实用的方法，但此方法也存在监督性差的缺陷。

7. 互动小组法

互动小组法又称敏感训练法。此法主要适用于管理人员的实践训练与沟通训练。让学员在培训活动中的亲身体验来提高他们处理人际关系的能力。此法可明显提高人际关系与沟通的能力，但其效果在很大程度上依赖于培训教师的水平。

8. 网络培训法

网络培训法是一种新型的计算机网络信息培训方式，投入较大，但使用灵活，符合分散式学习的新趋势，节省学员集中培训的时间与费用。这种方式信息量大，新知识、新观念传递优势明显，更适合成人学习。因此，此法特别为实力雄厚的企业所青睐，也是培训发展的一个必然趋势。

9. 个别指导法

个别指导法是由一位在年龄上或经验上资深的员工，来支持一位资历较浅者进行个人发展或职业生涯发展。师傅的角色涵盖了教练、顾问及支持者。身为教练，会帮助资历较浅者发展其技能；身为顾问，会提供支持并帮助他们建立自信；身为支持者，会以保护者的身份积极介入各项事务，让资历较浅者得到帮助。

优点：①在师傅指导下开始工作，可以避免盲目摸索；②有利于尽快融入团队；③可以消除刚刚进入工作的紧张感；④有利于传统的优良工作作风的传递；⑤可以从指导人处获取丰富的经验。

10. 场景还原法

场景还原法是一种新型的员工培训方法。它的主要方式就是让新员工有一个途径从项目、任务、客户、同事等多个维度来了解事情发生的前因后果和上下文，而这个途径就是活动流。

领度系统可以让员工根据工作需要进入相应的活动流中,如项目活动流、任务活动流、客户活动流、个人活动流等。如果想了解项目,通过进入项目活动流可以了解项目的目标、资源、执行过程、文档等所有信息。如果是接手一个项目中未完成的任务,可以将任务重新分配给新的同事,这个新同事会马上了解到任务执行的前期记录,因为任务活动流中记录了执行过程中的所有问题、解决方法及客户的反馈等,像放电影似的展现在眼前。如果一个新领导想了解部门员工的话,可以进入每个员工的个人空间去了解他们的工作、兴趣、爱好、工作真实进度,以及对工作所提出的建议,所完成的项目、任务、文档等。

能力检测

简答题

1. 美容机构人员(管理者和员工)的素质要求有哪些?
2. 企业员工培训的方法有哪些?
3. 人员配置的原则有哪些?

(黄丽娃)

任务十一　美容企业财务管理

学习目标

通过本任务的学习,使学生对企业财务管理重要性有清晰的认识,掌握相关的概念、原则和方法。

能力目标

能够初步为美容企业进行基本的财务分析,制订基本的财务运营计划。

知识目标

了解:美容企业财务管理的原则、方法。
熟悉:美容企业在筹资、运营、采购活动中的财务管理方式。

素质目标

能意识到财务管理对于美容机构的重要意义,能关注和提升个人财务管理的能力。

案例引导

大学生美容企业创业

赵娟是一位学美容护理专业的大学生,大学毕业后回到自己家乡发现周围美容院里的美容师都没有她专业,于是决定自己开一家小型美容院,她想凭借自己熟练的美容护理技术和良好的服务品质赢得市场。前期投资了近30万元,配齐了仪器设备,请了8个店员。在开业初期大做宣传,大搞促销活动,以高品质的服务和产品、低端的价格来吸引顾客。美容院的生意确实门庭若市,可是一两个月下来,她发现根本就没赚到什么钱,接下来,她决定涨价来增加营业收入,当她将价格涨起来后,发现那些老客户都不再来了。

企业财务管理是指企业筹集资金、合理分配使用资金,处理各种财务关系,以取得预期经济效益,促进企业发展的一项经济管理工作。美容企业财务管理是美容经营管理的重要组成部分,它能够动态地反映美容企业的经营状况,同时还能够影响和促进美容企业的其他各项管理工作,如节约资金、增加积累、实行经济核算等。加强企业财务管理,发挥财务管理制度应有的作用,提高美容企业的经济效益,对美容企业的可持续发展有着重要的意义。

一、美容企业财务管理原则

企业在组织开展各种财务活动中应遵循财务管理的基本原则。这些规则是人们在长期的财务管理实践中总结出来的,体现了财务管理活动的规律性,是企业财务管理必须遵循的一般要求。

(一)资金的合理配置

美容企业要通过资金活动的组织和调节来保证各项物质资源具有最优化的结构比例。企业物质资源的配置情况是资金运用的结果,同时它又通过资金结构表现出来。在资金占用方面,有对外投资和对内投资的构成比例、固定资产和流动资产的构成比例,货币性资金和非货币性资金的构成比例等,在资金来源方面,有负债资金和主权资金的构成比例,长期负债和短期负债的构成比例等。

资金配置合理,资源构成比例适当,就能保证经营活动的顺畅运行,并由此取得最佳的经济效益,否则会危及企业内部购、产、销活动的协调,甚至影响企业的兴衰。因此,资金合理配置是企业持续、高效经营的必不可少的条件。

(二)收支平衡

收支平衡就是要求资金收支不仅在一定期间总量上取得平衡,而且在每一个时点上也要协调平衡。

资金收支平衡归根到底取决于企业购、产、销活动中的平衡。企业应坚持收入和流通的统一,使企业购、产、销三个环节相互衔接,保持平衡,既要量入为出,又要量出为入。

(三)成本效益

效益是指收益,成本是指与效益相关的各种耗费。成本效益是投入产出的原则的价值体现,它的核心是要求在企业成本一定的条件下应取得尽可能大的效益,或是在效益一定的条件下应最大限度降低成本。

(四)收益风险均衡

在财务管理中,风险与收益同时存在,高收益的投资机会通常伴随着高风险,而低风险的投资机会收益又较低,二者呈同向变化。

收益风险均衡原则的核心是要求企业不能承担超过收益限度的风险。在收益既定的条件下,应最大限度地降低风险;在风险既定的条件下,最大限度地争取更多收益。例如:在流动资产管理方面,持有较多的现金,可以提高企业的偿债能力,减少债务风险,但是银行存款的利息很低,而库存现金则完全没有收益;在筹资方面,发行债券与发行股票相比,由于利率固定且利息可在成本费用中列出,需承担较大的风险。

所以,进行企业决策时应对风险和收益作出分析和权衡,以便选择最有利的方案,特别是注意把风险大、收益高的项目同风险小、收益低的项目适当搭配起来,分散风险,使风险与收益平衡,做到既降低风险,又能得到较高的收益。

(五)利益关系协调

利益关系协调原则要求企业在收益分配中,包括税金缴纳、股利发放、利息支付、工薪计算方面,应兼顾国家、企业自身和员工的利益,兼顾投资人和债权人的利益,兼顾所有者和经营者的利益,不断改善财务状况,增强财务能力,为提高效益创造条件。

二、美容企业资金筹集

资金筹集又称资本筹集(简称筹资),是美容企业根据其生产经营,对外投资和调整资本结构的需要,通过各种途径方式,有效地筹措和集中资本的财务活动。

(一)企业筹资目的

(1)企业创建的需要。因设立企业而筹资。美容企业的创建是需要充分的资本准备的。

(2)企业发展的需要。因扩大经营规模或追加对外投资而筹资。通常处于成长期的美容企业会有这种筹资需要。

(3)偿还债务的需要。为偿还某项债务筹资。有两种情况:一是为了调整原有资本结构而举债,使资本结构更加合理;二是企业现有支付能力不足而被迫举债还新债。

(4)外部环境变化的需要。企业外部环境的变化,会直接影响企业生产经营所需的筹资总额。例如,国家税收政策的调整会影响内部现金流量的数量与结构,金融制度的变化会影响企业筹资结构,通货膨胀会导致原材料价格的上涨增加资金的需要量,这些外部环境的变化都会产生新的筹资需要。

(二)企业筹资要求

企业筹资要求是以最低的成本,适量、适时地筹集企业生产经营所需的资本。

(1)筹资的数量应当合理。企业无论从什么渠道,用何种方式筹资,都应首先确定一个合理的资金需要量,使资本的筹集量与需要量达到平衡,防止筹资不足影响经营或筹资过量降低筹资效益。

(2)筹资的时间应当及时。筹资要按照资本的投放使用时间来合理安排,使筹资与用资在时间上衔接,避免因筹资时间过早而造成使用前的闲置,或因筹资时间滞后而延误投资的机会。

(3)尽可能降低筹资的成本。企业通过不同渠道和不同方式,筹资的难易程度、资本成本和筹资风险有所不同,因而在筹资时应综合考虑各种筹资方式的资本成本和筹资风险,力求以最小的代价取得生产经营所需的资本,提高资金筹集效益。

(4)负债经营要适当。这是指负债在全部资本中的比重应适度,利用负债开展经营具有很多优点。例如,负债可以降低资本成本,负债利息的支付可以使企业少交所得税。负债可以减少货币贬值损失。在通货膨胀比较严重的条件下,利用负债扩大经营,可以将一部分财务风险转嫁给债权人。负债还有利于企业经营的灵活性。债务资本的增加,意味着企业总资本来源的增加,有更多的资本可用于生产经营,从而给企业经营带来较大的灵活性。

然而,过多的负债会使企业财务风险增加。当企业的总资本报酬率小于债务资本利息时,负债越高,企业的亏损越大,财务风险越大,因此,企业应合理安排负债比率,使负债经营适度。

(三)企业筹资步骤

步骤一:资金需要量的预测。

根据企业自身经营的需要,精确计算资金的需要量。比如开业初期,资金需要量包括营业场所半年的租金、装修费用,美容设施、美容品的采购费用及三个月的员工工资,还应有少量的备用金等。

步骤二：筹资渠道。

筹资渠道是指客观存在的筹措资金的来源方向与通道。我国目前企业筹资渠道主要有以下几种。

（1）银行信贷资金。银行对企业的各种贷款，这是最为重要的资金来源。

（2）非银行金融机构资金。非银行金融机构资金主要指信托投资公司、保险公司、租赁公司、证券公司等非银行金融机构提供的金融服务。

（3）其他企业资金。其他企业资金主要指企业之间为了一定目的而进行的互相投资。

（4）居民个人资金。居民的个人资金，对于企业的投资形成民间资金渠道。

（5）企业自留资金。企业提供的公积金和未分配利润形成的资金。

（6）融资租赁。由租赁公司按承租企业的要求融资购买设备，并在契约或合同规定的期限内提供给承租企业使用的信用服务。其特点是速度快、财务风险小，但租金成本高，比银行借贷或发行债券的成本要高很多。

对于小型企业主要是自有资金和借贷资金，对于大型企业除了银行借贷外，还有发行公司债券、股票等多种筹资渠道。

步骤三：对偿债能力的分析。

美容企业偿债能力是指企业对各种到期债务的偿付能力，如果到期不能偿付债务，则表示企业偿债能力不足，财务状况不佳。分析偿债能力的主要指标有流动比率、速动比率和资产负债率。

（1）流动比率＝流动资产/流动负债。流动资产是指资产中的可以短期内变现的，如资金、应收账款等。流动负债是指短期内需要偿还的到期负债，包括短期负债、应付账款、应付工资、未交税费等。美容企业流动比率达到 1.5 以上，说明具有比较好的短期偿债能力。

（2）速动比率＝速动资产/流动负债。速动资产是指企业的流动资产减去存货和预付费用后的余额，主要包括货币资金、短期投资、应收票据、应收账款及其他应收款，可以在较短时间内变现。速动比率的高低能直接反映企业的短期偿债能力强弱，它是对流动比率的补充，并且比流动比率反映得更加直观可信。速动比率的比值一般在 1 左右最为合适。

（3）资产负债率＝负债总额/资产总额。它是衡量美容企业在清算时保护债权人利益的程度。资产负债率一般以 50% 左右为宜。

三、美容企业采购及存货管理

采购产品一定是按企业实际需要时间分批交货，尽可能减少存货。一是可以减少存货占用的资金成本，因为是货到付款；二是可以减少仓库租赁面积，方便存货的管理，降低仓储成本；三是如果一旦有新产品面市或者消费者需求发生变化，可以及时修改尚未交货产品订单，防止因产品在保存期内没有用完造成产品过期报废。

存货是指企业在日常经营管理中为生产或销售而储备的物资。存货在运营中所占比重较大。因此，要加强存货规划与控制，使存货保持在一个合理水平，以降低存货占用的资金成本，还要做好存货日常管理，减少因管理不当造成的损失。

（一）企业日常采购管理

1. 订货点的确定

$$订货点＝预计每日最大耗用量×订货提前期$$

预计每日最大耗用量应根据企业以前的实际耗用情况制订,并定期调整。

例:某商品预计每日最大耗用量为 20 件,订货提前期为 3 天。

$$订货点=20×3=60 件$$

当该商品库存小于 60 件时,企业需要订货。

2. 经济订货批量

经济订货批量是指能够使一定时期存货的相关总成本达到最低的进货数量。该时期可以是产品的保存期或者更新换代期,也可以是产品生产、经营的周期。

$$存货总成本=采购成本+进货成本+存储成本=AP+AB/Q+QK/2$$

式中:A 为某一时期内产品需求总量;P 为产品的单价;B 为每次的进货费用,是产品的订货成本(如差旅费、电话费等);Q 为每次产品的订货数量;K 为该时期内单位存货平均储存成本。

(1) 无折扣时经济订货批量。

$$经济订货批量=\sqrt{2AB/K}$$

(2) 有折扣时经济订货批量。

供应商为扩大销售,往往会对购买商品超过一定数量的客户给予价格优惠。此时,应分别计算不同条件下企业的存货总成本,确定经济订货批量。

例:企业某种产品在某季节的需要总量为 500 件,每件标准单价为 30 元,每次购买 200 件以下按标准单价执行,200 件以上 500 件以下,价格优惠 1%;500 件以上,价格优惠 2%。每次进货费用为 20 元,该产品在该季节的单位平均储存成本为 2 元。

无折扣时经济订货批量为

$$经济订货批量=\sqrt{2×500×20/2}=100 件$$

每次进货 100 件时存货总成本为

$$存货总成本=500×30+500/100×20+100/2×2=15200 元$$

每次进货 200 件时存货总成本为

$$存货总成本=500×30×(1-1\%)+500/200×20+200/2×2=15100 元$$

每次进货 500 件时存货总成本为

$$存货总成本=500×30×(1-2\%)+500/500×20+500/2×2=15220 元$$

所以,该季节每次进货 200 件时成本最低,经济订货批量为 200 件。

(二) 存货的日常管理

建立存货管理的岗位责任制度,对存货的验收入库、领用、发出、盘点、保管及处置等关键环节进行控制,防止各种存货的被盗、毁坏和流失。

1. 储存区域、储存环境的管理

存货应根据产品的类别进行分区域保管。对产品实行分类,将金额占仓库产品总金额 70%、数量只占仓库产品总数量 10% 的产品设定为 A 类;将金额占仓库产品总金额 20%、数量占仓库产品总数量 20% 的产品设定为 B 类;将金额占仓库产品总金额 10%、数量只占仓库产品总数量 70% 的货物设定为 C 类。应将不同产品存放于不同区域,并按照仓库号、货架号、层号进行编号,建立储位。

储存环境产品的储存环境应符合产品要求,对有特殊温度、湿度要求的,应有空调、加湿器等相应设备,并进行温度、湿度监控。对于化学品应单独存放,并有相应的安全措施。所有仓库严禁烟火,并有消防保障措施。

2. 产品的采购管理

合理设置采购与付款业务的机构和岗位,建立和完善采购与付款的会计控制程序,加强申购、审批、合同订立、采购、验收、付款等环节的会计控制,把控采购环节,减少采购风险,对于采购量大的产品,采取要求供应商按企业需要的时间、数量,分批次交货。

(1) 产品的交货验收。供应商交货时,先由采购人员对送货单位产品名称、数量、规格、订单编号、交货日期、交货数量等进行核对,核对签字后,方可办理入库。仓库人员应对产品名称、数量、出厂日期、外包装、合格证书、检验标记、生产批号、卫生许可证、生产许可证、产品标准等进行仔细检查,检查合格签字后办理入库手续。财务人员依据采购单对送货单进行核对后,办理记账和付款手续。

(2) 产品的保管。

① 负责产品保管的人员与记账人员应分开。仓库员负责产品的保管,依据入库、出库单据存取产品并登记。及时将结余与实物核对。会计依据入库、出库单据登记产品账目。

② 产品应按照先入先出原则进行存取管理。在码放时,按出厂日期先后,由下往上、由后往前码放,出厂日期在前的应放在最上面、最前面的;在使用时,按照由上往下,由前至后的原则,先使用出厂日期在前的货物。

③ 及时盘点,在产品保质期到期前一个月应通知相关人员处理,并单独标示码放。例如,A产品为贵重产品要求每日盘点1次,B产品每星期盘点1次,C产品每月至少盘点1次。

四、美容企业财务分析

财务分析即每日、每月进行经营结算,并定期进行成本、盈亏核算,以了解美容企业的经营情况。

(一) 损益平衡分析

(1) 计算准确的损益平衡点,美容企业每月的营业额要达到或超过损益平衡点,以帮助企业制订有效的扩展销售计划,控制成本。

(2) 计算损益平衡点要从成本和当地商圈的消费营业额方面来考虑,例如,根据成本算出美容企业每月营业额要20万元才能持平,但如果美容企业当地商圈根本没有20万元的消费能力,则要想办法降低成本(如换租金较便宜的店面),使损益平衡点的营业额接近实际消费能力,否则就会亏损。

(二) 投资回收期的静态分析

投资回收期的计算公式为

$$投资回收期 = 开店资金 / 每月营业净利润$$

如果开店资金为300000元,每月营业额净利润为60000元,则投资回报期为300000/60000=5个月,即需要5个月才能收回成本。投资回报期越短,说明投资的经济效益越好,投资回收速度越快,未来承担的风险越小。

(三) 方效与劳动效率分析

方效与劳动效率的计算公式为

$$方效 = 每月营业额 / 店面平方数$$
$$劳动效率 = 每月营业额 / 员工人数$$

如果每月营业额为60000元,店面面积为30平方米,员工人数为6人,则其方效为60000/30＝2000元,即每平方米应达到2000元的营业额,劳动效率为60000/6＝10000元,平均每个员工应达到10000元的营业额。算出美容企业的方效大小和劳动效率,并和经营成功的同类型美容企业做比较,作为扩大和缩小店面的参考,避免花费高租金却不能发挥最大空间效益,再参考员工的工作效率,看是否需要提高员工效率或增减员工。

(四)营运能力分析

营运能力是指企业经营效率的高低,用资金周转的速度及其有效性来反映。营运能力的分析评价指标主要有流动资产周转次数、存货周转率、应收账款周转次数等。

(1) 流动资产周转次数＝营业收入/流动资产。周转次数越多,说明周转速度越快,利用率越高。例如,企业2016年营业收入为100万元,平均流动资产为20万元。其流动资产周转次数为5次。

(2) 存货周转率＝营业额/平均存货,平均存货＝(期初存货＋期末存货)/2。

(五)盈利能力分析

盈利能力是指企业获取利润的能力,它是衡量美容企业经营效果的重要指标。盈利能力分析指标有总资产报酬率、资本收益率和营业利润率。

(1) 总资产报酬率＝(税前利润＋利息支出)/平均资产总额×100%。总资产报酬率越高,表明企业获利能力越强,运用全部资产所获得的经济效益越好。在运用这个指标时,可以与优秀的同类企业相比较。

(2) 资本收益率＝利润额/实收资本。它是衡量投资者投入资本的获利能力与企业管理水平的综合指标。如某美容企业2016年实收资本总额为50万元,净利润为20万元,那么资本收益率为40%。

(3) 营业利润率＝营业利润额/营业收入净额。营业利润率是反映营业收入的收益水平指标,营业利润率越高,企业获利能力越强,营业收入的收益水平越高。

能力检测

一、选择题(每题的备选项中,只有一个最佳答案)

1. 美容企业财务风险的大小取决于公司的(　　)。
   A. 负债规模　　　　　B. 资产规模　　　　　C. 生产规模
   D. 营业会所的大小　　E. 以上均是

2. 融资租赁最主要的缺点是(　　)。
   A. 筹资速度慢　　　　B. 限制条件多　　　　C. 资金成本太高
   D. 财务风险大　　　　E. 资金成本低

3. 美容企业运营资金是指企业(　　)。
   A. 全部资金　　　　　B. 借款资金　　　　　C. 固定资产资金
   D. 满足日常营业活动要求而垫支的资金　　　E. 投资资金

4. 下列指标中反映企业盈利指标是(　　)。
   A. 产权比　　　　　　B. 资产负债率　　　　C. 存货周转率
   D. 资产报酬率　　　　E. 以上均是

二、简答题

1. 企业筹资的目的是什么？
2. 企业财务管理的原则有哪些？
3. 企业财务分析的内容有哪些？

实训项目

美容机构财务状况分析

【实训目的】

对美容机构财务状况进行分析，让学生掌握美容机构财务管理的流程和方法。

【实训方式】

对美容机构财务状况进行调查分析。

【实训内容】

分小组对周边美容机构进行财务状况调查，并对其进行财务分析及财务管理建议。

【实训步骤】

（1）根据班级人数分组，选出一人担任小组长。

（2）以小组为单位对所在城市某个具体美容机构进行财务资料收集和分析。

（3）编写财务分析报告及建议书。

【实训要求】

美容机构财务状况调查要求：

（1）对美容机构经营风险进行分析。

（2）对美容机构资金运营能力进行分析。

（3）对美容机构盈利能力进行分析。

（4）结合调查分析，提出改进意见，每个小组选一位代表将计划书辅以PPT的形式进行现场陈述。

（钱俊轩　王波）

任务十二　企业机构类型与质量管理

学习目标

通过本任务的学习,使学生对企业机构类型有一定的了解,对美容企业的质量管理的重要性有清晰的认识,并掌握相关的概念、原则和方法。

能力目标

能够结合美容企业自身特点,剖析企业属于哪种类型及企业的内涵和特点,并做好美容企业的质量管理。能够对美容机构设计管理制度,能辨析常见的管理缺陷。

知识目标

掌握:美容企业的分类及内涵和特点。

熟悉:美容企业的质量管理的重要性,以及质量管理体系改进的方式。

了解:质量管理体系的概念和作用。

素质目标

作为美容行业的从业人员,能清晰明辨本企业属于哪种类型及企业的内涵和特点。

能意识到质量管理对于美容机构的重要意义,能重视顾客的满意度,以顾客满意作为质量管理持续改进的依据和动力。

案例引导

林太太的苦恼

林太太经常都会在星期六上午带着自己的几个好朋友去嘉惠美容中心进行皮肤护理,她对工号009的美容师小张的技术很满意,经常找她做护理,有一次星期六美容师小张休息,由新来的美容师小赵给林太太做护理,小赵不知道林太太的护理习惯,也没有查阅林太太的客户资料,就按照自己的意愿强行推荐新的护肤品给林太太使用,结果导致林太太的脸部皮肤过敏。林太太大怒,找嘉惠美容中心要求赔偿,店长亲自道歉,虽然消除了林太太的怒火,但是林太太对嘉惠美容中心还是很失望,在这以后,她和她的朋友再也没有出现在该美容中心。

一、美容企业类型

(一) 企业类型概述

按照经济类型对企业进行分类是我国对企业进行法定分类的基本做法。根据宪法和有关法律规定,我国目前有国有经济、集体所有制经济、私营经济、联营经济、股份制经济、涉外经济等经济类型,相应我国企业立法的模式也是按经济类型来安排,从而形成了按经济类型来确定企业法定种类的特殊情况。所以我国的企业类型包括国有企业、集体所有制企业、私营企业、股份制企业、联营企业、外商投资企业、股份合作企业等。

(1) 国有企业是指企业的全部财产属于国家,由国家出资兴办的企业。国有企业的范围包括中央和地方各级国家机关、事业单位和社会团体使用国有资产投资兴办的企业,也包括实行企业化经营、国家不再核拨经费或核发部分经费的事业单位及从事生产经营性活动的社会团体,还包括上述企业、事业单位、社会团体使用国有资产投资兴办的企业。

(2) 集体所有制企业是指一定范围内的劳动群众出资兴办的企业。它包括城乡劳动者使用集体资本投资兴办的企业,以及部分个人通过集资自愿放弃所有权并依法经工商行政管理机关认定为集体所有制的企业。

(3) 私营企业是指企业的资产属于私人所有,有法定数额以上的雇工的营利性经济组织,在我国这类企业由公民个人出资兴办并由其所有和支配,而且其生产经营方式是以雇佣劳动为基础,雇工数应在8人以上。这类企业原以经营第三产业为主,现已涉足第一、第二产业,向科技型、生产型、外向型方向发展。

(4) 联营企业是指企业之间或者企业与事业单位之间联营,组成新的经济实体。具备法人条件的联营企业,独立承担民事责任;不具备法人条件的,由联营各方按照出资比例或者协议的约定,以各自所有的或者经营管理的财产承担民事责任。如果按照法律规定或者协议的约定负连带责任的,则要承担连带责任。

(5) 股份制企业是指企业的财产由两个或两个以上的出资者共同出资,并以股份形式构成的企业。我国的股份制企业主要是指股份有限公司和有限责任公司(包括国有独资公司)两种组织形式。某些国有、集体、私营等经济组织虽以股份制形式经营,但未按公司法有关既定改制规范的,未以股份有限责任公司或有限责任公司登记注册的,仍按原所有制经济性质划归其经济类型。

(6) 外商投资企业包括中外合营者在中国境内经过中国政府批准成立的,中外合营者共同投资、共同经营、共享利润、共担风险的中外合资经营企业;也包括由外国企业、其他经济组织按照平等互利的原则,根据我国法律以合作协议约定双方权利和义务,经中国有关机关批准而设立的中外合作经营企业;还包括依照中国法律在中国境内设立的,全部资本由外国企业、其他经济组织或个人单独投资、独立经营、自负盈亏的外资企业。

(7) 股份合作企业是指一种以资本联合和劳动联合相结合合作为其成立、运作基础的经济组织,将资本与劳动力这两个生产力的基本要素有效地结合起来,具有股份制企业与合作制企业优点的新兴的企业组织形式。

(二) 美容企业的分类

美容企业大致可分为以下几类。

1. 按所有制划分

(1) 全民所有制美容企业。其生产资料归国家代表的全民所有。

(2) 集体所有制美容企业。由劳动群众集体占有生产资料,共同参与分配的一种公有制经济。

（3）私营美容企业。由个人投资雇用劳动力从事经营的企业，是社会主义市场经济的重要组成部分。

（4）合资美容企业。由2个或2个以上的投资者合资经营的企业，包括全民与全民合资、集体与集体合资，以及跨行业跨地区的合资等。

（5）外国独资美容企业。是外国投资者在我国境内开设的美容企业。

（6）股份制美容企业。是以入股的方式把分散的属于不同人（自然人、法人）所有的资产集中起来，统一使用，共负盈亏，共担风险，年终按股份分红的企业。

2. 按规模大小划分

（1）小型美容企业。在职人员3~10人，座位和床位3个以上，提供一般的美容服务。

（2）中型美容企业。在职人员20人左右，座位和床位10个以上，服务项目较全，设施也较为先进，提供中等层次的美容服务。

（3）大型美容企业。在职人员40人以上，座位和床位25个以上，服务项目较全，设施先进，提供高层次的美容服务。

3. 按等级划分

只有原饮食服务公司所属美容企业才拥有按五等十级分类。这种分类根据企业的技术力量（包括服务项目）、占地面积的大小、设施设备的先进性、在职人员的多少来确定。

4. 按经营范围和服务项目划分

按经营范围和服务项目美容企业可分为专业经营企业、综合经营企业、连锁经营企业等。

专业经营是指经营某一类有特定需要的服务项目，有专营美容服务、专营瘦身服务及专营造型艺术服务等。专业经营企业由于服务项目专一，因此应配置较强的技术力量，对服务项目"精耕细作"，以提高服务质量。

综合经营企业经营的品种齐全，规模较大，技术力量雄厚，在社会上有一定的信誉。它们不仅提供美容服务，还经营其他专业服务，如瘦身等多种特色服务，能满足消费者多方面的消费需要。

连锁经营是一种新的商业组织形式，美容企业中也出现了这种经营规模化、组织管理现代化的有效经营形式。

二、美容企业连锁经营

（一）企业连锁经营

连锁经营是指在流通领域中，若干同业商店以统一的店名、统一的标志、统一的经营方式、统一的管理手段连接起来，共同进货、分散销售、共享规模效益的一种现代组织形式和经营方式。连锁经营的优点有以下几点。

1. 优化资源配置

连锁经营的"八个统一"是基本要素，即统一店名、统一进货、统一配送、统一价格、统一服务、统一广告、统一管理、统一核算。实现这些统一，就使商业企业在经营管理方面互相协调起来，因而有利于资源的配置，使得企业资源共享，不会出现浪费现象，既节约费用，又提高工作效率和效益。

2. 提高市场占有率

连锁经营要想实现规模效益，必须在分店的设置上多动脑筋，在合适的地理环境中开设数量合适的分店,这样可以扩大企业的知名度,扩大产品的销售量,从而提高产品的市场占有率。连锁经营的规模效益不容忽视,这是发展连锁经营管理必须重视的关键问题,规模效益正是连锁经营最吸引人的优势。

3. 强化企业形象

良好的企业形象可以给企业带来巨大的收益,连锁经营管理企业通常选择统一的建筑形式,进行统一的环境布置,采用统一的色彩装饰,设计统一的商徽、广告语、吉祥物等,这种形象连锁是一种效果极佳的公众广告。企业要实现规模效益,就要在各地开设分店。不同地区的顾客,反复接受同一信息的刺激,久而久之,就会由陌生到熟悉,再到认可,进而发生兴趣,这对于树立与强化企业形象极其有利。

4. 提高竞争实力

连锁经营管理的各分店在资产和利益等方面的一致性,使得连锁企业可以根据各分店的实际情况投入适当的人力、物力、财力来实施经营战略,可以对原先独有的销售措施、广告策划、硬件设施进行不断的改革与创新,使整个连锁企业的经营管理能力始终保持在一个很高的水平上。同时,灵活的经营管理又使连锁企业的优秀管理制度、方法、经验能迅速有效地在各连锁分店内贯彻实施,这些都大大加强了连锁企业的总体竞争力。

5. 降低经营费用

连锁经营管理企业以顾客自我选购、自我服务的经营方式为主,减少售货劳动,因而雇员相对较少,节省成本,节约场地费用。在连锁超市中,商品明码标价,顾客可以自由挑选,顾客节省购物时间,也节省企业的经营成本,同时,加快了顾客的流通速度,增加了客流量。

6. 引导生产领域

连锁经营企业可以通过扩大规模来增加效益,企业在各处设立分店,因而对众多消费者的需求有比较全面、客观的了解。进货时,可根据顾客需求,结合市场供求来大批量进货,这样一来,连锁经营企业在市场中占有极其重要的地位,成为连接生产与需求的桥梁,生产商可根据企业进货的数量、种类等来进行生产,从而使生产与消费紧密挂钩,不致出现浪费生产资源和货物奇缺等情况。

7. 增加社会就业机会

连锁经营企业的低成本、高效率使得所售商品价格大幅度降低,等于增加消费者的可自由支配收入,使他们能更多地购买其他商品或服务,乃至进行其他方面的投资,从而扩大社会总需求。从社会整体来看,必然会进一步促进社会各行业的就业人口总量的增长,也增加了就业机会。

8. 保护消费者利益

连锁经营企业的各种经营措施和经营策略,都是从不同角度、不同层面上保护消费者的利益。

(二)美容企业连锁经营

美容企业连锁经营的类型主要有以下几种。

1. 直营连锁(正规经营)

直营连锁又称为正规连锁,连锁企业总部通过独资、控股或兼并等途径开设门店,所有门店在总部的统一领导下经营,总部对各门店实施人、财、物及商流、物流、信息流等方面的统一管理。

直营连锁的主要特点如下。所有权和经营权集中统一于总部。其所有权和经营权的集中统一表现在:所有成员企业必须是单一所有者,归一个公司、一个联合组织或一个人所有;由总部集中领导、统一管理,如人事、采购、计划、广告、会计和经营方针都集中统一;实行统一核算制度;各直营连锁店经理是雇员而不是所有者(分店无法人资格);各直营连锁店实行标准化经营管理。

直营连锁的人员组织形式是由总公司直接管理。直营连锁的组织体系一般分为三个层次:上层是公司总部负责整体事业的组织系统;中层是负责若干个分店的区域性管理组织,负责专项业务;下层是分店或成员店。

2. 自由连锁(自愿连锁、自发性连锁)

自由连锁经营是指在激烈的商业竞争环境中,企业之间为了共同利益结合而成的事业合作体,各成员是独立法人,具有较高的自主权,只是在部分业务范围内合作经营,以达到共享规模效益的目的。

自由连锁就是企业的产品通过连锁店店铺销售的同时,有店铺,有广告,有口碑式的宣传,同时为市场达到三个零,即零距离、零库存、零风险。省去了中间的层层环节,成为有效杜绝假冒伪劣产品渗入的有效营销方式。

3. 特许连锁

特许连锁又称特许经营连锁,是指特许者将自己所拥有的商标、商号、产品、专利和专有技术、经营模式等以签订特许经营合同的形式授予被特许者使用,被特许者按合同规定,在特许者统一的业务模式下从事经营活动,并向特许者支付相应的费用。

特许经营连锁的核心是特许权的转让。总部与加盟店之间的关系是通过签订特许合约而形成的纵向关系。特许连锁经营的所有权是分散的,但经营权高度集中,对外要形成一致形象。总部提供特许权许可和经营指导,加盟店为此要支付一定费用。

美容的连锁经营企业有统一经营管理的标志(如店员、员工服饰、外部装修、标牌色彩等),统一采购物料用品,统一规范服务制度,统一员工培训和人事管理。

连锁经营在扩大经营规模的同时,使经营范围内管理规范化、标准化,提高经营效率,创出品牌,有利于企业在市场上取得较强的竞争力,也是美容企业管理现代化的必由之路。

(黄丽娃)

三、质量管理体系的建立

服务质量是企业的生命和发展基础。企业依存于顾客,"宾客至上,质量第一"是企业的宗旨,满足顾客的需求、增强顾客满意度是企业的目标。质量管理体系就是在质量方面指挥和控制组织的管理体系。建立质量管理体系能够增强顾客满意度。质量管理体系鼓励组织分析顾客要求,规定相关过程,并使其持续受控,以实现顾客能够接受产品和服务。质量管理体系能够提供持续改进的框架,促使组织持续地改进产品和过程,以增加顾客和其他相关方的满意度。

(一)质量管理八项原则

1. 以顾客为关注焦点

企业依存于顾客,为此,企业应当了解顾客当前和未来的需求,满足顾客需求或期望转化为顾客要求;将顾客要求传达给整个组织,加强与顾客联络,就有关顾客信息实施监视和测量;持续改进组织的过程和产品,使顾客满意。

2. 领导作用

领导者确立组织统一的宗旨及方向。他们应当创造并保持使员工充分参与实现组织目标的内部环境。为此领导者应当考虑相关方的利益，对组织的未来有明确的了解，确立协调一致的宗旨和方向，建立信任，消除忧虑，教育员工，培训员工，鼓舞员工。

3. 全员参与

各级人员都是组织之本，只有充分参与，才能使他们的才干为组织带来收益。组织中的角色应接受赋予的权限和职责并解决各种问题，每个人根据各自应承担的目标评估业绩，主动寻求提高能力、知识和经验的机会，自主地分享知识和经验，为自己成为组织的一员感到自豪，为组织创造更好的形象。

4. 过程方法

将过程和相关的资料作为过程方法进行管理，可以更高效地得到期望的结果。为此，组织应当识别并确定为达到预期目标所需的过程，明确职责和权限，识别并确定过程之间的相互关联和相互作用关系，评估风险及其相关方的影响。

5. 管理的系统方法

将相互关联的过程作为系统加以识别、理解和管理，有助于组织提高实现目标的有效性和效率。为此，组织应当建立一个系统的结构，以最有效的方法实现目标，并了解系统各过程之间的相互关联和相互作用关系，通过测量和评估以持续改进体系，明确必要的资源。

6. 持续改进

持续改进总体业绩应当是组织的一个永恒目标。为此，组织应当使每个成员都将产品、过程和体系的持续改进作为目标，为每个员工提供有关持续改进的方法和手段的培训，根据明确的验收准则评估、跟踪、发现改进机会，追求卓越，提倡以预防为主，使用一套指导和跟踪改进的方法和目标，识别并通报持续改进的情况。

7. 基于事实的决策方法

有效决策是建立在数据和信息分析的基础上的。组织应当测量并搜集所需的数据和信息，确保数据和信息充分、准确、可靠，并加以分析，为决策者提供所需的数据和信息，基于事实分析，做出决策并采取措施。

8. 与供方互利的关系

组织与供方是相互依存的，互利的关系可增强双方创造价值的能力。

组织应当识别和选择关键供方，在权衡短期利益和长期利益的基础上确立与供方的关系，与关键供方共享专门技术和资源，建立明确的、透明的沟通渠道，提倡双方共同开发与改进产品和过程，鼓励供方改进业绩。

质量管理八项原则是世界各国多年来的理论研究成果和实践经验，体现了质量管理的基本规律，形成了质量管理体系标准的基础。

（二）质量管理体系的总要求

(1) 确定质量管理体系所需的过程及其在组织中的应用。

(2) 确定这些过程的顺序和相互作用。

(3) 确定为确保这些过程有效运行和控制所需的准则和方法。

(4) 确保可以获得必要的资源和信息，以支持这些过程的运行和对这些过程的监视。

(5) 监视、测量（适用时）和分析这些过程。

(6) 实施必要的措施，以实现对这些过程策划的结果和对这些过程的持续改进。

(三)质量管理体系建立的准备

建立质量管理体系关键要靠领导的高度重视,要将其纳入领导议事日程,使其亲自参与。

最高管理者要任命一名管理者代表,负责建立、实施和改进公司质量管理体系,要对部门领导、骨干人员(负责体系设计、文件编写的人员)、全体员工进行分层次教育培训,使全体员工充分理解建立质量管理体系的意义及各自的职责,以保证质量管理体系的适宜性、有效性、持续性。

(四)质量管理体系建立的步骤

步骤一:确定顾客和相关方的需求和期望。

企业进行质量管理的目的就是满足顾客和相关方的需求和期望,确定顾客和相关方的需求、期望是企业建立质量方针和质量目标的前提。

步骤二:建立组织质量方针和质量目标。

质量方针是由组织的最高管理者正式发布的该组织总的质量宗旨和方向。最高管理者应确保质量方针与组织的宗旨相适应,包括对满足要求和持续改进质量管理体系有效性的承诺,提供制订和评审质量目标的框架,在组织内得到沟通与理解,在持续适宜性方面得到评审。

质量目标是质量方面所追求的目标。最高管理者应确保在组织的相关职能和层次上建立质量目标。质量目标包括满足产品和服务要求所需的内容。质量目标应该是可测量的,并与质量方针保持一致。如企业在质量方针中提出顾客至上,关注顾客需求,提供让顾客满意的产品和服务。企业就应以将顾客满意作为质量目标,落实到相关职能部门,并定期对其进行修订,以持续改进。

建立质量方针和质量目标为组织提供了关注的焦点,确定了预期的结果,可以帮助企业利用资源达成这些结果。

步骤三:确定实现质量目标必需的过程和职责。

(1)识别过程质量管理就是对质量形成过程进行管理。为使组织有效运行,必需识别管理许多相互关联和相互作用的过程。组织应识别并确定为实现质量目标所需的过程及其组织中的应用,确定这些过程的顺序和过程之间相互关联、相互作用的关系。

(2)确定实现质量目标必需的职责、权限与沟通。为使质量管理体系能够有效运行,最高管理者应根据实现质量目标的过程,规定组织内的责任和权限,确保组织内的职责、权限得到规定和沟通。组织内的职责和权限应包括总经理、管理者代表、公司其他分管领导、各个部门主管的职责和权限,以及公司各个部门、各接口单位之间的职责和权限。最高管理者应在组织内建立适当的沟通过程,并确保对质量管理体系的有效性进行沟通。

步骤四:确定和提供实现质量目标必需的资源。

企业确定和提供实现质量目标、满足顾客要求、增强顾客满意度所必需的资源,包括人力资源、基础设施与相应的工作环境。人力资源主要有确定从事影响质量工作的人员所必要的能力,通过招聘、培训或其他措施确保员工认识到所从事活动的相关性和重要性,以及如何为实现质量目标作出贡献。基础设施与工作环境是指具有相应的工作场所和相关设施,相应的仪器、设备,卫生控制、通信、运输等其他服务。

步骤五:确定为确保过程有效运行和控制所需的准则和方法。

为确保过程的控制和有效运行,质量管理体系范围的各个过程、质量活动都应建立相应的程序,这主要有如下几个方面。

1. 与顾客有关的过程

（1）组织应确定顾客的有关要求如下：顾客规定的要求，即对交付和交付后活动的要求；顾客虽然没有明示，但规定的用途或已知的预期用途所必需的要求；有关的法律法规要求；组织确定的任何附加要求。

（2）组织应评审与服务有关的要求如下：评审应在组织向顾客做出提供服务的承诺之前进行；应确保有明确的服务规范，使服务的要求得到规定；对与以前表述不一致的合同或订单上的要求予以解决；组织应有能力满足规定的要求；对评审结果及评审所引发的措施的记录应予以保持；若顾客提供的要求没有形成文件，组织在接受顾客要求前应对顾客要求进行确认；若服务的要求发生变更，组织应确保相关文件得到修改，并确保有关人员知道已变更的要求。

（3）组织应对服务信息、问询及合同或订单的处理（包括对其修改）、顾客反馈（包括顾客抱怨）等方面进行确定，并与顾客进行有效沟通。

（4）组织应对有关是否已满足顾客要求的信息进行收集，并确定获取和利用这种信息的方法。

收集顾客的感受可以通过顾客满意度调查、来自顾客的关于服务质量方面的信息、流失业务的分析、顾客赞美、索赔及销售报告等获得。

（5）组织应保护在企业控制下或企业使用的顾客财产，应妥善安置、保管顾客随身物品，并予以标识。若发生顾客财产丢失、损坏等情况时，应告知顾客，予以赔偿，并保持记录。

（6）组织应保护用户的个人资料和隐私，严禁传播外泄。

2. 采购

（1）采购信息。采购信息应针对性地表述拟采购的产品，主要内容如下：产品、程序、过程和设备的批准要求；人员的资格要求；管理体系的要求。在与供方沟通前，组织应确保所规定的采购要求是充分与适宜的。

（2）采购产品的验证。组织应确定并实施检验或其他必要的活动，以确保采购的产品满足规定的采购要求。

（3）采购过程。供方及采购方的产品控制的类型和程度应取决于采购的产品对随后的服务过程的影响。组织应根据供方按组织的要求提供产品的能力评价和选择供方，制定选择、评价和重新评价的准则，对评价结果及评价所引起的任何必要措施的记录应予以保持。

3. 服务提供的控制

组织应策划并在受控条件下进行服务提供。受控条件应包括如下几点：获得表述服务特性的信息；必要时获得作业指导书；使用适宜的设备；获得和使用监视和测量装置；实施监视和测量；服务提供和服务提供后活动的设施等。

4. 产品的防护

在内部处理和交付到预定的地点期间，组织应针对产品的符合性提供防护，这种防护应包括标志、搬运、包装、储存和保护。防护也应适用于产品的组成部分。

5. 不合格品的控制

组织应确保不符合要求的产品得到识别和控制，以防止非预期产品的使用或交付，不合格品控制及不合格品处置的有关职责和权限应在形成文件的程序中做出规定。

6. 纠正措施

组织应采取措施，以消除不合格的原因，防止不合格的再发生。纠正措施应与所遇到不合格的影响程度相适应。应编制形成文件的程序，规定以下方面的要求：评审不合格（包括顾客抱怨与投诉），确定不合格原因；评价确保不合格不再发生的措施的需求；确定和实施所需的措施；记录所采取措施的结果；评审多采取的纠正措施。

7. 预防措施

组织应确定措施，以消除潜在不合格的原因，防止不合格的发生。预防措施应与潜在问题的影响程度相适应。应编制形成文件的程序，规定以下方面的要求：确定潜在不合格及其原因；评价防止不合格发生的措施需求；确定和实施所需的措施；记录所采取措施的结果，评审所采取的预防措施。对质量管理体系范围内主要和复杂的活动，还需形成书面文件。

步骤六：质量管理体系文件编制。

文件能够沟通意图、统一行动，文件的形成本身并不是目的，它应是一项增值活动。质量管理体系文件应包括以下几个方面。

（1）形成文件的质量方针和质量目标。

（2）质量手册。

（3）本标准所要求的形成文件的程序和记录。

（4）组织确定的为确保其过程的有效策划、运行和控制所需的文件和记录。

（5）本标准所要求的质量记录。

步骤七：文件控制。

质量管理体系所要求的文件应予以控制，应编制形成文件的程序。

记录是一种特殊类型的文件，应建立并保持，以提供符合要求和质量管理体系有效运行的证据。记录应保持清晰，易于识别和检索。应编制形成文件的程序，以规定质量记录的标识、储存、保护、检索、保存期限和处置的控制。

四、美容院顾客服务流程建立

服务创造价值，美容服务质量关系到美容院的业绩和生存，美容院的每个服务环节尤为重要。近年来，美容院因为管理不善而导致的发展滞后、人员流失、停业歇业的现象不胜枚举。大多数美容院上至经营者下至美容师均产生了心有余而力不足的困惑，不知应该如何去做。因此，无论是新开业的美容院还是已经经营过一段时间的美容机构，都应该制定出一套适合自己特点的管理制度，依靠制度实行规范化管理。通过学习现代企业经营管理知识，或向美容行业中经营状况良好的同行学习，汲取成功的经验，结合自身实际，活学活用，或根据自身的经验积累，制定实施适合自身特点的店务管理办法。

顾客服务流程是美容院店务管理的基础，也是美容院店务管理的主线，贯穿着美容院经营活动的全过程，衔接着美容院店务管理的各个环节（如顾客管理、货物管理、卫生管理及安全管理等）。

（一）建立标准的顾客服务流程

建立美容院标准的顾客服务流程有助于保持顾客服务的一致性和优质化，也是美容院服务安全和质量的基础，一般而言，美容院建立标准的顾客服务流程有以下途径。

（1）由美容院管理者制定店内服务纲领性文件，如顾客服务宗旨、特色服务声明等。服务纲领性文件应随着美容院的发展而逐步修改完善，并要求全体职员严格遵守。

（2）制定服务品质标准、服务操作流程、美容技术要求、员工服务礼仪等规范性文件。

（3）采取各种措施促进美容院服务质量不断提升，例如，通过满意度调查、电话回访、短信群发、网络媒体问卷调查等渠道调查顾客满意度,从中发现美容院的服务短板,逐步修改完善,提高顾客的满意程度。

建立美容院顾客投诉渠道,让员工正确处理顾客的反馈信息,并在此基础上改进服务态度和服务品质,提高顾客的忠诚度。

(二)顾客服务流程的建立

顾客服务流程贯穿美容机构经营活动的全过程,如顾客预约、进入店门、享受各个服务项目、事后服务质量追踪等,整个过程包含了服务流程、员工行为、接待语言、人员与器材等。

美容院的标准服务流程一旦建立,全体员工必须遵守,管理者应负责监督并严格执行(表12-1)。

表 12-1 某美容院顾客服务流程表

服务流程	员工行为	接待语言	人员与器材
员工仪容准备	穿戴工作服,梳理妆容		员工对照制度要求,店长检查
顾客预约	接电话	您好,这里是××美容院,您需要什么服务?预约什么时段?有什么其他要求?欢迎您届时光临!	前台迎宾,客户预约登记表
顾客进门	为顾客泊车、开门,鞠躬、问候	您好!欢迎光临!(介绍服务项目,询问顾客是否预约)	保安、前台迎宾,客户基本资料登记表
寄放物品,引导入座	走在顾客旁边并用手势指引	请把您的随身物品寄放到这里……请这边走……请这里坐	前台迎宾
引导顾客入座更衣	引领顾客至美容间(指引沐浴更衣)	这是您的美容间……请休息……我去给您倒杯茶……请您看一会电视	前台迎宾
美容师自我介绍,为顾客卸妆、洗脸、去角质、按摩等	美容师自我介绍,以专业动作为客户服务	您好,我是××(工号××),我们现在开始做美容好吗?	美容技师,美容设备和操作仪器等
确认顾客种类	一边操作,一边确认顾客身份(老顾客还是新顾客)、是否为会员	您以前来过本店吗?有没有加入会员(介绍近期会员优惠活动或介绍入会优惠,如充值打折、送服务等)	美容技师,会员卡
与顾客愉快沟通	结合操作,了解顾客的背景资料等个人情况	您的工作是……?方便留个电话联系吗?	美容技师,基本资料记录

续表

服务流程	员工行为	接待语言	人员与器材
推荐商品	与顾客熟悉后,结合操作了解顾客体质、肤质,推荐产品	您的肤质属于××,建议您用××疗法保养,现在买卡有××优惠,您还可以选购我店新到的××产品,效果很好,您可以试试看	美容技师
引导顾客更衣,招待顾客休息	告诉顾客已经完成服务,告知有关注意事项,引导顾客休息	您已经完成保养,×小时内请不要洗澡……	美容技师
付款	递工单给前台,引导顾客签单	您的会员卡……请签单,您的消费额为……	美容技师
满意度调查	填写满意度调查表	您对我们的服务满意吗?占用您点时间填写调查表	前台迎宾,美容院顾客满意度调查表
顾客出门	协助取出顾客寄放物品,开门道谢。保安协助取车	谢谢您的本次光临,欢迎再次光临,请慢走	美容院优质服务系统评估表
顾客投诉处理	倾听顾客抱怨并做好记录,及时解决并致歉,礼送出门	您请坐,请喝茶,请您慢慢说……	保安、前台迎宾、店长,顾客投诉处理单
顾客回访	打电话、发短信	您好,我是××美容院。您上次在我们美容院进行了服务,不知现在效果如何?	前台迎宾、店长,顾客访问报告表

1. 顾客服务流程

(1)接待服务。顾客进门的第一程序,关系到能否留住顾客。一般大型美容院专设迎宾小姐,中小型美容院为节省费用可由美容师或前台服务人员接待。接待时应注意仪表礼仪。

(2)入座奉茶。对老顾客,应首先询问是否喝茶后再做护理;对新顾客,应先让座,再奉送茶水果盘,给其亲切、温暖、宾至如归的感觉。

(3)填写咨询表格(顾客档案)。新顾客光临,要详细填写顾客档案,如姓名、年龄、生日、工作单位、皮肤类别及以前做过何种护理或治疗等,内容应详细。给顾客做完护理后,应填写护理程序应注意事项,以供其他美容师参考。

(4)医学经络测试仪检测。有条件的美容院应配备医学经络测试仪。

(5)问题(需求)咨询。了解顾客亟待解决的问题,找出顾客的需求,如皮肤护理、亚健康的调理、减肥等。

(6)护理建议。根据上述了解,综合考虑,结合顾客的消费水平,提供一套最合理、科学的美容服务项目建议。

(7)肌肤护理。顾客初次到美容院,希望对院内技术、产品、服务多一些详细的了解,因此在做护理的过程中应详细介绍每一份产品的功效及护理程序的作用,适时推荐一些日常护理保健的小常识。

(8) 效果与感受确认。美容项目完成后,让顾客在镜子面前体验美容后的感受,帮其分析前后不同之处,让其看到真实的效果,以得到顾客的肯定。

(9) 居家保养建议(配产品)。顾客看到效果后,会确认产品的功效,应适时给其推荐美容产品,提出居家保养等建议。

(10) 服务流程缔结。缴费、填写美容项目卡(会员卡、积分卡),适时介绍近期优惠项目及成为会员后所享有特别的优惠待遇。

(11) 预约下次美容时间。提示顾客将美容保养当成一种习惯,同时也稳定了美容院客源和业绩。

(12) 送客出门。大多数美容院提倡"三迎七送",送顾客时应送顾客到门外,增强美容院的宣传力度。

(13) 电话回访。对新顾客,第一次美容3~4天后应进行电话回访,让其感受到关心;7天之后应再次打电话,以真诚感动顾客,让顾客产生再次光临的想法。对于做过美容治疗的顾客,应随时给予电话关怀,对顾客应7天后电话回访,同时温馨提醒应坚持做美容以保持效果,一方面能使客源稳定,同时也有机会让老顾客介绍新顾客,提升业绩。

2. 美容师操作服务

(1) 上班签到后换工衣、戴工卡。
(2) 领取必须用品,如口罩、检查仪器设备等。
(3) 接待顾客,调取顾客档案,确定服务项目。
(4) 帮助顾客存放物品,换美容服。
(5) 整理美容床,帮助顾客躺下。
(6) 消毒双手。
(7) 按各项目工作程序为顾客进行护理。
(8) 操作结束,协助顾客换衣服、取物品,帮助客户整理头发和妆容。
(9) 协助顾客到前台交款提货。
(10) 将顾客送走。
(11) 清理工作场所,如换床单、毛巾,清洗、消毒美容物品等。
(12) 做好护理记录,建立顾客档案。
(13) 工作空余时间做好售后跟踪服务。

(三) 美容院店务管理

服务创造价值,美容服务质量关系到美容院的业绩与生存,美容院的每个服务环节尤为重要,为了保证美容院的各个工作顺利进行,美容机构应根据自己的具体情况,对服务项目、员工岗位责任、日常管理制定一套完整制度,这样既可以作为员工的行为规范和行为准则,又可以作为日常工作检查的依据。

1. 出勤制度

(1) 严格执行上下班签名制度。
(2) 工休按店内轮休制执行。

2. 日常工作制度

(1) 工作时间着装整齐。

(2) 培养和提高员工专业接待素质,使用规定礼仪、礼貌用语,微笑、亲切接待顾客,主动问候顾客,虚心听取顾客意见,并按情况及时反馈给店长或经理。

(3) 相互尊重、关心和照顾,员工应使用礼貌用语,严禁在营业场所讲脏话、争吵、打闹、发脾气。

(4) 服从工作安排,积极主动联系及预约顾客,自觉服从工作安排。未经店长同意,不能随意调班或休息。

(5) 自觉维护美容机构形象,不在店内议论他人是非或与顾客议论美容机构内部是非。

(6) 严格执行卫生清洁制度,及时清扫服务区,合理使用美容仪器、爱护设备。

(7) 上班期间不做私事,给顾客做护理时不能接私人电话,不在店内从事与工作无关的事情。

(8) 对顾客资料严格保密,未经美容院同意,不准私自借用店内资料、物品,不准对外泄露公司的技术、管理资料、具体经营数据及顾客资料。

3. 就餐制度

美容院日常就餐应按规定的时间进行,不能提前或超时就餐。在就餐时间内分批就餐,确保岗位有人,不能因就餐而影响正常工作,就餐时讲究公共卫生。

4. 会议制度

无论美容机构规模的大小都要形成正规的会议制度。根据美容院情况定期举行例会,全体员工必须准时参加,不得迟到。应认真听取会议内容并做好会议记录,早会内容汇报自己的业绩、研究顾客预约资料等。

除上述内容之外机构还应制定卫生管理制度、人员考核制度、岗位职责等,所谓"无规矩不成方圆",好的制度可以带来好的管理,可以保证质量的稳定性。

(四)美容机构店务管理表单

在现代企业管理实践中,表格化管理是最基础的管理手段,能提高管理水平,尤其是管理效率。美容机构表格化管理应简单清晰、记录详细而全面。表格化应采取系统化思维的创新方法,通过深入分析,运用流程控制的工作方法,规范职能运作,以表格为载体,用表格化工作语言固化职能,优化流程,提高工作效率。

美容机构管理表格示例如下。

1. 员工考勤表(表12-2)

表12-2 某美容院员工考勤表

姓名: 　　　　　　　　　　　　　　　　　　　　　　　　　年　月　日

日期	上午	下午	迟到	早退	事假	病假	调休	顶班	加班	假日	其他
1											
2											
3											
4											
⋮											
30											

2. 目标任务表(表12-3)

表12-3　某美容院目标任务表

项目	包月	包季	包年	单次	零售	小记	实际完成
总计							

3. 美容处方单(表12-4)

表12-4　某美容院美容处方单

姓名		性别		生日	
职业		电话		住址	
存在问题					
活动方案	外用产品	内调产品	精油调理	其他	说明
处方人签名					
操作人签名					

目前大多数美容机构都是连锁经营模式,总部对各门店的数据收集多以表单报表收集,需要各门店填写大量的报表,容易出现数据表格化管理误区,有的没有认真对待,瞎编数据应付差事,有的对报表工作重视不够,疏于填写。对此美容机构经营管理中应合理设计并精简表格,表格设计应突出经营服务特点,严格填写要求,加强对表格化管理相关知识的培训和了解,熟练运用表格化管理工具及数字化管理软件。

五、美容企业质量管理体系的改进

众多美容机构为了在激烈的市场竞争中取胜,都贯彻了ISO9000质量标准,建立起了相应的质量体系,但是不少通过认证的机构却对质量体系中的持续改进环节重视不够,从而不能保证其质量体系健康有效的运行。

作为质量管理八项原则之一的持续改进环节,是质量体系进行自我改进、自我完善的重要手段,否则质量体系就是建立了也是静止的、固化的、无法改进和完善的死体系。健康的质量体系应具备很强的持续改进、自我完善功能,以适应内部和外部环境的变化,实现新的质量目标。而管理评审、内部质量审核、关注顾客满意度、纠正和预防措施是质量体系持续改进的重要途径和方法。只有从这三方面进行强化才能确保质量体系有效运行。

(一)质量管理体系的运行评价

1. 内部审核

内部审核是指以组织自己的名义所进行的自我审核。组织应按策划的时间间隔进行内部审核,以实现以下目的。

确定质量管理体系活动是否符合计划安排。通过内部审核,确定质量管理体系为保证产品、服务质量而开展的质量活动,是否符合标准和质量管理体系策划的要求。

确定服务活动的结果是否符合计划安排。通过内部审核，确定过程控制是否有效，产品服务质量是否达到了预定的目标和要求。

确定质量管理体系的有效性。通过内部审核，确定组织中运行的质量管理体系是否适合持续运行并达到组织的质量目标。

内部审核应考虑拟审核的过程和区域的状况和重要性及以往审核的结果，应对审核方案进行策划，应规定审核的准则、范围、频次和方法。审核员的选择和实施应确保审核过程的客观性和公正性。审核员不应有权限审核自己的工作。

2. 策划和实施审核

报告结果和保持记录的职责和要求应在形成文件的程序中作出规定。负责受审区域的管理者应确保及时采取措施，以消除所发现的不合格及其原因。跟踪活动应包括对采取措施的验证和验证结果的报告。

3. 管理评审

最高管理者应按策划的时间间隔评审质量管理体系，以确保其持续的适宜性、充分性和有效性。评审应包括质量管理体系改进的机会和变更的需要，包括质量方针和质量目标。

对质量方针和质量目标的评审，依据是顾客的期望和社会的要求，并考虑新技术的采用及质量概念的发展和经营环境的变化。质量管理体系改进的机会和变更的管理评审，依据的主要内容有顾客反馈、过程的业绩、产品的符合性、预防和纠正措施的状况、以前的审核结果、以往管理评审的跟踪措施、可能影响质量管理体系的变更、改进的建议。

管理评审包括对质量管理体系及其过程有效性的改进、与顾客要求有关的服务改进，对资源需求做出评价。管理评审定期进行，管理评审应保持评审记录，并提交评审报告。

4. 数据分析

组织应确定、收集和分析适当的数据，以证实质量管理体系的适应性和有效性，并评价在何处可以持续改进质量管理体系的有效性。这应当包括来自监视和测量的结果及其他有关来源的数据。数据分析应提供以下有关方面的信息：顾客满意度、与产品要求的符合性、过程和产品的特性及趋势，包括采取预防措施的机会、供方数据。

（二）以顾客为关注焦点，提高顾客的满意度

顾客是美容机构生存的根本，没有顾客，美容业就失去了生存的土壤，所以获取顾客、留住顾客是美容业生存和发展的保证，而所有这些都是要在较高的顾客满意度下才能实现。

企业要赢得顾客，就必须了解顾客的期望并通过自身的经营活动来满足甚至超越顾客的期望。关注顾客、服务顾客已成为企业运营的根本。要提高顾客满意度和忠诚度，对顾客当前及未来的需求有着清晰的理解，加强对组织及其服务的理解，牢记顾客的经济价值并迅速有效地回应顾客需求。顾客满意度不仅可以体现企业当前的经营状况，而且可以更为深刻地揭示企业经营中存在的一些深层次问题，如企业的质量文化、经营理念等。质量管理体系要将以顾客为关注焦点作为质量管理原则的首要原则，揭示了企业生存的意义和市场竞争的真谛。

企业要将以顾客为关注焦点的原则贯彻落实到日常经营活动之中，首先应结合企业的业务特点确认影响顾客满意的关键过程，对这些过程进行严格控制和不断改进，并注意从以下几个方面开展工作。

1. 强化顾客意识

在企业内部通过各种渠道宣传顾客对于企业的重要意义，培养各部门的顾客意识，将顾客利益和公司利益统一起来，只有这样，才能纠正"质量管理是管理人员"的错误认识，美容机构各部门才能协调一致，把质量工作做好。特别是企业的最高管理者必须主动积极地向企业员工（包括管理者代表）宣讲满足顾客要求的重要性，并在实际工作中体现顾客至上的管理理念，提倡换位意识，倡导员工从顾客的角度来看待质量问题、解决质量问题。那种口头上重视顾客、实际工作中把顾客利益与企业利益对立起来的领导作风，只会导致企业全体员工对顾客意识的淡化。

2. 识别顾客需要

企业要提供顾客需要的服务和产品，首先必须知道顾客到底需要什么，因此识别顾客需要是企业工作的起点。识别顾客需要的途径很多，如与产品有关要求的确定、与服务有关要求的评审、管理评审、顾客反馈（包括顾客建议和顾客抱怨）、市场调查、美容师的反馈、服务人员反馈等。对顾客需求的识别不仅要定性地加以分析，还要定量地加以研究，防止质量不足和质量过剩的情况。识别顾客需求，是产品服务质量定位的前提。对顾客需求把握不准，设计出来的服务和产品就没有坚实的市场基础，也难以激起顾客的购买欲。因此，准确识别顾客的需求，是企业赢得顾客的第一步。

3. 满足顾客需求

顾客需求的满足，体现在产品实现的一系列过程中。通过产品的设计与改进反映顾客的需求，通过质量检验确保服务、产品达到设计标准，通过标准服务流程来保持服务的质量，通过资源管理提供满足顾客要求所必需的资源等。其中任何过程出现问题都无法满足顾客需求，因而在所策划的安排均已圆满完成之前，除非得到相关授权人员的批准，适用时得到顾客的批准，不得放行产品和交付服务。因此，质量管理体系的每一环节，都需要进行质量控制，而这些控制显然不是管理部门能够完全承担的，必须由处于最佳位置的人员来实施这些控制。

4. 评价顾客满意度

顾客的需求是否得到了满足或在多大程度上得到了满足，是评定企业质量管理体系业绩、进行质量改进的重要依据。因此建立科学合理的顾客满意度信息收集系统，及时准确地掌握顾客满意度的信息，客观公正评价顾客满意度是企业质量管理的重要内容。对于顾客满意度的信息，应积极主动地通过多种渠道加以收集，如顾客投诉、服务人员反馈、电话调查、邮寄调查、抽样面谈调查、顾客座谈会、媒体报道等，以确保顾客满意度信息的准确性、及时性和全面性。顾客满意度可以作为企业质量方针的一部分，同时也是质量目标的组成部分，它的变化应能体现企业质量工作、经营业绩的变化。

（三）持续改进的方法

(1) 选择改进的区域。分析和评价现状，识别过程中存在的问题，选择改进的区域。

(2) 确定改进的目标。评价现有过程的有效性和效率。收集数据并进行分析，以便发现哪类问题最常发生，选择特性问题并确立改进目标。

(3) 识别并验证问题的根本原因。

(4) 确定解决问题的办法。寻求可能解决问题的方法，评价实施效果，确定解决问题的方法。

(5) 实施新的解决办法。

（6）针对已完成的改进措施，对改进项目的有效性和效率做出评价，确定目标是否已经实现。正式采纳新的方法并形成文件以规范化，防止问题及其根本原因的再次发生，并举一反三，考虑在组织的其他地方使用这种解决方法，消除潜在问题，防止潜在问题的发生（图12-1）。

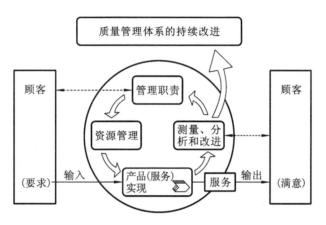

图 12-1　质量管理体系持续改进示意图

从关注顾客、服务顾客出发，顾客满意度不仅可以体现企业当前的经营状况，而且可以更深刻地揭示企业经营中存在的一些深层次问题，如企业的服务质量、文化、经营理念等。提高顾客满意度和忠诚度，持续改进服务质量体系是不断提高原有水平的基础。质量管理体系应以顾客的需求为根本，不断提升顾客满意度，持续改进，没有终结。

能力检测

简答题
1. 美容机构顾客服务流程有哪些？
2. 美容机构日常管理制度有哪些？
3. 如何建立美容机构的质量管理体系？

实训项目

美容机构服务流程设计

【实训目的】
对美容机构工作任务和美容师的工作流程进行调查分析，让学生掌握美容机构工作标准流程设计的方法。

【实训方式】
对美容机构服务状况进行调查分析。

【实训内容】
分小组对周边美容机构进行服务状况调查，提出质量改进建议并编制美容机构服务流程手册。

【实训步骤】

（1）根据班级人数分组，选出一人担任小组长。

（2）以小组为单位对所在城市某个具体美容机构服务状况进行资料收集和分析。

（3）提出质量改进建议。

（4）编制美容机构服务流程手册。

【实训要求】

美容机构服务流程设计要点：

（1）对美容机构服务状况及顾客对美容机构满意度进行调查。

（2）对所调查的美容机构提出改进建议。

（3）以调查的美容机构为对象编制服务流程手册。

（杨家林）

任务十三　美容企业形象与文化设计

学习目标

通过本任务的学习,让学生能够进行美容企业的文化设计。

能力目标

在老师的指导下,利用美容企业已有条件设计合理的企业形象;能设计美容企业的文化内涵并主动传播。

知识目标

掌握:美容企业形象设计的主要内容。

了解:美容企业形象的构成要素及分类。

素质目标

在老师的指导下,能完成教学目标的要求;能初步学会美容企业形象设计的主要步骤和要求;能初步学会分析各类美容企业文化的优势与不足,为在将来工作中进行合理的企业文化建设作技能准备。

案例引导

小企业如何建设企业文化?

既然企业文化是同企业一起丰富和发展的,那么,遵循企业发展来建设企业文化就能相得益彰。

在创业初期,鲜明地提出企业的价值主张就是一种企业文化建设。企业倡导什么、反对什么,鼓励什么行为、讨厌什么举动,言简意赅地归纳出来,即规定自己企业的"三大纪律八项注意"。

在成长初期,企业可以围绕核心价值主张,组织全体员工分别提出具体主张,如企业人才观、顾客观、合作观、安全观、环境观、时间观、学习观等,可以号召员工自己撰写,也可以让员工收集提交。企业汇总之后,分门别类,再组织全员评选。凡被全员一致认可的主张,即可纳入企业价值观念体系。组织员工将自己感兴趣或有见解的观点写成文章,或提供践行好的标杆人物事迹,在企业内部掀起一场学习宣讲企业价值主张的活动,最好每一条价值主张都能找到代表人物。企业文化建设最忌说一套、做一套,必须说到做到。

在发展壮大阶段,一是丰富企业价值观念体系,二是丰富标杆人物事迹或典型案例,让企业文化建设有血有肉。最好每一条主张都有自己的企业故事,让企业内外都能感受到企业文化的魅力和影响力。我们所宣传的,就是我们所做的;我们所做的,就是我们所主张的。积极健康的文化氛围、团结奋进的向上精神能够感染企业的每个人,企业文化是企业发展不可或缺的力量。这个阶段的企业文化就是成熟的企业文化。

很显然,小企业一开始就搞企业文化手册是不合时宜的。只有当企业文化内涵相当丰富、标杆众多、榜样无数,才可以考虑汇编成册,小企业建设企业文化应循序渐进。

思考:1. 美容企业文化建设有必要性吗?
2. 美容企业在什么阶段形成系统的企业文化较合适?

企业形象(corporate image,CI)是企业文化建设的核心。企业要在社会公众中树立良好的形象,首先要靠自己的内功,即为社会提供优良的产品和服务;其次还要靠企业的真实传播,即通过各种宣传手段向公众介绍、宣传自己,让公众了解熟知,加深印象。

一、美容企业形象设计

(一)企业形象

企业形象,是指人们通过企业的各种标志建立起来的对企业的总体印象,是企业文化建设的核心。企业形象是企业精神文化的一种外在表现形式,它是社会公众与企业接触交往过程中所感受到的总体印象。这种印象是通过人体的感官传递获得的。

从心理学的角度来看,形象就是人们通过视觉、听觉、触觉、味觉等各种感觉器官在大脑中形成的关于某种事物的整体印象,简言之是知觉,即各种感觉的再现。有一点认识非常重要:形象不是事物本身,而是人们对事物的感知,不同的人对同一事物的感知不会完全相同,因而其正确性受到人的意识和认知过程的影响。由于意识具有主观性,因此事物在人们头脑中形成的不同形象会对人的行为产生不同的影响。

在印象的基础上,加入人们的判断,进而形成具有内在性、倾向性和相对稳定性的公众态度,多数人肯定或否定的态度才形成公众舆论。公众舆论通过大众传播媒介和其他途径(如人们的交谈、表情等)反复作用于人脑,最后影响人的行为。企业形象有好与不好之分,当企业在社会公众中具有良好企业形象时,消费者就愿意购买该企业的产品或接受其提供的服务;反之,消费者将不会购买该企业的产品,也不会接受其提供的服务。企业形象的好坏不能一概而论,多数人认为某企业很好时,可能另有一些人感到很差,而这种形象将决定他(她)是否会接受该企业的产品或服务。任何事物都不能追求十全十美,必须把握矛盾的主要方面,从总体上认识和把握企业形象。

1. 企业形象的构成

企业形象的构成要素主要包括产品形象、组织形象、人员形象、文化形象、环境形象、社区形象(表13-1)。

表 13-1　企业形象的构成要素

项　目	组　成　要　素
产品形象	质量、款式、包装、商标、服务
组织形象	体制、制度、方针、政策、程序、流程、效率、效益、信用、承诺、保障、规模、实力
人员形象	领导层、管理群、员工
文化形象	历史传统、价值观念、企业精神、企业人物、群体风格、职业道德、言行规范、企业礼仪
环境形象	企业门面、建筑物、标志物、布局装修、展示系统、环保绿化
社区形象	社区关系、公众舆论

2. 企业形象的分类

企业形象的分类方法很多,根据不同的分类标准,企业形象可以划分为以下几类。

(1) 企业内在形象和外在形象。这是以企业的内在和外在表现来划分的,例如,观察一个人,有内在气质和外在容貌、体型之分,企业形象也同样有这种区别。内在形象主要指企业目标、企业哲学、企业精神、企业风气等看不见摸不着的部分,是企业形象的核心部分。外在形象则是指企业的名称、商标、广告、厂房、厂歌、产品的外观和包装、典礼仪式、公开活动等看得见听得到的部分,是内在形象的外在表现。

(2) 企业实态形象和虚态形象。这是按照主客观属性来划分的。实态形象又可以叫做客观形象,指企业实际的观念、行为和物质形态,它是不以人的意志为转移的客观存在,如企业生产经营规模、产品和服务质量、市场占有率、产值和利润等。虚态形象则是用户、供应商、合作伙伴、内部员工等企业关系者对企业整体的主观印象,是实态形象通过传播媒体等渠道产生的镜像,就好像从镜子中观察一个物体,得到的是虚像。

(3) 企业内部形象和外部形象。这是根据接受者的范围划分的。外部形象是员工以外的社会公众形成的对企业的认知,一般所说的企业形象主要就是指这种外部形象。内部形象则指该企业的全体员工对企业的整体感觉和认识。由于员工置身企业之中,不但能感受到企业外在属性,而且能够充分感受到企业精神、风气等内在属性,有利于形成更丰满、更深入的企业形象;但是如果缺乏内部沟通,员工往往只重局部而看不到企业的全部形象,颇有"不识庐山真面目"的感觉。内部形象的接受者范围更小,但作用却很大,与外部形象有着同等重要的地位,决不可忽视。

(4) 企业正面形象与负面形象。这是按照社会公众的评价态度不同来划分的。社会公众对企业形象的认同或肯定的部分就是正面形象,抵触或否定的部分就是负面形象。任何企业的企业形象都是由正反两方面构成的,换言之,企业形象应是一分为二的,公众中任何一个理智的个体都会既看到企业的正面形象又看到企业的负面形象。对于企业来说,一方面要努力扩大正面形象,另一方面又要努力避免或消除负面形象,两方面同样重要,因为往往不是正面形象决定用户一定购买某企业产品或接受某项服务,而是负面形象一定使得他们拒绝购买和接受该企业的产品和服务。

(5) 企业直接形象和间接形象。这是根据公众获取企业信息的媒介渠道来划分的。公众通过直接接触某企业的产品和亲身体验服务形成的企业形象是直接形象,而通过大众传播媒介或借助他人的亲身体验得到的企业形象是间接形象。对企业形象进行这种划分十分重要,如果一个用户在购买某种商品时看到的是粗陋的包装、落后的设计,试用时也不如意,无论别人告诉他这款产品如何如何好、这家企业如何不错,他也一定不会购买,因为直接形象比间接形象更能够决定整个企业形象。有些企业以为树立企业形象只能靠广告宣传,而不注重提高产品质量和服务水平,就是只看到间接形象而忽视了直接形象。

(6)企业主导形象和辅助形象。这是根据公众对企业形象因素的关注程度来划分的。公众最关注的企业形象构成主导形象,而其他一般因素构成辅助形象。企业形象由主导形象和辅助形象共同组成,决定企业形象性质的是主导形象,辅助形象对主导形象有影响作用,而且在一定条件下能够与主导形象实现相互转化。

3. 企业形象的子系统

企业形象的组成因素虽然非常复杂,可以将其归纳为三个子系统,即理念形象、行为形象和视觉形象。

(1)企业理念形象。这是由企业哲学、企业宗旨、企业精神、企业发展目标、企业经营战略、企业道德、企业风气等精神因素构成的企业形象子系统。

(2)企业行为形象。这是由企业组织及组织成员在内部和对外的生产经营管理及非生产经营性活动中表现出来的员工素质、企业制度、行为规范等因素构成的企业形象子系统。内部行为包括员工招聘、培训、管理、考核、奖惩,各项管理制度、责任制度的制定和执行,企业风俗习惯等;外部行为包括采购、销售、广告、金融、公益等公共关系活动。

(3)企业视觉形象。这是由企业的基本标志及应用标志、产品外观包装、厂容厂貌、机器设备等构成的企业形象子系统。其中,基本标志指企业名称、标志、商标、标准字、标准色;应用标志指象征图案、旗帜、服装、口号、招牌、吉祥物等;厂容厂貌指企业自然环境、店铺、橱窗、办公室、车间及其设计和布置等。

在企业形象的三个子系统中,理念形象是最深层次、最核心的部分,也是最为重要的部分,它决定行为形象和视觉形象;而视觉形象是最外在、最容易表现的部分,它和行为形象都是理念形象的载体和外化;行为形象介于两者之间,它是理念形象的延伸和载体,又是视觉形象的条件和基础。如果将企业形象比做一个人的话,理念形象就是他的头脑,行为形象就是其四肢,视觉形象则是其面容和体型。

4. 企业形象的功能

(1)规范与导向功能。企业形象是把企业的价值观念和行为规范加以确立,为企业自身的生存和发展树立了一面旗帜,向全体员工发出了一种号召。这种号召一经广大员工的认可、接受和拥护,就会产生巨大的规范与导向作用。美国IBM公司提出"IBM意味着最佳服务",日产公司强调的"品不良在于心不正",德尔塔航空公司倡导的"亲和一家"等,都是在教育、引导、规范着员工的言行、态度,让他们在尽善尽美工作的同时注意把自己的形象与企业的形象联系起来,使本企业成为世界一流的企业。

(2)资产增值功能。企业形象是企业的无形资产,具有实实在在的资产增值功能,使企业在无限开拓市场的过程中,获得丰厚的利益回报。

有形资产和无形资产共同构成了现代企业的资产。有形资产就是企业所具有的实体形态和资产,包括固定资产(如机器设备、房屋、建筑物等)、对外投资和自然资源等。无形资产是指企业经过多年经营取得的没有物质实体而以某种特殊权利、技术知识、公众评价等信息形态存在,如专利权、商誉形象等。良好的企业形象有助于扩大企业的销售量,使企业在与竞争者相同的条件下,获得超额利润,从而形成直接的实益性价值,企业形象自身因此也就具有了价值。企业形象的良好与否具体体现在商标的价值上。

(3)关系构建功能。从企业内部来说,企业因不同的人从事不同的工作,人的性格、爱好、追求又不一样,如果没有一种精神力量将他们"黏合"起来,企业就会成为一盘散沙。企业形象确立的共同价值观和信念,就像一种高强度的理性黏合剂,将企业全体员工紧紧地凝聚在一起,形成命运共同体,产生集体安全感,使企业内部各方面"心往一处想,劲往一处使",成为一个协调和谐、配合默契的高效率集体。

从企业外部来说,只有塑造好的企业形象,才能为企业构建良好的公众关系打下基础,才可以从根本上留住顾客,构建起自己的公众关系网。美国PIMS战略设计院的研究报告显示:开发新顾客比维护老顾客要多花5倍的成本;96%的顾客遇到不好的服务,当场不会做出反应,多半自认倒霉而不再光顾,然后平均告诉周围10位好友;有20%的人传播力更强,一般会告诉其他20余人;一次不好的服务的损失,需要12次好的服务才能弥补。企业形象塑造是一个持续不断的过程,一次短期的行为可能会为企业的长期利益带来难以补救的损失。为了避免此类事件发生,企业应将优质产品和优质服务作为企业未来发展的关键,一方面能稳住老顾客,另一方面又能开发新顾客。

(4) 激励功能。在企业内部,企业形象可以有效地强化员工的归属意识,充分调动员工的积极性与创造性,从而增强企业的向心力和凝聚力。一般而言,企业具有良好的形象,会使企业员工产生荣誉感、成功感和前途感,觉得能够在企业里工作,是一件值得骄傲的事情,由此就会形成强烈的归属感和奉献意识。在这个意义上,好的企业形象可以作为一个激励员工的重要因素。

(5) 辐射功能。企业形象的建立,不仅对内有着极大的凝聚、规范、号召、激励作用,而且能对外辐射、扩散,在一定范围内对其他企业乃至整个社会产生重大影响。像我国20世纪60年代的"铁人精神"及在日本企业界经常听到的"松下人""丰田人"等说法,都是企业形象对外辐射的典型范例。

(6) 促销功能。企业形象的最终确立是以达到公众信赖为目的。只有在公众信赖的基础上,公众才有可能进一步购买企业的商品或服务。这一机制是企业形象能够产生市场促销的根源。企业形象具有特殊的促销功能。在相同的质量水平下,好的企业形象,可以使企业的产品成为公众购买的首选商品。企业形象的促销功能,是通过商标得以实现的。形象是公众对于某种商品的一种心理印象,公众对于商标的认同,就是对企业形象的认同。

(7) 扩张功能。良好的企业形象可以为企业赢得良好的市场信誉,使企业能够在短时间内实现扩张,赢得大批经营资金,吸引更多的合作者,从而扩大自己的市场影响力。企业形象具有特殊效用,所以现代企业都十分重视形象战略。对企业来说,塑造企业形象的过程,其实就是品牌成长曲线的修正与调控过程。

5. 企业形象表达的手段

企业形象表达的手段主要包括以下几个方面。

(1) 物质形象。这是指反映企业精神文化的物化形态,而不是指物质本身。例如,企业的店徽、店旗、商标和特定的店面装饰、布置等可以反映企业个性和精神面貌的直观形象。

(2) 人品形象。这里也不是指人的先天条件,而是指企业人员从后天学习的待人接物和工作上的行为态度等方面的表现。

(3) 管理形象。管理形象是指管理行为的表现形式,如组织形态、工作程序、交接班制度、奖惩方式、领导指挥方式等。

(4) 礼仪礼节。这里是指企业中人际关系的礼貌礼仪和庆典集会上的礼节规范。

(5) 社会公益形象。为社会服务和赞助公益事业,包括支持关心文教、科研、慈善、卫生等事业的具体表现。

（二）企业形象设计

企业形象设计又称CI设计，是企业内部对企业的自我识别与来自企业外部对企业特性的识别认同一致，达成共识。

1. 企业形象识别系统三要素

企业形象识别系统简称CIS（corporate identity system），是由企业理念识别（mind identity，MI）系统、企业行为识别（behavior identity，BI）系统、企业视觉识别（visual identity，VI）系统三个部分构成。这些要素相互联系，相互作用，有机配合。CIS将企业经营理念和精神文化，运用整体传达系统，传达给企业内部和社会大众，使其对企业产生一致的价值认同感和凝聚力。

（1）企业理念识别系统。此系统是整个CIS系统的核心与灵魂，统领着整个CIS工程的走向和发展，视觉识别和行为识别都是它的外在表现，包括企业的经营宗旨、经营方针、经营价值三个方面的内容。

（2）企业行为识别系统。此系统主要包括企业市场营销、教育培训、礼仪规范、福利制度、公共关系、公益活动等。在CI传播过程中最重要的媒体是人，企业中的人是CI的执行者和传播者，他们在生产经营的过程中，通过自己的行为将企业自身形象展示给社会、市场、同行和目标客户，从而树立了企业的形象。BI系统正是对企业人的行为进行规范，使其符合整体企业形象的要求。

（3）企业视觉识别系统。企业视觉识别系统是企业形象识别系统的重要组成部分。它是在理念识别和行为识别的基础上，通过一系列形象设计，将企业经营理念、行为规范等企业文化内涵相关的内容，传达给社会公众的系统策略，是企业全部视觉形象的总和。企业视觉识别系统是将企业的品牌理念与核心价值通过视觉传播形式，有组织有计划地传递给客户、公众及企业员工，从而树立起统一的企业形象。

企业视觉识别系统是企业形象最直观的表现。一个优秀的视觉识别系统可以使人们快速理解企业希望传递的信息。

2. 企业形象设计的流程

企业形象设计规划与实施是一种循序渐进的计划性作业。综合国内外企业导入CIS的经验，其实施流程大概分为五个阶段。

（1）企业实态调查阶段。把握公司的现况、外界认知和设计现状，并从中确认企业给人的形象认知状况。

（2）形象概念确立阶段。此阶段主要是以调查结果为基础，分析企业内部、外界认知、市场环境与各种设计系统的问题，来拟订公司的定位与应有形象的基本概念，作为CIS设计规划的原则依据。

（3）设计作业展开阶段。此阶段主要是将企业的基本形象概念，转变成具体可见的信息符号，并经过测试调查，确定完整并符合企业的识别系统。

（4）完成与导入阶段。此阶段主要是制订导入实施项目的先后顺序、策划企业的广告活动及筹备CIS执行小组和管理系统，并将设计规划完成的识别系统制成标准化、规格化的手册或文件。

（5）监督与评估阶段。CIS的设计规划仅是前置性的计划，如何落实建立企业形象，必须时常监督评估，以确保原设定的企业形象概念，如发现原有设计规划有缺陷，应提出检讨与修正。

3. 导入企业形象系统的效果

企业形象是企业内在的各种文化信息所形成的凝聚力、创造力、吸引力和竞争力的综合体现。塑造良好的企业形象，可以给企业带来以下三方面的效果。

（1）能得到社会对企业的认同和好感。一个得到社会公众认同和好感的企业，总能顺利地推销它的产品和开展新的工作，即使与其他企业销售相同的产品、做相同的工作，也容易得到较高的评价。

（2）能减轻社会舆论对企业的压力。一个形象良好的企业，当它无意之中有过错时，往往能比企业形象一般的企业得到社会公众更多的谅解，从而减轻社会舆论的压力。

（3）能提升企业的有效竞争力。消费者对于形象良好的企业及其产品总会优先考虑使用，因此，这类企业常常能击败竞争对手。一般而言，有知名度、企业形象良好的企业总比没有知名度、没有良好形象的企业能销售更多的产品。

（三）企业形象建设与塑造

考察一个公司的企业形象，可以洞察文化的系统概貌和整体水平，也可以评估它在市场竞争中的真正实力。一个企业良好的形象主要表现在：企业环境形象、产品形象、领导和员工的形象。

1. 良好企业形象的表现

（1）良好企业形象的灵魂是企业理念。

"企业理念"现已在悄悄地引起了企业经营管理观念的革命。许多企业制定了本企业的口号，反映企业的理念，显示企业的目标、使命、经营观念和行动准则，并通过口号鼓励全体员工树立企业良好形象。口号通常是指企业理念的表现形式。海尔集团的"日事日毕、日清日高"和"有缺陷的产品就是废品"等，都说明精神理念在企业中的重要性。塑造企业良好形象的一种很有效的形式，是培育和弘扬企业精神，对企业的发展能起到不可估量的作用。同时，还要与现代企业制度建设、企业的经营管理目标、思想政治工作结合起来，使其成为企业发展的精神动力。

（2）良好企业形象的外在表现是优美的环境形象。

代表企业领导和企业职工的文化素质的是企业环境，它标志着现代企业经营管理水平，影响着企业的社会形象。

第一，企业环境是企业文化最基本的反映，是适合职工劳动和生活的保障设施，让职工能够合理地、安全地、文明地进行劳动和生活。

第二，有情意的工作氛围是塑造企业形象的重要组成部分。企业的厂区、生产车间、产品、现场管理、办公设施、生产服务、生活区等都是企业形象的窗口。每个企业要精心设计厂区的布局，管理厂区的秩序和环境，不断绿化、净化、美化企业环境，寓管理于企业文化建设之中，提高企业的社会知名度，为企业增光添彩。

（3）良好企业形象的首要任务是优质的产品形象。

产品形象是企业形象的综合体现和缩影。企业生存发展的出路，则往往取决于企业的产品所带来的社会效益。首先，企业要提供优质产品，视质量为企业的生命线。产品的好坏关系到企业声誉和社会的发展。要把抓产品形象渗透到质量管理体系当中去，在管理者和员工中形成人人重视质量，个个严把质量关的良好风气。其次，增强企业知名度的措施之一是创名牌，创造企业最佳效益。多出精品，使产品在市场中形成自身的文化优势。同时，要加强产品的对外宣传,富于个性的宣传是塑造企业形象的重要手段。

(4) 良好企业形象的关键是清正的管理者形象。

企业形象的重要标志是企业管理者的作风。有什么样的管理者,就有什么样的企业文化和企业形象。企业管理者应不断提高自身素质,既要成为真抓实干、精通业务与技术、善于经营、勇于创新的管理者,也要成为廉洁奉公、严于律己,具有奉献精神的带头人。

(5) 良好企业形象的重要基础是员工敬业形象。

员工的整体形象是企业内在素质的具体表现:培养员工干一行、爱一行、钻一行、精一行的爱岗敬业精神;树立尊重知识、尊重人才的观念;创造一种有利于各类人才脱颖而出的环境和平等、团结、和谐、互助的人际关系,从而增强企业的凝聚力、向心力。

发动全体员工参与企业文化的实践,做到"三个满足",即满足员工参与民主管理的需要,满足员工渴望成才的需要,满足员工物质文化生活的需要,以此适应员工实现个人价值和物质、精神需要的意向,创造一种适应企业发展的良好文化氛围。

2. 企业形象塑造的相关策略

建立和巩固良好的企业形象,是企业赢得顾客的忠诚度、获得合作伙伴的信任和政府支持的必要手段。目前美容企业的典型表现是管理较弱、资源不足、生存压力较大。怎样与顾客和大众沟通?怎样使其愉悦?怎样保持适度距离和互动?怎样使其感动和产生欲望兴趣?这些都是值得企业思考的。

企业形象塑造一般可以概括为精干高效的队伍形象、品质超群的产品形象、严明和谐的管理形象、优美整洁的环境形象、真诚奉献的服务形象。下面从企业人物、文化和危机三个方面进行塑造。

策略一:人物形象宣传。

把企业管理者个人宣传和企业的战略目标、公关目标结合起来才能达到较好的宣传效果。

塑造企业形象要谨防急功近利心理,期望短期内树立良好企业形象是不现实的。

企业领导人的形象管理包括三个方面。一是依据个人物质(知识、能力、情绪、行为表现等)、常规表现(从员工、消费者、商业合作伙伴等角度)、关联表现方面的测评而形成的现有形象;二是依据不同类型受众(家庭、员工、管理层、合作关系、消费者、公众)期望开发而形成的理想形象;三是基于负责人个人条件分析与其他案例的最佳实践结合而成的形象改进与提升策略。

这种三合一工作方式与持续跟踪测评、形象塑造与传播规划、事件管理,使企业负责人的形象处在科学管理之下。

策略二:文化形象宣传。

企业形象宣传把企业本身所代表的意念和文化深植于客户的观念之中,借以提升客户对企业产品、服务的忠诚度。将企业文化特质形成一个统一概念,通过个性化和鲜明的视觉形象表达出来,再传递给社会更有效果。

建立良好的政府关系和争取有影响力人士的支持非常重要,与影响力大的人士建立紧密的联系,从而帮助企业通过与其有效的沟通获得良好的监督、理解和支持。

规范员工形象,工作着装、员工礼仪等都要规范化。

在实施过程中一般会有一种错误的认识,认为员工都是自觉的,只要把道理讲明了,制度就能得到实施。这种假定是不现实的。

策略三：危机形象宣传。

对于发展中的小企业来说，任何一次失误，不仅打击企业整体利益体系，对辛苦建立的企业形象将会产生重大而长远的影响。建立一套完整的危机处理系统，及时应变，可以利用危机机会达到企业形象宣传的目的。

要对企业潜在的危机和事件有充分的了解和认识，能随着形势变化发展对潜在的新问题、新现象进行分析、研究和处理；在日常危机管理工作中多做准备，寻找最佳实践模式进行危机管理培训和模拟演练；把企业面临的可能的潜在事件和危机罗列，找出解决危机的相应对策，包括关键信息、应对媒体采访的问答等。

（1）管理者应注意危机宣传中的几个问题。

如果周末上午9:00遇到危机，需要多长时间消息传达到每一位相关责任人？

假如某个心怀不满的员工或股东投诉，政府调查或者新闻调查被公之于众，公众的反应会是如何？

将如何做出解释以降低事件对企业经营和企业财务的影响？

如果出现危机，谁做发言人？谁出面与公众沟通？

（2）美容企业与媒体沟通的三条"防线"。

① 平时树立正面形象。

对内，企业应加强管理，防止出现负面传闻，不给媒体炒作的机会；对外，使正面新闻出现在当地媒体上，如多举办助学、敬老等慈善活动，借助节日或一些特殊事件打造企业的正面形象。

② 与当地媒体建立良好关系。

a. 企业举办活动时，邀请当地各类媒体记者参加，建立良好关系，培养感情，邀请参加企业内部的活动，参与并策划企业对外的公关活动。

b. 通过记者与其主管领导建立关系。这一层面主要是新闻部主任、总编室主任、专题部主任等。

c. 通过中层与媒体的高层建立关系。

d. 制定与媒体合作的制度。指定专人与媒体联系，收集媒体人物的背景资料并建立档案。美容企业负责人在企业的媒体主管离职或退休后，有人可以根据档案接替，避免媒体资料的流失。

③ 危机公关。

出现危机时，如果没有前面两项工作的准备，可以采取下面的步骤。

a. 事情不大，置之不理，避免越描越黑。

b. 不要回避，放低姿态，以谋求解决问题的姿态面对记者。

c. 对采访的记者以礼相待，迅速寻求帮助。

d. 出现危机时，不慌乱，正确面对，有错就改，诚恳道歉，寻找解决危机的方案。

（四）树立良好的企业形象

企业要在社会公众中树立良好的形象，首先，要靠自己的"内功"——为社会提供优良的产品和服务；其次，还要靠企业的真实传播——通过各种宣传手段向公众介绍、宣传自己，让公众了解熟知、加深印象。树立企业形象的任务，主要体现在企业的内在精神和外观形象这两个方面。

1. 内在精神

内在精神指的是企业的精神风貌、气质，是企业文化的一种综合表现，它是构成企业形象的脊柱和骨架,由以下三方面构成。

① 开拓创新精神。这是每个企业都应具备的和非常重要的。也就是说每个企业都应适应市场经济的需要,勇于探索、勇于创新,即要随着社会的发展、环境的变化、活动的需要和不同的公众对象,不断地对公共关系活动的内容和形式进行补充、完善和创新,使之更为丰富,更具特色,更有吸引力。这就要求公共关系人员(尤其是高层负责人)具有敏锐的洞察力、积极的求异思维、丰富的想象力和良好的知识结构、以及良好的心理素质、无畏的探索精神和活跃的灵感等。

② 积极的社会观和价值观。企业应具有自己的社会哲学观,不仅要在营销活动中树立一个良好的公民形象,同时还要关心社会问题,关心社会的公益事业,使企业在自身发展的同时也造福于民众和社会。现代企业不但要从事生产经营活动,获取盈利,还需要承担一定的社会责任和社会义务,以表明企业是社会大家庭的一员,要为社会的发展贡献自己的一份力量。这样不但有利于社会的进步与繁荣,还能为企业赢得社会公众的普遍好感。因此,企业在开展外部公共关系工作时,应当将搞好社会公益活动、为社会提供更多服务作为重要内容。

③ 诚实、公正的态度。企业应遵纪守法、买卖公平、服务周到。这种诚实的、正派的竞争态度和经营作风是企业形象的根基所在。

2. 外观形象

企业形象的树立主要是靠其内在精神素质的显现,同时也得力于公共关系的精心设计。这就要求公关人员善于运用一些便于传播、便于记忆的象征性标记,使人们容易在众多的事物中辨认,以此来加深外部公众对企业的印象。

① 企业名称。有学者认为这是树立企业形象的第一步。在商业中有这么一句老话叫"卖招牌",因为招牌的好坏对于消费者的心理有一定的影响,它甚至会影响企业的经营效果。企业的名称应像给人取名那样有讲究,而且名称易懂好记、清新醒目、寓意深刻。一些拥有名牌产品的企业有意识地将产品牌号与企业名称统一起来,也能收到相得益彰的效果。如美国可口可乐公司的可口可乐饮料,加深了人们对该企业的印象。

② 企业广告。这是一种诉求手段,一切应以加深公众印象为主,它要调动一切因素来影响公众对企业所发出信息的主观选择意向。它要达到这样一种效果,即令人感觉似曾相识,同时又不得不刮目相看。

③ 企业的标志。它是现代设计的一部分,它包括商标和组织的徽标。由于它具有容易识别、记忆、欣赏和制作的特点,因而在保证信誉、树立形象、加强交流方面起着举足轻重的作用。它是企业良好形象的一部分,是企业无形的财产,其价值是可估算的。因而企业可以设计各具特色的标志作为自己的象征,用独到的艺术构思给人留下美好的印象,以达到加深公众感知的目的。

④ 代表色。心理学中曾指出,在感知上,颜色起着重要作用。一个企业可以选择某种固定色调,用于企业与外界交流的各个方面,如办公室、店铺、包装系统、广告、工作服装等,形成一种本企业特有的风格,从而在心理上加深公众的感知印象。

⑤ 环境设施。这点对于美容企业显得尤为重要。舒适优美的环境布置、先进的营业设施,能在生理上和心理上影响顾客和员工本身,进而直接影响到营业效果。

总之,企业形象的内容是全面的,它不仅仅是企业产品的形象,而且是企业总体文化的表现,涉及的因素比较多。因而作为形象设计的公共关系部门,应充分考虑企业自身的特点,以及公众的心理需求、兴趣和习惯,进行科学的规划和设计,以确保企业形象既完美,同时又与众不同,独具一格。

二、企业文化建设

企业文化学的奠基人劳伦斯·米勒说过,今后的500强企业将是采用新企业文化和新文化营销策略的公司。近年来,企业文化建设逐渐得到全社会的高度重视,人们也开始意识到先进的企业文化已经成为企业发展的动力。在市场竞争激烈的今天,企业的竞争实质上是管理水平的竞争,更核心的是文化的竞争。企业要生存发展就必须寻求更科学、更系统、更完整的管理体系。企业文化提供了必要的企业组织结构和管理机制,当代企业要保持平稳和持续发展,必须开发具有自己特色的企业文化。企业文化的建设和企业发展战略、企业管理具有同等重要的作用。

> **知识链接**
>
> ### 能促进企业健康长久发展的企业文化
>
> 企业文化真正影响的是人,企业软实力的核心也是人。作为管理者,必须把员工当成一切经营活动中心,而不是没有思维和感情的赚钱工具。美好文化应该是企业和社会最重要的黏合剂,也是家庭育人的黏合剂。
>
> 经营企业就是经营人心。员工和顾客是真实的体验者和传播者,美好文化是另一种体验营销,看似无形,实则形神俱备。首先是企业规章制度之外的自我约束力;其次是目标清晰坚定的团队战斗力;最后是攻克难关、团结一心的凝聚力。
>
> 美容文化孕育形成的是这样的企业:营造一个爱岗敬业、员工快乐工作的家一样的内部环境,员工和老板之间相互尊重和信任,不断强化团队成员之间的合作;最大化地激发团队成员自身的潜能,使自己的知识和技能得到最大程度的增长和发挥,从而促进企业持续、健康地成长。如企业导入的美好基金、孝敬存折、同行互助奖、爱心使者等措施,价值观统一和情感连接的效果显而易见。
>
> 美好文化将成为企业文化核心要素的驱动力,是功利主义营销向和谐可持续发展理念转变的重要标志。我们相信,美好文化将成为现代企业管理与市场营销理念变革的"关键词"。以人为本不再是一句空话,科学发展观不再是形式主义,美好文化倡导从我做起,让人真正成为人,让企业流淌着道德和社会责任的血液,让企业环境绽放善良和谐之美。

(一)企业文化概述

企业文化建设,是指对企业文化的发展目标和发展方向所制订的总体谋划和基本对策。其特点包括渐进性、整体性、柔软性、可继承性、潜移默化性等,并通过企业文化建设对企业发展起到推动作用。企业文化的结构分为三个阶段,即精神层、制度层和物质层。

(1)精神层。其是指企业的领导和员工共同信守的基本信念、价值标准、职业道德及精神风貌,是企业文化的核心和灵魂,是形成物质层和制度层的基础和原因。精神层包括以下六个方面的内容。

① 企业最高目标。它是企业凝聚力的焦点,是企业共同价值观的集中表现,它反映了企

业领导者和员工的追求层次和理想抱负,是企业文化建设的出发点和归宿点。

② 企业哲学。它是在企业长期的生产经营活动中自觉形成的,并为全体员工所认可和接受,具有相对稳定性。它的形成是由企业所处的社会制度及周围环境等客观因素所决定的,同时也受领导者思想方法、政策水平、科学素质、实践经验、工作作风以及性格等主观因素的影响。

③ 企业精神。它是企业有意识提倡、培养员工群体的优良精神风貌,是对企业现有的观念意识、传统习惯、行为方式中的积极因素进行总结、提炼和倡导的结果,是全体员工通过有意识的实践所体现出来的。

④ 企业风气。它是约定俗成的行为规范,是企业文化在员工的思想作风、传统习惯、工作方式、生活方式方面的综合反映。

⑤ 企业道德。它是指调节员工之间、员工与企业之间、企业与制度之间三方面关系的行为准则和规范。

⑥ 企业宗旨。它是指企业存在的价值及其作为经济单位对社会的承诺。

(2) 制度层。制度层分为如下几种:①一般制度,指企业指导日常工作的工作制度和管理制度以及各种责任制度。②特殊制度,能够反映企业的管理特点和文化特色的非程序化制度。③企业风格,是企业长期相治、约定俗成的典礼、仪式、行为习惯等。

(3) 物质层。物质层是企业文化的表层部分,它是企业创造的物质文化,是形成企业文化精神层和制度层的基本。物质层包括如下几点:①企业名称、标志、标准字、标准;②企业外貌、场容场貌、绿化美化、污染治理等;③产品的特色、式样、外观和包装;④技术工艺设备特性;⑤厂徽、厂旗、厂歌、厂服、厂花;⑥企业的文化体育生活设施;⑦企业造型和纪念性建设;⑧企业纪念品;⑨企业的文化传播网络。

(二) 企业文化的功能

1. 导向功能

它指明企业的发展方向,把企业员工引导到企业所确定的企业目标上来。企业提倡什么,崇尚什么,员工的注意力必然转向什么,企业文化越强有力,越用不着过于详尽的规章制度。

2. 提升功能

先进的文化理念可提高企业形象的美感度,增加品牌的附加值。

3. 凝聚功能

被企业员工认同的企业文化,如同一面大旗,使员工自觉簇拥其周围,并吸引后者跟入,同时对企业合作伙伴和消费者产生吸引力。

4. 激励功能

崇高的文化会产生一种巨大的推动力,让企业员工有盼头、有奔头,让企业外部的合作者产生合作的动力,激发消费者信心。

5. 稳定功能

正确的文化存在着一种同化力量,对一些消极的"亚理念"起着削弱、改造的功能,从而使正确理念"一统天下",企业处于有序状态时才能平稳而有力地运行。

(三) 企业文化建设的意义和必要性

企业文化又是一种信念的力量、道德的力量、心理的力量。这三种力量相互融通、促进,形成了企业文化优势,这是企业战胜困难、取得战略决策胜利的无形力量。特别是在当力量十分雄厚的时候,能够产生较强有力的经营结果,无论是在市场上的竞争,还是为消费者提供服务,或是激励员工共同奋斗,企业文化均可以成为企业的指导思想。企业要生存发展就必须寻求更科学、更系统、更完整的管理体系,就要开发具有特色的企业文化。企业文化提供了必要的企业组织结构和管理机制,以保持平稳和可持续发展。企业文化作为一种以加强企业管理,强化企业凝聚力、企业理念、企业精神为核心的文化,对于企业的经营和发展起着越来越重要的作用。加强企业文化建设既有强烈的现实意义,又有深远的历史意义。

(1) 加强企业文化建设,是提高企业核心竞争力的内在要求。任何一个现代企业的维系和发展都需要两个纽带:一个是物质、利益、产权的纽带;另一个是文化、精神、理念的纽带。两者就好比"硬件"和"软件",互相支撑,缺一不可。从"软件"方面来说,企业文化建设就是要在实践中逐步树立、形成企业正确的价值观念、独特的企业精神、合理的经营之道、崇高的经营境界及为广大员工所认同并自觉遵守的道德规范和行为准则。企业"软件"搞好了,同时配以企业的"硬件"建设,才具有双重动力,企业的核心竞争力自然会提高。

(2) 加强企业文化建设,是建设高素质干部员工队伍、促进人的全面发展的迫切需要。建设先进的企业文化,是帮助和引导干部员工树立正确的世界观、人生观、价值观、荣辱观。推动企业文化建设,实施"人才强企"战略,有利于营造尊重劳动、尊重知识、尊重人才、尊重创造的氛围,使人力资源优势得到充分发挥。谁重视企业文化建设,谁就拥有竞争优势、效益优势和发展优势。各级领导和干部职工必须充分认识加强企业文化建设的重要战略意义,在加强企业文化建设方面迈出扎扎实实的步伐。但企业文化建设也不是一蹴而就的,它是一项长期系统的工作。建设不是目的,重在推广和落实。因此在推动企业文化建设的过程中,需要全员参与,密切配合,确保该项工作的实际效果。

(四) 企业文化建设的内容

企业文化建设的内容主要包括物质层、行为层、制度层和精神层等四个层次。学习型组织的塑造是企业文化建设的宗旨和追求的目标,从而构成企业文化建设的重要内容。

1. 物质层文化

物质层文化是产品和各种物质设施等构成的器物文化,是一种以物质形态加以表现的表层文化。企业生产的产品和提供的服务是企业生产经营的成果,是物质文化的首要内容。企业的生产环境、企业容貌、企业建筑、企业广告、产品包装与设计等也构成企业物质文化的重要内容。

2. 行为层文化

行为层文化是指员工在生产经营及学习娱乐活动中产生的活动文化,是企业经营、教育宣传、人际关系活动、文娱体育活动中产生的文化现象。它包括企业行为的规范、企业人际关系的规范和公共关系的规范。企业行为包括企业与企业之间、企业与顾客之间、企业与政府之间、企业与社会之间的行为。

(1) 企业行为的规范。它是指围绕企业自身目标、企业的社会责任、保护消费者的利益等方面所形成的基本行为规范。从人员结构上可划分为企业家的行为、企业模范人物行为和员工行为等。

(2) 企业人际关系。它分为对内关系与对外关系两部分。对外关系主要指企业经营面对不同的社会阶层、市场环境、国家机关、文化传播机构、主管部门、消费者、经销者、股东、金融机构、同行竞争者等方面所形成的关系。对内关系主要是企业内部各层次员工关系。

(3) 企业公关策划及其规范。

(4) 服务行为规范。它是指企业在为顾客提供服务过程中形成的行为规范,是企业服务工作质量的重要保证。

3. 制度层文化

制度层文化主要包括企业领导体制、企业组织机构和企业管理制度三个方面。企业制度文化是企业为实现自身目标对员工的行为给予一定限制的文化,它具有共性和强有力的行为规范的要求。它规范着企业的每一个人。企业工艺操作流程、厂纪厂规、经济责任制、考核奖惩等都是企业制度文化的内容。

(1) 企业领导体制。它是企业领导方式、领导结构、领导制度的总称。

(2) 企业组织结构。它是企业为有效实现企业目标而筹划建立的企业内部各组成部分及其关系。企业组织结构的选择应与企业文化的导向相匹配。

(3) 企业管理制度。它是企业为求得最大利益,在生产管理实践活动中制订的各种带有强制性义务并能保障一定权利的各项规定或条例,包括企业的人事制度、生产管理制度、民主管理制度等一切规章制度。

企业的制度文化是行为文化得以贯彻的保证。

4. 精神层文化

精神层文化是企业生产经营过程中,受一定的社会文化背景、意识形态影响而长期形成的一种精神成果和文化观念,包括企业精神、企业经营哲学、企业道德、企业价值观念、企业风貌等内容,是企业意识形态的总和。

(1) "参与、奉献、协作"的企业精神。这是现代意识与企业个性相结合的一种群体意识,是企业经营宗旨、价值准则、企业信条的集中体现,它构成企业文化的基石,通常通过厂歌、厂徽、厂训、厂规等形象地表现出来。

(2) "以市场为导向"的企业经营哲学。这是指企业经营过程中提升的世界观和方法论,是企业在处理人与人、人与物关系上形成的意识形态与文化现象,与民族文化、特定时期的社会生产、特定的经济形态、国家经济体制及企业文化背景有关。

(3) "以人为本"的企业价值观。这是企业在追求经营成功过程中所推崇的基本信念和奉行的目标,体现在处理股东、员工、顾客、公众等利益群体的关系中,包括利润价值观、经营管理价值观和社会互利价值观。

(五) 企业文化建设的措施和途径

为使企业科学、可持续地发展,我们必须高度重视企业文化建设,融合中华民族优秀的传统文化,培育形成具有中国特色的企业文化。企业文化建设的具体措施和途径主要有以下几种。

(1) 措施一:企业领导者必须成为推动企业文化建设的中坚力量。

企业文化从某种特定意义上可以说是"企业家"文化,企业文化在很大程度上取决于领导者的决心和行动。企业领导者应该带头学习企业文化知识,对企业文化的内涵要有深刻的认识,对建设本企业文化有独到的见解,对本企业发展有长远的战略思考。要亲自参与文化理念的提炼,指导企业文化各个系统的设计,提出具有个性化的观点,突出强调独具个性和前瞻性的管理意识,通过长远目光、人格魅力和管理艺术,感染和影响员工发挥最大的潜力,推动企业科学和可持续发展。

(2) 措施二:企业文化建设必须与企业管理相互融合。

加强企业文化建设并不意味着抛开制度管理。没有较完善的规章制度,企业就无法进行有效的生产和经营活动。而企业文化则是一种无形的文化上的约束力量,形成一种规范和理念,来弥补规章制度的不足。企业文化对管理的现实指导意义就在于挖掘文化管理的本质,丰富文化管理的内涵,提高文化管理的导向作用。企业文化优势是:可以增强企业的内聚力,加强员工的自我控制;能激励员工工作激情,提高生产效率,形成动力;有助于提高企业对环境的适应能力;有利于改善人际关系,产生极大的协同力;有利于树立企业形象,提高企业声誉,扩大企业影响。通过文化对管理的先导作用,实现员工与企业的共同目标,使企业不断提高品位,提升企业在市场中的竞争力。

(3)措施三:企业文化必须得到企业全员的认同。

要增强内部凝聚力和外部竞争力,推动企业可持续发展,必须使员工形成统一的理念,并且贯彻落实。通过在职培训等形式,增强员工对企业文化系统的认识,让员工人人参与其中,从"要求我这样做"转化为"我应该这样做",才能按照企业文化管理的要求,用文化理念指导个人行为,使之符合企业发展的需要。

(4)措施四:企业文化建设必须坚持长期建设和不断创新。

企业文化建设工作的长期性,在于它伴随着企业建设和发展的全过程,要使文化理念转化为员工的自觉行为,必须有长期作战的准备。企业文化建设不是一朝一夕的事情,它需要一批批、一代代的企业家和员工在经营企业的过程中去营造、培养和发展。

(六)企业文化建设的方法

(1)晨会、夕会、总结会。在每天的上班前和下班前用若干时间宣讲公司的价值观念。总结会是月度、季度、年度部门和全公司的例会,这些会议应该固定下来,成为公司的制度及公司企业文化的一部分。

(2)思想小结。定期让员工按照企业文化的内容对照自己的行为,自我评判是否做到了企业要求,应如何改进。

(3)张贴宣传企业文化的标语。将企业文化的核心观念写成标语,张贴于企业显要位置。

(4)树先进典型。给员工树立了一种形象化的行为标准和观念标志,通过先进典型员工可形象具体地明白"何为工作积极""何为工作主动""何为敬业精神""何为成本观念""何为效率高",从而提升员工的行为标准。上述的这些行为都是很难量化描述的,只有具体形象才可使员工充分理解。

(5)网站建设。应在网站上进行及时的方针、思想、文化宣传,企业网站建设专家米粒文化 CEO 指出,寻找专业的与企业文化相关的网站建设公司,建设更符合、更贴近公司的企业文化。

(6)权威宣讲。引入外部的权威机构人士进行宣讲是一种建设企业文化的好方法。

(7)外出参观学习。这也是建设企业文化的好方法,无疑向广大员工暗示:企业管理者对员工所提出的要求是有道理的,因为别人已经做到了,而我们没有做到,是因为我们努力不够,我们应该改进工作方法并向别人学习。

(8)故事。有关企业的故事在企业内部流传,会起到企业文化建设的作用。

(9)企业创业、发展史陈列室。陈列一切与企业发展相关的物品。

(10)文体活动。如唱歌、跳舞、体育比赛、国庆晚会、元旦晚会等,在这些活动中可以把企业文化的价值观贯穿进行。

(11) 引进新员工，引进新文化。引进新员工，必然会带来些新的文化，新文化与旧文化融合就形成另一种新文化。

(12) 开展互评活动。员工对照企业文化要求当众评价同事工作状态，也当众进行自评，再由同事评价自己做得如何。通过互评运动，摆明矛盾，消除分歧，改正缺点，发扬优点，明辨是非，以达到工作状态的优化。

(13) 领导人的榜样作用。在企业文化形成的过程当中，领导人的榜样作用有很大的影响。

(14) 创办企业报刊。企业报刊是企业文化建设的重要组成部分，也是企业文化的重要载体。企业报刊更是向企业内部及外部所有与企业相关的公众和顾客宣传企业的窗口。

（七）企业文化的建设思路

(1) 第一单元：打碎自己，走进系统。

放下身段，放下经验，空杯融入，用全新的经济效益迎接企业变革。企业内多解决问题，员工间多些包容，少些争执，多些接纳，少些摩擦。走进系统，轻松成就事业。

(2) 第二单元：重塑团队，凝聚士气。

突破团队心理误区，适应变革环境，遵循规则、制度底线。不抱怨，不指责，目标一致。目标清晰，文化统一。敢于承担、付出，学会负责任。换位思考，使其更理解领导，更支持企业的发展。

(3) 第三单元：PK 机制，结果导向。

变革是一种常态，营造正面语言氛围，敢于行动要结果，只有内心强大，才是真正的强大，落后总要挨打，强者总希望变革成长，帮助员工认识责任的内涵和树立其责任心，承担起自己的责任；从自身做起，更好地担负起工作责任，建立团队间承诺、责任和承担心态；懂得上下级之间的换位思考，使其更理解领导，更懂得付出，更支持企业的变革发展。

(4) 第四单元：模拟考核，推进导入。

信息不对称，导致决策偏差，企业内部执行不力，员工与管理者的沟通往往是让员工体会并建立要像爱自己的家一样爱企业，像爱自己的亲人一样爱伙伴的思想理念，懂得从自己做起，让企业充满爱和温暖。

(5) 第五单元：爱在当下，荣辱与共。

感谢来自心灵，感恩父母的养育之恩，感恩企业的风雨同舟，感恩同事的携手共进，感恩客户的协同发展。爱是根源，爱是企业发展的原动力；体验爱、责任、付出。做到不但有孝心，更有孝力。

(6) 第六单元：接纳变革，系统制胜。

包容他人，以心胸宽阔、博爱对待团队，世界是美好的，主动的接纳是境界。主动敞开心扉使自己的舞台更宽广。帮助员工在对企业过去成长历程的回顾中，认识企业的强大和团队的力量，从而建立和增强对企业未来发展的信心和事业心。

（八）企业文化建设的实操三部曲

1. 企业文化的诊断

诊断的方法和原理是：把企业中层以上干部集中起来，把集团的理念，逐句念出来，请大家把听到理念后所想到的能代表这种理念的人物、事件说出来或写出来。如果大部分人都能联想到代表人物或事件，且相对集中，就说明企业的文化得到了大家的认同；但是，如果大部分人不能说出或写出代表性的人物或事件,就说明企业文化和企业理念没有得到员工的认同,就更谈不上对员工行为的指导作用。

2. 企业文化的提炼与设计

第一步:让企业找10位从创业到发展全过程都参加的人,让他们每一个人讲三个故事。

第二步:将重复率最高的故事整理出来,进行初步加工,形成完整的故事。

第三步:找十个刚来企业一年左右的员工,最好是大中专学生,将整理好的故事讲给他们听。

第四步:将专家和相关企业领导集中封闭起来,对记录的内容进行研究和加工,从中提炼出使用率最高的代表故事精神的词语,这些词语经过加工,就是企业精神或企业理念。

第五步:按照提炼出来的反映精神或理念的核心词,重新改编故事,在尊重历史的前提下,进行文学创作,写出集中反映核心词语的企业自己的故事。

3. 企业文化的强化与培训

第一,对全体员工进行企业文化培训。

第二,树立和培养典型人物。

第三,以企业文化理念与价值观为导向,制定管理制度。

(九)企业文化建设的作用

成功的企业文化对外具有一定的引力作用,对内要具有一定凝聚力。优秀的企业文化应具备以下六大特点。

1. 能得到员工的广泛认同的价值观

员工认同企业文化才是真正的文化。在实际企业管理工作中,很多企业经营者或负责人自己都不认同的东西,还要员工去执行。

2. 能在价值观指导下成功地实践与验证

有一家企业的价值观是"实实在在做人,认认真真做事"。但实际情况却是,企业经常不按时发工资,对员工的承诺不兑现,于是老板忽悠员工,员工骗老板、骗客户,他们的做法与他们的"实实在在做人,认认真真做事"却大相径庭。

3. 使企业员工产生使命感,使企业产生积极的因素

优秀的企业文化不仅能使员工产生使命感和责任感,而且能激励员工更积极地工作,使员工对未来充满憧憬,反之,会使员工产生消极情绪,悲观厌世。

4. 简约明了,令人心悦诚服

企业文化的核心主张一定要简洁明了,我们可以看看国内外著名的企业文化,都可以精简为一句话或一个词,如海尔的诚信文化"真诚到永远"、飞利浦的进取文化"我们一直在努力"等。

5. 能使企业产生不可复制的竞争力

事实上企业文化已经超越了管理范畴,其实质上是一种具有不可复制的竞争文化。而现代企业的竞争,归根到底是企业文化的竞争,或者说是品牌文化的竞争。优秀的企业文化就是企业最有力的竞争武器,而且是不可复制的。

6. 能使员工对企业产生深厚的感情

企业文化不仅能提高员工主人翁意识和员工高尚情操,而且能使员工对企业产生深厚感情。无论走到哪里员工对企业的一草一木总是充满怀念,听到或看到企业代表人物、标志、广告、产品等总是有一种亲切感。

（十）企业文化建设的运作管理

（1）企业文化作为一种当代企业管理理论，在于将企业价值观渗透到企业经营管理的各个方面、各个层次和全过程，用文化的手段、文化的功能、文化的力量，去促进企业整体素质、管理水平和经济效益的提高。企业文化运作包括以下几方面。

① 激励机制。企业文化管理的首要任务是调动人的积极性，其激励方式有目标激励、参与激励、强化激励、领导者言行激励。

② 纪律约束机制。要有明确的规范，落实上不走样，将企业理念贯穿到制度、纪律与行为规范中。

③ 凝聚机制。确立广大职工认同的企业价值观，确立企业目标，确立企业人际关系。

（2）在企业文化管理上，一要处理好借鉴与创新的关系，把握企业文化的个性化、特色化；二要处理好用文化手段管理文化，坚持以文化引导人、培育人；三要处理好虚与实、无形与有形的关系，坚持内外双修、软硬管理相结合。

> **知识链接**
>
> **企业文化建设的成果展示**
>
> 某美容色彩文化广场创办于1998年，该企业的理念如下。
>
> （1）核心价值观：诚实、守信、勤勉、谦逊、宽容、担当。
>
> （2）企业愿景：立足某地，面向全国，力争成为中国美容养生企业的先锋，行业的带头兵。
>
> （3）服务过程：我们所要做的不只是单纯地护理一张脸，而是树立一种优雅、健康、积极向上的生活方式，带给您生活的品质和品位。
>
> （4）服务目标：追求第一，至善至美。
>
> （5）员工信念：兢兢业业，不掉以轻心；为团队争取荣誉，不计较个人得失；为公司创造价值，坚持不懈。帮助解决工作中的困难，责无旁贷；援助同事生活中的困难，义不容辞。
>
> ……

（十一）企业文化的变革、创新与发展趋势

变革是唯一不变的真理，人的本性有求新的一面，也有害怕改变的一面。没有人会欢迎和自己利益无关的变革。但变革是没有选择的，抵抗、抵制、排斥变革不如早作准备找出应对办法。

只要愿意放下旧包袱，愿意学习新技能，就能发挥潜能，创造崭新的未来。成就这一切，需要的是自我改革的勇气与再生的决心。

1. 企业文化的变革

科学技术发展进步推动了社会、经济的飞速发展，特别是计算机和网络技术的普及应用，世界变得越来越小，知识和信息广泛传播共享使得创新的变革活动更加频繁。全球经济一体化，使得市场竞争更加残酷，企业只有不断地变革创新，适应外部环境的变化，才能生存并获取竞争优势。因此，企业文化的变革势在必行。

企业为更好地满足市场需要,需要围绕企业的关键目标和核心竞争能力来设计工作流程。信息化使得企业中的沟通和协调更加充分,也使得组织结构扁平化,管理层级减少。企业中更多的权力授予基层员工,员工也更多地参与到企业的决策管理中去,尊重和信任成为企业价值观的重要部分。企业中的管理实践的变革必然带来对传统经营方式的挑战,企业文化要随之改变,创造支持变革并使变革维持下来的企业环境。企业是人的组织,只有企业的价值观和行为方式改变了,企业才能实现真正的变革创新。

(1) 克服企业文化变革的阻力。企业文化要支持企业技术和观念意识的发展变革,与时俱进。但文化有很强的惯性力,变革过程中会遇到各种障碍和阻力,因为现存的价值取向、行为模式、管理作风和基础结构都可能成为变成的对象。企业文化变革是人的变革,是人的观念和行为的改变。变革对于员工意味着未来的不确定性,而人与生俱来的对变化的恐惧心理和反抗心理形成的文化惯性阻力;同时,企业中的既得利益集团在利益受到损害时为维护自身的利益会反对变革。所以,企业文化的变革会遭遇到来自各个层面和各个方向上的阻力。

企业文化的变革只能是自上而下的,需要企业高层领导的支持。因为只有企业的高层领导者才有改变企业价值观和深层结构的权力,同时他们必须以身作则,积极通过言行举止传达新的文化。

员工既是企业文化作用的客体,也是企业文化建设的主体。企业要进行广泛沟通和交流,让员工充分了解企业文化变革的目标、意义及其影响,取得员工的理解和支持并积极参与到变革中来,共同努力改变不合时宜的价值观和行为。将新员工引入企业,由他们带来企业变革所需要的新的价值观和行为,对变革的过程有很大的帮助;而将那些不愿意接受变革的人调离,会加速变革的进程。

奖励对于价值观和行为的塑造具有重要意义。将奖励和报酬与那些有助于实现企业任务目标的行为结合起来,让员工了解如何才能受到奖励,从而引导他们实现行为方式的转变。

企业文化变革的阻力来源于人和与人相关的利益关系,只有理顺和摆平这些关系,变革的障碍才能最终克服。

(2) 企业文化变革的过程。

① 评估。这一阶段需要外部专家对现存的文化进行诊断,因为企业内的成员不可能对他们的文化进行清楚和无偏见的分析。评估的主要任务是收集数据、分析测定现存企业文化的现状及其与向往状态的差距,它如实反映企业环境的现状,提供了企业在为达到目标工作状态这一过程中有利的和不利的事物基线。企业文化变革的方向则体现在企业目标和如何实现这些目标中。需求评估是企业明确为达到目标需要加以改变的范围和需承担的义务,确定并公布企业环境中的积极的方面和有必要加以保持的方面,承认并解决企业文化中形成的障碍。

② 解冻。打破已有的行为方法和程序,引导员工关注这些固定程序,在需求评估的基础上,告诉人们为何要变革。员工除了需要知道变革的内容外,还要明确知道变革的原因,以及它会在协作、成果等方面如何对他们形成期望。员工只有接受了变革的需求,才能自觉地加入变革中,成为变革的支持者和贡献者。

③ 变革。一旦现有的行为模式被解冻,就可以实施变革的过程了。企业文化的转变是企业管理制度、风格和共有价值观的重塑过程,是在高层管理者的领导支持下,全员积极参与,更新观念和行为,是员工与企业重建心理契约的过程,该过程与企业文化的形成相似。

④ 评价。评价与衡量对企业文化的变革至关重要。评价不仅是衡量成果的重要手段,

本身也是一种干预手段,它使人们了解企业通往成功的过程中取得的进步及企业如何取得进步。对于成果,评价能起到巩固提高的作用;对于失误部分,评价能起到纠正指导作用。

⑤冻结。这是使行为稳定、保证人们有效运作的手段。如果个人或企业处于不断变化的状态下,宗旨和目标是无法实现的。这就需要将变革产生的好的方法、行为稳定下来,固化为企业整体的心理程序,成为新的企业文化的组成部分。冻结是变革后企业文化的形成。

社会处于不断发展变化之中,企业的管理实践在不断地受到变革创新的挑战,企业的员工追求的意义和价值也在变化。企业文化要适时做出变革,创造出产生更高工作满意度和价值的企业生活方式。通过企业文化实现对员工微妙的影响和控制,管理好企业文化的变革,企业就拥有了在市场赢得竞争优势的利刃。

2. 企业文化的创新

企业文化创新是为了使企业的发展与环境相匹配,根据本身的性质和特点形成体现企业共同价值观的企业文化,并不断创新和发展的活动过程。企业文化创新的实质在于企业文化建设中突破与企业经营管理实际脱节的僵化的文化理念和观点的制约,实现向贯穿于全部创新过程的新型经营管理方式的转变。企业文化创新的基本思路包括经营理念、企业宗旨、管理制度、经营流程、仪式、语言等,进行全方位系统性弘扬、重建或重新表述,使其与企业的生产力发展步伐和外部环境变化相适应。

(1)企业领导者应当加强自身修养,担当企业文化创新的领头人。

要进行企业文化创新,企业管理者必须转变观念,真正将企业文化定位在企业经营理念、企业价值观、企业精神和企业形象上;牢固树立全新的市场化经营发展观念、竞争观念、效益观念;掌握现代化管理技能,吸收国内外优秀的管理理念和经验;思维活动和心理状态要保持一种非凡的活力,双眼紧盯着国内外各种信息和市场需求,及时将外界信息重构出新的创新决策。

(2)企业文化创新与人力资源开发相结合。

企业文化创新与人力资源开发相结合是全员培训与推动企业文化变革的根本手段。为此,在企业文化变革的过程中,必须注重培训计划的设计和实施,督促全体员工接受培训、学习。增进员工对企业文化的认识和理解,增强员工的参与积极性,使新的企业文化能够在员工接受的基础上顺利推进,就是基于员工自愿支持的观念更新与行为模式的改变。还可以利用会议和其他舆论工具,如企业标语、内部刊物、板报等宣传企业的价值观,使员工时刻处于充满企业价值观的氛围中。

相应的激励和约束机制是企业文化创新的源泉。分配机制的变革就可以作为一个切入点。企业应该增强管理过程的透明度,对员工实行公平公正。

现代的企业竞争就是人才的竞争。顽强的企业精神是企业获得巨大成功的基础条件。要把企业那么多员工凝聚起来,企业必须具备共同的价值观、目标和信念。对共同价值的认同会使员工产生稳定的归属感,从而吸引和留住人才。只有形成优秀的企业文化,才能打造一支优秀的员工队伍。

(3)建立学习型组织。

企业间竞争是人才的竞争,实际上是学习能力的竞争,是企业的学习能力。建立学习型组织和业务流程再造,是当今最前沿的管理理念。世界排名前100名的企业中,已有40%的企业以"学习型组织"为样本,进行彻底改造。知识经济、知识资本成为企业成长的关键性资源,企业文化作为企业的核心竞争力的根基将受到前所未有的重视。成功的企业将是学习型组织,学习越来越成为企业生命力的源泉。

3. 企业文化的发展趋势

(1) 企业文化愈发重要。

未来企业将是 90 后或是 95 后为主体的人员结构,他们有极强的自我意识以及不安现状、浮躁等特点,同时团队协作和实干、吃苦耐劳精神较缺乏,但他们具有追求快乐、思维活跃、敢于创新的优秀品质。那么企业如何引动?这就需要对企业文化进行重塑。

(2)"领导者"文化还将盛行。

企业文化具有鲜明的个性和差异性。不同的企业具有不同的成长经历和企业文化,而这往往是由企业经营者的文化素质、性格及处理事情的能力等决定的。

三、美容企业文化建设

(一)整合企业文化资源

建立企业文化的第一步是确认可以使用的各种文化资源,包括内部和外部的各种文化资源,根据企业定位筛选与企业定位相关的各种文化因素。

1. 外部文化资源

外部文化资源主要是指企业本身的一些资源。

(1) 企业名称　这是企业无形资产中的主要载体。企业名字中有的是历尽百年沧桑的老字号,有的是今年脱颖而出的新企业。

(2) CIS　这是"企业形象识别系统",主要通过企业的标识体现,一般一个企业只有一套 CIS。

(3) 商标　经注册或未注册的在商品上的标识,企业可能有多个注册商标。

(4) 商品名称或名人　企业家或杰出员工在社会知名度极大,也可作为企业的一种品牌资源。

2. 内部文化资源

内部文化资源是指可以反映并影响企业定位的各种文化因素,它的基础是企业文化,是基于世界文化、民族文化、地方文化、行业文化、职业文化因素形成的。

在企业文化因素的整合下,得出与企业形象一致的企业文化的要素,确保内部文化和外部文化的一致性。

(二)建立企业形象价值体系

在收集和整合内部和外部的各种文化资源之后,根据企业形象战略定位,对这种文化因素进行提炼,确保企业形象的价值体系。

(三)建立企业文化体系

一般的品牌文化定位要考虑以下因素。

(1) 确定品牌文化范围。

(2) 确定品牌文化个性。

(3) 确定品牌文化价值。

(4) 确定客户群体。

(5) 确定客户价值。

(6) 评估、提升客户关系。

(四)建立企业文化管理体系

企业文化管理体系包括了品牌企业内部文化管理和外部文化管理二个体系。企业内部文化管理体系是针对企业文化的定位,在企业内部,全体员工从认识上进行高度一致的协同,通过各种管理的行为,包括从现场管理、服务意识、营销体系等全过程进行文化协同。

企业文化外部管理体系是通过各种媒体或载体,围绕企业文化核心进行传播。但企业文化的传播与品牌传播的着重点不一样,它主要的传播方式不是广告,而是借助宣传媒体进行长期的潜在渗透,达到"润物细无声"的传播境界。

四、美容连锁企业文化的建设

美容行业是朝阳行业。民营企业占据主流的国内美容行业参差不齐、规模不一,缺乏长远的发展所需要的软性体系的认识,所以需要有优秀企业文化的支撑。

1. 国内美容行业美容连锁经营企业的现状

国内美容行业美容连锁经营企业总体呈现表面繁荣与内在稚嫩的行业发展特点。新的企业和品牌不断出现,企业数量大量增加,进入市场的门槛较低,国家政策规范限制较少,企业的规模和质量亟待提升;企业管理上呈现粗犷的经验式的管理;人才流动频繁,人才对企业的忠诚度较低;大多是民营资本,小老板意识较浓。

2. 美容企业要重视企业文化建设

务实和独特的企业经营理念可以稳定企业最核心的人员和团队,起到增强凝聚力的作用;优秀的、正确的企业文化理念体现了对于精神价值的追求和对顾客、社会的责任,这是赢得市场认同的良好基础;对于连锁经营企业来说,企业固化的、标准化的行为方式正体现了企业的信誉和现代商业精神,可以获得更多的认同并加强维系加盟的纽带;符合企业理念的企业形象识别系统可以使企业迅速地在行业树立良好的形象。

3. 美容连锁企业文化内涵

随着生物科技和医学技术的不断发展,美容行业的迅速发展,给顾客带来的是一种全身心的美化,同时,对一个服务行业的企业来说,诚信、合作的商业精神、社会伦理与道德、企业的社会责任感都是企业应有内涵;另外还要包含学习型组织、创新价值、文化包容的观念。

能力检测

一、选择题(每题的备选项中,只有一个最佳答案)

1. 企业形象的构成要素不包括(　　)。
   A. 产品形象　　　　　　B. 组织形象　　　　　　C. 人员形象
   D. 领导形象　　　　　　E. 以上均是

2. 企业内在形象的核心部分不包括(　　)。
   A. 企业精神　　　　　　B. 企业风气　　　　　　C. 企业哲学
   D. 企业名称　　　　　　E. 以上均是

3. 企业文化的强化和培训的主要方式有(　　)。
   A. 对全体员工进行企业文化培训
   B. 树立和培养典型人物
   C. 以企业文化理念与价值观为导向,制定管理制度

D. 以上都对
E. 以上都不对

4. 不属于企业制度层文化的是（　　）。

A. 企业领导体制　　　B. 企业组织机构　　　C. 企业管理制度
D. 服务行为规范　　　E. 以上均是

二、案例分析

美容行业品牌形象设计

某市某美容有限公司是国内首家以中医经络为导向的专业美容连锁集团，致力于向顾客提供全方位的经络减肥、美容、美体、养生等专业服务。同时，作为国内首家获批的专业减肥研究机构，某公司一直担当"国家减肥科研项目的研究、应用及推广"等重任。

该公司现已拥有分院近70家。值此契机，很有必要导入品牌识别系统，统一分院形象，规范管理，避免商家假冒伪劣，侵犯消费者权益。

品深设计进行深度市场调查，根据消费者需求和公司功能特点，结合中医天人合一、阴阳平衡、身心合一的养生观，将其定位为"着内和于形美"，LOGO设计采用篆体，形象生动，如婀娜多姿的美人，用绿色象征健康、活力，名片、包装、显示屏等相关物料宣传形象统一，最终不仅彰显独特，还使该公司赢得客户好评，每天客流激增。

请根据案例回答问题：

1. 该公司如何统一规范分院形象，积累市场价值？
2. 如何展现公司的个性特征？

实训项目

专业美容企业如何塑造文化墙

【实训目的】

在美容企业内设置一面文化墙，既能作为展示企业文化的窗口，又能成为自我宣传的平台，发布美容企业的"上级政策""领导精神""企业动态""企业内成员好人好事"等。同时，它还能成为联络美容企业与顾客的有效工具，充分发挥顾客的主动性和参与性。最重要的是，它成本不高。

通过实训，让学生初步学会制作企业文化墙的方法、技巧，更能在老师指导下学会初步设计。

【实训方式】

先跟老师熟悉文化墙制作过程，然后分小组实训，在学校美容实训室内或自选的美容企业中设计文化墙方案，在全班分享后再完善定稿。

【实训内容】

全班同学分若干小组，每3人一个小组，以小组为单位对校内美容实训室或学校周边美容企业进行文化墙设计，设计出初步方案。

【实训步骤】

步骤一：优秀美容师的推荐评选栏设计。

每月或年底时,将美容师的姓名、照片、工作表现贴在此栏上,让顾客投选出美容企业的"服务之星""技术之星""优秀员工""最喜欢的美容师"等,将公示栏变成美容师评比的PK台,同时对所有参与的顾客采用抽奖的方式以资鼓励。

步骤二:美容企业最新动态的发布栏。

在此栏上发布促销信息、新产品或新项目推荐、本月最畅销产品、顾客最喜欢产品的评选、终端会和培训会的日程安排等。

步骤三:顾客生日栏。

在此栏中将每个月中过生日的顾客公布出来,致以亲切的问候,并提醒这些顾客在过生日的当天,可以到美容企业领取一份惊喜礼物。

步骤四:顾客意见栏。

以"帮我们做得更好,让我们给您回报"作为此栏的口号,然后把顾客的名字及提出的意见和建议都公布出来,并承诺在全体顾客的监督下限期整改。一旦整改的结果赢得多数顾客的认同后,再对提出意见和建议的顾客给予一定的奖励,以此鼓励更多的顾客参与。奖励形式为迎合不同需求,可以多样化,如以"现金+新项目体验+感恩卡"的形式。真心参与其中并希望美容企业做得更好的顾客,拿到现金后很快就会在美容企业内消费,甚至还会消费更多。同时,奖励现金比用现金券或其他形式更能反映管理者变革维新的决心。而感恩卡是为了鼓励该顾客带新顾客来感受美容服务项目,并一起见证和分享美容企业在听取此意见后的改变。

步骤五:心灵物语。

在此栏目可以发布对管理者感言、店长周记或美容师的随笔,同样也可以发布顾客的情感文章。

步骤六:美容知识宣传栏。

在此栏目可以发布一些与经营品牌相关的护肤心得、营养调理、养生保健等知识和资讯,使之成为顾客美容教育的课堂。

【实训要求】

以小组为单位,在课堂上,每个小组派代表辅以PPT的形式在全班汇报、分享。指导老师和其他小组评判后,小组成员将对本小组的设计方案进行整理完善,形成正式的方案,发给指导老师。以最后完善方案的成绩作为本次实训成绩。

(周先云)

附录 中华人民共和国国内贸易行业标准

美容美发行业经营管理技术规范

前 言

本标准在原 SB/T 10270—1996《美发美容业开业专业条件和技术要求》和借鉴上海市地方标准的基础上制定。

本标准由中华人民共和国商务部提出并归口。

本标准起草单位：商务部商业改革发展司、中国美发美容协会、全国工商联美容化妆品业商会。

本标准主要起草人：闫秀珍、徐敏、骆燮龙、张健康、卢庆东、张有旺、傅明蓉、武意训、李京平、郑福远、林连强、陈宝岩、金江善、李勇达、彭薇、王春、方跃、刘勃、张野、张慧、李旭、徐巍。

本标准首次发布。

1 范围

本标准规定了美容美发行业的定义、专业条件和经营管理应具备的专业要求。

本标准适用于美容院、美发厅、美体中心、美甲店、综合性美容美发中心等经营机构。

2 规范性引用文件

下列文件中的条款通过本标准的引用而成为本标准的条款。凡是标注日期的引用文件，其随后所有的修改单（不包括勘误的内容）或修订版均不适用于本标准，然而，鼓励根据本标准达成协议的各方研究是否可使用这些文件的最新版本。凡是不注日期的引用文件，其最新版本适用于本标准。

GB 5296.3 消费品使用说明 化妆品通用标签

GB 7916 化妆品卫生标准

GB 9666 理发店、美容店卫生标准

GB 10070 城市区域环境振动标准

GB 12348 工业企业厂界噪声标准

GB 13271 锅炉大气污染物排放标准

GB 13495 消防安全标志

GB 17790 房间空气调节器安装规范

GB 19085 商业、服务业经营场所传染性疾病预防措施

WS 205 公共场所用品卫生标准

中华人民共和国消防法
中华人民共和国广告法
公共场所集中空调通风系统卫生管理办法　卫监督发[2006]53号

3　术语和定义

下列术语和定义适用于本标准。

3.1

美容院　beauty salon

运用专业手法技艺、设备仪器、用品用具等手段，并借助美容护肤、化妆等产品，为消费者提供护理美容、修饰美容等相关服务的经营企业和个体工商户。包括：美容院、美容中心、美容会所等。

3.2

美发厅　hair salon

运用专业技术技艺、设备仪器、用品用具等手段，并借助美发用品，为消费者提供发型设计、理发、饰发、护发等相关服务的经营企业和个体工商户。包括：理发店、美发厅、美发沙龙、发型设计中心。

3.3

美体中心　body salon

运用专业手法技艺、设备仪器、用品用具等手段，为消费者提供健康美体、塑身美容等相关服务的经营企业和个体工商户。包括：SPA馆、美体健身会馆等。

3.4

美甲店　nail salon

运用专业技术技艺，设备仪器并借助护手、美甲等专业产品，为消费者提供手足部按摩和手足部皮肤护理、指甲修整、人造指甲、艺术指甲等服务的经营企业和个体工商户。包括：美甲店、美甲沙龙、美甲会所等。

3.5

综合性美容美发中心　beauty center

兼营上述两类以上服务项目的经营企业和个体工商户。包括：美容美发中心、美容美发公司、美容城、美体健身馆等。

4　专业条件

4.1　经营服务场所

4.1.1　建筑物牢固安全，外立面完好、整洁、美观，字号牌匾等服务标志设置符合有关市容规定。

4.1.2　经营服务场所层高宜在2.6 m以上，营业面积适宜，应符合下列条件：

a) 美容院面积宜在30 m²以上，美发厅面积宜在20 m²以上，美甲店面积宜在20 m²以上，美体中心宜在60 m²以上；

b) 每个美容床位服务面积宜在3 m²以上，床间距1 m以上；每个美发座位服务面积宜在2.5 m²以上，座椅间距1.5 m以上；美甲每客位服务面积宜在2 m²以上，座位距0.5 m以上。

4.1.3　服务场所应按服务流程设置接待、等候、操作、消毒等区域，布局合理。

4.1.4　服务场所室内整洁，通风良好，光线和温度适宜，卫生条件、空气质量应符合GB 9666的要求。

4.1.5 新建美容院、美发厅等周边 5 m 范围内不得有公用的厕所、垃圾箱、粪池以及产生有毒有害气体的污染源。

4.1.6 污水应当经预处理后纳入城市污水管道集中处理,不能纳入城市污水管道的应自行处理达到污水排放的有关规定。

4.1.7 空调安装使用应符合 GB 17790 的规定。

4.1.8 边界噪声应符合 GB 12348 的规定,有振动影响的应符合 GB 10070 的规定。

4.1.9 城市中心区域内不得安装燃用非清洁能源炉灶,锅炉大气污染物排放应符合 GB 13271 的规定。

4.2 经营服务设施

4.2.1 与经营服务项目相适应的专业设备仪器和用品用具齐全,符合国家产品标准。

4.2.2 给排水设施有效,经营服务用水温度适宜,供应有保证。

4.2.3 备有必要的消防安全设施,符合《中华人民共和国消防法》等消防法规要求。

4.3 服务卫生要求

4.3.1 从业人员应持《健康合格证》上岗,直接为顾客服务的人员应每年进行体康检查。

4.3.2 从业人员应熟知行业卫生要求,严格按卫生规范进行操作。

4.3.3 卫生消毒设备齐全有效,美容美发及美甲服务备有皮肤病顾客的专用工具箱,消毒设备和方法符合 GB 9666 和 WS 205 的规定。

4.3.4 供顾客使用的化妆品应符合 GB 5296.3 和 GB 7916 的规定。

4.3.5 烫发、染发及美甲服务中的水晶甲操作应设单独的操作间或操作区域,并有排风设备,空气质量应符合国家有关标准;使用集中通风空调系统的应符合《公共场所集中空调通风系统卫生管理办法》的规定。

4.3.6 毛巾应做到一客一换一消毒,定期更换,保持干净;理发、烫发和染发用的毛巾和用具应分开使用,清洗消毒后分类存放。

4.3.7 美容美发美甲工具应做到一客一换一消毒,或使用一次性用品,美容美发及美甲工具应采用紫外线消毒。

5 经营管理要求

5.1 严格按照有关法律、法规和行业的规定组织经营和管理,有健全的规章制度和各工种的服务规程和质量标准。

5.2 广告宣传应符合《中华人民共和国广告法》,不得夸大、虚假和欺诈。

5.3 有完善的财务制度、营业结算制度和保护顾客财务的制度。

5.4 明示营业执照、卫生许可证等证照,证照齐全有效。

5.5 明示营业时间、服务项目、收费标准和注意事项。

5.6 应建立传染病预防和管理机制,并有应急预案,且符合 GB 19085 的规定。

5.7 在采购化妆品、设备仪器和用品用具时,应进行登记、查验,向产品经销商索要产品合格证明和卫生质量检测报告等有效证明材料,并保存。

6 职业要求

6.1 基本要求

6.1.1 从业人员应了解美容美发行业的相关法律法规和标准等规定,不超范围经营,遵守职业道德,妥善处理消费者投诉。

6.1.2 从业人员了解本企业管理制度,掌握本岗位的服务项目、服务流程、质量标准和规范要求。

6.1.3 从业人员掌握安全用电知识,正确使用消防设备。

6.1.4 美容师、美发师、美甲师、美体师和化妆师等技术人员应取得国家职业资格证书,持证上岗。

6.1.5 从业人员统一着装,佩戴服务胸卡,发型保持美观。

6.2 美容技术人员

6.2.1 能独立进行护理美容、修饰美容、保健美容以及化妆等技术操作。

6.2.2 了解皮肤结构、头部骨骼、肌肉构成、身体经络和穴位等相关知识,能准确识别皮肤类型,能制订合理的美容操作计划。

6.2.3 能准确掌握本企业经营服务所使用的各种美容用品的成分、性能、特点和使用方法,能根据不同的皮肤特点介绍和选择适合的美容用品,并正确操作。

6.2.4 能正确使用本企业所使用的美容设备,并掌握其维护、保养和消毒方法。

6.3 美发技术人员

6.3.1 能独立进行理发、饰发、护发等技术操作。

6.3.2 了解头部和面部的皮肤结构、骨骼、经络和穴位,能根据顾客的头部特点和需求设计发型。

6.3.3 掌握本企业使用的各种美发用品的成分、性能、特点和使用方法,能依据顾客的发质特点介绍和选择美发用品。

6.3.4 熟知专业美发设备、用具用品的性能特点和使用方法,并掌握其维护、保养和消毒方法。

6.4 美体技术人员

6.4.1 了解皮肤结构、头部骨骼、肌肉构成、身体经络和穴位等相关知识,能根据顾客的身体特点,制订合理的美体操作计划。

6.4.2 熟悉用品的成分、性能、特点和使用方法,能根据顾客的身体特点介绍和选择适合的美容品。

6.4.3 能正确使用美容美体仪器设备,掌握其维护、保养、清洗和消毒方法。

6.4.4 掌握美容美体质量要求、操作规程和操作方法。

6.5 美甲技术人员

6.5.1 掌握指甲结构、手足部皮肤结构、类型和穴位等相关专业知识,能识别常见的问题类指甲。

6.5.2 掌握美甲用品的成分、性能、特点和使用方法,可依据不同的指甲特点介绍和选择适合的美甲用品。

6.5.3 能够正确使用美甲设备,掌握其维护、保养和消毒方法。

6.5.4 能独立进行手足部的保健、护理、指甲修整等技术操作,掌握人造指甲及妆饰指甲的设计和操作技能。

7 行业规范要求

7.1 经营网点开设应符合本地区有关部门提出的服务网点设置规划。

7.2 经营网点开设应具有房地产权证书或其他合法权属证明。

7.3 经营网点开设应取得所属区域行业协会依据本标准所列的专业条件、职业要求、经营管理要求等项内容的评估意见书。

7.4 经营网点开设应到所属区域行业协会进行信息登记备案,并与行业协会签订行业自律承诺书。

7.5 行业协会可以依据本标准对网点的经营管理情况进行监督,指导和督促经营网点提高服务水平,并配合相关行政管理部门工作。

7.6 经营网点在经营服务过程中接受相关行政管理部门的监督管理。

主要参考文献

[1] 刘卉. 美容企业管理与营销[M]. 2版. 北京:化学工业出版社,2015.
[2] 梁永奕,李威丽. 美容会所经营与管理[M]. 广州:广东高等教育出版社,2014.
[3] 梁娟. 美容业经营管理学[M]. 北京:人民卫生出版社,2010.
[4] 大前研一. 创业圣经[M]. 周讯,译. 北京:东方出版社,2009.
[5] 弗雷德·R. 戴维. 战略管理[M]. 10版. 李克宁,译. 北京:经济科学出版社,2006.
[6] 崔京远. 顶尖设计[M]. 北京:北京联合出版公司,2013.
[7] 卡尔·乌利齐. 产品设计与开发(原书第5版)[M]. 杨青,吕佳芮,詹舒琳,等,译. 北京:机械工业出版社,2015.
[8] 黄聚河. 市场营销学[M]. 北京:中国铁道出版社,2010.
[9] 李业,庞晓玲. 自有品牌——屈臣氏的利器[J]. 经营与管理,2005,(2):52-53.
[10] 符少玲. 渠道成员选择评价体系及其优化方法研究[J]. 商业研究,2006,(15):114-117.
[11] 王海棠. 美容业管理与营销[M]. 北京:中国中医药出版社,2005.